Jean-Michel Vernochet

La Débâcle
Guerres oligarchiques
contre les peuples

Jean-Michel Vernochet

Géopolitologue, journaliste et essayiste, Jean-Michel Vernochet est titulaire :
- ➢ d'une Maîtrise spécialisée d'Ethnographie - Sorbonne.
- ➢ Diplôme d'étude approfondie en Droit International du Développement - Université Paris IV Renée Descartes
- ➢ Diplômé d'Etude approfondie en Philosophie - Université Paris I Sorbonne
- ➢ Diplômé d'Etude approfondie en ethnologie - Université Paris VII Sorbonne

Publié par Le Retour aux Sources

www.leretourauxsources.com

© Le Retour aux Sources – Jean-Michel Vernochet - 2020

Guerres larvées, conflits sociaux, dégénérescence sociétale, misère intellectuelle et morale des élites politiques...

Le décor étant planté, le SRAS-CoV-2 et la crise pandémique pouvaient désormais faire leur entrée en scène avec dans leur cortège la soumission des peuples tétanisés grâce à la tyrannie des médias... relais des bureaucraties célestes qui corsètent les nations et planifient à brève échéance leur surveillance intégrale par leur traçage et leur puçage sous couvert de passeport sanitaire.

Advienne le Meilleur des Mondes !

La troisième guerre du Golfe n'aura pas lieu !

27 mai 2019

N ous nous souvenons tous de « *La guerre de Troie n'aura pas lieu* » de Jean Giraudoux, œuvre désormais classique, trop ignorée des nouvelles générations, mise en scène pour la première fois en novembre 1935. On sait encore, vingt-sept siècles plus tard, comment se régla le contentieux entre Lacédémoniens et Troyens : par la destruction de Troie dans un bain de feu et de sang... Ruines d'où naîtront Rome et l'Occident. Un miracle qui n'est pas appelé à se reproduire dans le cas de guerres actuelles qu'elles soient militaires, commerciales ou idéologiques. Des guerres de normalisation destinées à fondre les peuples, les identités et les souverainetés, dans le grand chaudron du mondialisme apatride, déraciné et nomade.

Cet Occident dont la date symbolique de la mort (avant une fort hypothétique renaissance ?) pourra à n'en pas douter, être fixée au crépuscule du 15 avril 2019 quand Notre-Dame, omphalos de la France, fille aînée de l'Église, s'embrasa fortuitement. Ce jour-là, avec l'effondrement d'une partie de sa voûte, partaient en fumée et en larmes de plomb fondu, nos dernières illusions (ou ce qu'il en subsistait) ; il ne restait plus alors dans nos bouches qu'un amer et âpre goût de cendre. Nous pouvions dès lors méditer tout à loisir sur la somme des renoncements démocratiques et civiques, des lâchetés morales, des oisifs conforts intellectuels gavés d'opiacés audiovisuels, de conformismes politiques, de sidérant vide spirituel, tous ces abandons qui nous ont, presque en silence mais inexorablement, conduits jusque-là. Jusqu'au point de non-retour, peut-être jusqu'à la guerre ! Avec cet incendie prophétique annonciateur de grands malheurs à venir, avec cette clôture des temps, se dévoilait – sens premier du mot apocalypse – la fin de notre chrétienté certainement appelée à se fondre dans un vaste *mouvement d'animation spiritualiste* et consumériste *de la démocratie universelle* comme se plaisait à désigner notre meilleur des mondes feu l'abbé de Nantes.

Toutefois ce qui menace aujourd'hui, dans l'immédiat et de façon pressante, est, nous le savons, un nouveau possible dérapage du néoconservatisme américain… ce monstre à têtes multiples, mâtiné de messianisme judéo-protestant et badigeonné d'internationalisme transgendérisé freudo-marxiste rongeant son frein à l'idée de rependre Haman et ses fils[1]. Marmite débordante d'où pourrait sortir à gros bouillons une autre sale guerre, après l'Afghanistan, l'Irak, la Libye et la Syrie (en attendant l'Algérie), cette fois avec le pays des Mollahs. Au reste, ces derniers jours, les discours belliqueux à l'encontre de Téhéran se faisaient à Washington sur un ton moins suraigu. Pourtant, outre les flottes de combat déjà sur zone, le Président Trump envoyait le 24 mai un supplément de corps expéditionnaire

---

[1] Cf. « Le rouleau d'Esther », vingt-et-unième livre de la bible hébraïque. Esther, maîtresse du roi de Perse, Assuérus, le persuade de faire pendre le grand vizir Haman ainsi que tous ses fils. Massacre à l'origine de la fête annuelle de Pourim.

de 1500 hommes destinés soi-disant à protéger les unités américaines prépositionnées dans le Golfe… tout en déclarant ne pas vouloir la guerre ! *Si vis pacem para bellum…* devise prise ici au pied de la lettre, un peu trop même !

Faut-il pour autant croire ou espérer une désescalade dans la poudrière du Golfe alors que, nous l'écrivions la semaine passée, la guerre ne démarre pas forcément parce qu'elle serait inéluctable, mais bel et bien parce que l'on a décidé de la faire ? Dans un tel cas de figure, les États-Unis ne peuvent absolument pas se passer de l'Europe comme base arrière et pourvoyeuse de troupes supplétives… et encore moins de la France, seule puissance nucléaire de l'Union (le Royaume Uni n'étant que le dépositaire de vecteurs balistiques *made in America*) et unique nation européenne disposant d'une robuste force de projection. Or dans le pire des cas, il est loisible d'imaginer, compte tenu de ces données, que tout, tout sera fait par Washington pour entraîner *volens nolens* ses "alliés" – quelles que soient leur réticences – dans un affrontement dévastateur avec la République islamique d'Iran.

L'Amérique veut maintenir l'Union européenne sous son étroite tutelle

Le 18 avril dernier, un vote du Parlement européen de Strasbourg, créait un Fonds Européen de la Défense de 13 milliards d'euros afin de doter l'Union européenne d'une relative autonomie, en particulier dans le domaine de la recherche industrielle et scientifique relative à la sécurité collective. Une volonté d'indépendance stratégique qui inquiète évidemment Washington, les 27 étant accusés de « *mettre en péril des décennies de partenariat transatlantique en matière de production d'armes, et de coopération militaire* ». Soit, traduit en langage courant, de mettre en péril l'existence même des prérogatives et privilèges de l'OTAN… allant jusqu'à menacer à demi-mots les Européens de "représailles" s'ils devaient poursuivre la construction d'un force opérationnelle indépendante. En gros et en clair, les Américains veulent garder la mainmise sur la défense européenne, laquelle leur assure, à travers un vaste marché captif, un quasi-monopole de vente sur certains armements et équipements… Une dépendance matérielle qui assujettit les Européens et les soumet à une étroite tutelle politique et militaire. Ajoutons que dans un contexte de guerre commerciale chaude – non seulement contre la Chine, mais également avec l'Union[2] – le discord s'accroît désormais également entre les deux rives de l'Atlantique, mais là n'est sans doute pas le plus grave…

Dans ce contexte d'éloignement tendanciel de l'Europe et de Brexit rampant (s'il sort de l'Europe, le Royaume-Uni, gardien vigilant des intérêts américain au sein de l'Union, ne sera plus là pour mettre son veto à toute velléité de timide souverainisme européen… et singulièrement dans le secteur de la Défense), la hantise du Département d'État est de voir se renouveler aujourd'hui (alors que la montée des tensions s'accélère au Proche-Orient) la pénible situation – punissable en outre au moyen de vicieux coups bas commerciaux – de 2003 quand la France, l'Allemagne et le

---

[2] Après la guerre de l'aluminium et de l'acier (mai 2018), la Maison-Blanche menace depuis début avril l'UE de mesures de rétorsion d'ici l'été si elle ne mettait pas fin aux aides de la Commission à Airbus Industrie. Selon le président Trump : « l'Organisation mondiale du commerce indique que les subventions de l'Union à Airbus pénalisent» les États-Unis à hauteur de 11 milliards de dollars (9,7 milliards d'euros) d'échanges commerciaux chaque année ».

Canada (on passe toujours ce dernier sous silence) avaient refusé de participer à la guerre d'agression contre l'Irak… lancée en parfaite transgression de la légalité internationale ! On sait également qu'en cas de conflit avec l'Iran, la fermeture du détroit d'Ormuz pourrait constituer un authentique *casus belli* impliquant l'engagement de l'Otan[3]… c'est à dire de la totalité de l'Europe dont les États sont tenus (pour ceux qui l'ont ratifiée) par l'article V de la Charte atlantique, laquelle fait obligation à tous les membres de l'Organisation de la suivre le cas échéant dans sa course à l'abîme.

La guerre du Golfe n°3… Jeux & enjeux

On peut comprendre, qu'au regard de l'importance des enjeux géoénergétiques, géostratégiques, eschatologiques[4]

---

[3] La fermeture du détroit d'Ormuz est impensable, or la tension sur zone monte de jour en jour : quatre pétroliers saoudiens ont été la cible d'opérations de sabotage dans le port émirati de Fujaïrah et des drones ont survolés des stations de pompages de pétrole en Arabie. Les rebelles houthis du Yémen, soutenus par Téhéran, ont revendiqué l'attaque. De son côté l'Iran a déployé ses missiles balistiques et de croisière, le grand ayatollah Ali Khamenei a appelé le Corps des gardiens de la révolution et l'Armée à être prêts à répondre aux scénarii du pire. Les ÉUA ont annoncé un nouveau déploiement de missiles antiaériens Patriot et ont prépositionné des bombardiers B-52 au Qatar. Le département d'État vient d'autoriser la vente de 60 systèmes de missiles Patriot Advanced Capability 3 (PAC-3) et de 100 missiles Patriot Guidance Enhanced-Tactical (GEM-T) aux Émirats pour un montant de deux milliards de dollars. La guerre est toujours quelque part une bonne affaire !

[4] Cent à deux cent millions d'évangélistes et de judéo-chrétiens à travers le monde, notamment en Amérique, pensent que le conflit ultime, celui de la fin des temps, permettra au peuple juif de se rassembler sur le sol d'Israël, ce qui déclenchera le retour du Messie

liés à une guerre contre l'Iran, l'on puisse recourir à tous les moyens, même les plus radicaux, utiles entre autres à faire rentrer Paris dans le rang, c'est à dire à s'aligner sans barguigner sur l'axe de la guerre… et à s'y maintenir en dépit de la pusillanimité d'un président français qui, "Rome" étant en flammes, se rendit ce 15 avril 2019 sur les lieux du drame, bras dessus, bras dessous avec un Premier ministre indécemment *rigolard.*

Pour mémoire, déjà en 2017, M. Macron s'était imprudemment écarté de la ligne rouge tracée par Washington dans les Affaires du Levant… La ligne mortelle (*dead line*) de démarcation était alors relative au changement de régime en Syrie, M. Macron ne faisant plus du renversement du président Assad un préalable obligé, ceci au grand dam des tenants de la doctrine du "*regime change*", c'est à dire du renversement de tous les systèmes nationalitaires et d'autorité faisant obstacle à la diffusion de l'idéologie fusionnelle libertaire, précurseur ou support de la démocratie anarcho-libérale [5] . Un an après des confidences intempestives relatives au sort réservé au président syrien (lequel n'a bien entendu aucune envie de voir s'achever sa carrière au bout d'une corde comme Saddam Hussein ou lapidé comme Mouammar Kadhafi), en juillet 2018, éclatait l'affaire Benalla par laquelle ses

---

pour les uns ou sa venue pour les autres.

[5] Notons que pour que tout soit permis et que toutes les déviances soient autorisées, voire encouragées, il devient nécessaire d'exercer une féroce police de la pensée et une répression impitoyable de tout comportement ou argumentaire pouvant remettre en question le nouvel ordre établi et son intransigeante morale. La liberté des uns est l'enfermement des autres, mais désormais dans une logique de l'inversion ou du *renversement* de l'ordre moral antérieur.

commanditaires mondialistes le clouaient au pilori de la mauvaise gouvernance… par le truchement de leur journal officiel *"Le Monde"*.

Est-il, dans ce dossier, assez difficile de supposer qu'un tel *lâcher d'infos* ou que ce type de *déballage* de la part *des faiseurs de rois* du quotidien vespéral, ait été le fruit d'une cascade de maladresses, d'un simple hasard et n'ait pas été une opération politique mûrement réfléchie décidée très haut quelque part du côté des oligarchies régnantes ? Cette *piqûre de rappel* a pu – à juste titre – sembler destinée à maintenir le *bonhomme* dans le droit chemin euratlantiste… Mais aujourd'hui, dans une conjoncture autrement cruciale, ce type de désagrément devenait très insuffisant dans la perspective d'un conflit ouvert avec l'Iran annoncé et préparé depuis près de deux décennies.

Au final, si M. Macron accepte sans barguigner le rôle qui lui est assigné, celui d'élève docile dans la classe de l'Oncle Sam, il se trouvera généreusement gratifié – par les bonne fées Coïncidence, Isochronie et Fortuitude, penchées sur sa molle couche d'enfant gâté – d'un merveilleux hochet susceptible d'inscrire son nom au Panthéon de la France reconnaissante par la reconstruction de Notre-Dame de Paris… L'un de ces « Grands travaux » à la mesure du gros Ego de notre petit marquis élyséen. Un chantier prestigieux qui plus est adossé au projet du *futurama* touristique des « Deux Îles ». Trump aura quant à lui, « Sa guerre »… un épisode inévitable autant que prérequis, marquant en Amérique la grandeur de toute présidence démo-républicaine. B. Obama ne dérogea pas à la règle, mais plus finaud, il conduisit sa guerre contre la Jamahiriya libyenne par le truchement des Français, des Anglais et des Italiens et pour le reste arrosa une partie du monde (Somalie, Zones tribales du Pakistan) avec les missiles de ses drones tueurs…

Déplorables erreurs d'appréciation

Alors que ces jours-ci convergeaient vers le Golfe les éléments d'une puissance de feu inégalée, les déclarations se multipliaient à Washington et à Tokyo (où D. Trump était en visite d'État) pour dire que l'Amérique ne veut pas la guerre et qu'il ne s'agit pour l'heure que d'un dispositif "défensif" (mais quel dispositif [6] !) et que l'Administration américaine serait disposée au dialogue. « *Une démarche dissuasive* » comme tentait aussi (le 13 mai) de nous en persuader le quotidien israélien Yediot Aharonot [7] ...

---

[6] Selon le Pentagone, les États-Unis disposeraient actuellement de quelque 70 000 soldats dans la zone couverte par le Centcom (dont 14 000 en Afghanistan, 5 000 en Irak, et environ 2 000 en Syrie). Le 5 mai le porte-avions américain USS Abraham Lincoln, le navire de guerre USS Arlington, une force de bombardiers B-52, ainsi que des systèmes de missiles Patriot arrivaient sur zone. Le 24 mai ce sont 1500 personnels supplémentaires de renfort qui auront été acheminés.

[7] « Les dernières nouvelles » ce quotidien israélien est publié depuis

Pourtant, au-delà d'enjeux énergétiques (l'Iran menacerait-il de fermer le détroit d'Ormuz s'il n'était lui-même menacé par un blocus pétrolier qui lui ferme toutes les portes à l'exportation ?) très concrets (à vrai dire, surtout des prétextes ou des rideaux de fumées), se trouvent des buts plus éloignés et d'une autre importance. Et parmi les objectifs poursuivis à long terme par le Département d'État, pensons par exemple au projet de confinement – dans une logique de guerre froide – de la Chine au sein de l'espace continental eurasiatique afin de limiter sa liberté de mouvement et d'expansion via les nouvelles Routes de la soie ! Une dimension qui échappe complètement à ceux qui se polarisent sur des défaillances dans l'analyse stratégique ou encore de supposés mauvais choix et erreurs d'appréciation quant à la résilience de l'adversaire (iranien) ou encore à propos de sa capacité à porter des coups sévères à une coalition arabo-américaine dans le cadre d'une éventuelle nouvelle guerre du Golfe. Certes, les missiles des Pasdarans (Gardiens de la Révolution) font peser une menace tangible sur les bases séoudiennes, émiraties et sur les flottes de combat croisant dans les eaux faisant face aux côtes iraniennes.

Certains prédisent en effet, à l'instar du journaliste anglais (de gauche) Patrick Cockburn, que la guerre annoncée ne peut être pour les États-Unis qu'un cuisant fiasco parce que « *depuis la révolution iranienne de 1979, à faire le point des crises et des guerres au cours desquelles les États-Unis et leurs alliés ont fatalement sous-estimé la motivation religieuse de leurs adversaires. Cela signifie qu'ils sont sortis perdants ou ont tout simplement échoué à*

1939 à Tel-Aviv alors sous mandat britannique.

s'imposer dans des conflits où le rapport de forces leur semblait pourtant très favorable » [8]. À ceci près la "faiblesse" des Américains – d'ailleurs doit-on parler de faiblesse là où il y a un comportement délibéré, calculé ? – ne procède pas d'une carence en expertise car pendant des décennies les jeunes gens de l'USAID [9] ont sillonné les zones chaudes de la planète, apprenant les mœurs, les coutumes et les langues des peuples non encore totalement tombés dans l'escarcelle impériale (dont évidemment le farsi). Mais gageons qu'à l'évidence l'information ne remonte pas – ou si peu – jusqu'aux centres décisionnaires qui refusent d'ailleurs d'en tenir compte… comme dans le cas des rapports circonstanciés du Bureau fédéral d'enquête (FBI) relatifs à la préparation des attentats de Manhattan du 11 septembre 2001.

Derrière cette erreur de jugement (de nature métapolitique) de la part de journalistes aguerris et d'universitaires renommés, se trouve toujours la tendance à penser le monde sur un mode étroitement rationnel, autrement dit avec un nombre de paramètres trop restreint et de faible pertinence. Aussi faut-il bien voir que les décombres et le chaos social, politique et confessionnel que laisse l'Amérique derrière elle (près de chez nous, au cœur de la dive Europe, n'oublions pas le Kossovo), là où le char

---

[8] Patrick Cockburn *The Independent* – Londres 17 mai 2019.

[9] « L'Agence des États-Unis pour le développement international » est née en 1961, elle est dotée d'un budget de 27,2 milliards de dollars, (réputée indépendante vis à vis du gouvernement américain tout en œuvrant sous la supervision de la présidence, du Département d'État et du Conseil de sécurité nationale !), elle est en charge du développement économique et de l'assistance humanitaire dans le monde.

de la démocratie est passé, relève plus du franc succès que de l'échec considéré... à condition de considérer la chose sous l'angle du Nouvel Ordre International, celui-ci ne progressant que sur la dislocation des nations. On voit singulièrement ce paradigme à l'œuvre en économie où le postulat de la rationalité des acteurs conduit à des raisonnements et à des prises de décision erronés... L'erreur majeure consistant à prendre ses désirs pour des réalités en négligeant les forces architectoniques au travail sous la surface visible des évènements.

Le raisonnement de Patrick Cockburn n'en est pas moins intéressant et mérite toute notre attention pour éviter quelques écueils dans l'analyse géopolitique : « *Au moins à quatre reprises* [les Américains se sont plantés]... *au Liban après l'invasion israélienne de 1982, avec l'explosion un an plus tard* [23 octobre 1983] *de la caserne de la marine américaine à Beyrouth l'année suivante, au cours de laquelle 241 militaires américains ont été tués* [simultanément 58 personnels français, parachutistes de la force multinationale, meurent dans l'attentat dirigé contre l'immeuble Drakkar] ; *durant huit années de guerre entre l'Iran et l'Irak, de 1980 à 1988, les États occidentaux et sunnites de la région ont appuyé Saddam Hussein, avant de se retrouver dans une impasse. Puis après 2003, la tentative américano-britannique de transformer l'Irak d'après Saddam en un bastion anti-iranien a échoué de façon spectaculaire. De même, après 2011, des pays tels que l'Arabie saoudite, le Qatar et la Turquie* [soutenus par les États-Unis] *ont tenté en vain de se débarrasser de Bachar al-Assad et de son régime en Syrie – le seul État arabe fermement ancré dans le camp iranien. Aujourd'hui, le même processus est en cours et risque d'échouer pour les mêmes raisons qu'auparavant : les États-Unis et leurs alliés locaux lutteront non seulement contre l'Iran, mais également contre des communautés chiites dans leur intégralité dans différents pays, principalement dans la partie nord de la région allant de l'Afghanistan à la Méditerranée ».*

Entre rationalité & irrationalité

Bref, tous ces raisonnements en cours seraient donc bels et bons si la dimension géopolitique était trivialement "rationnelle". La théorie probabiliste dite *des jeux* fait une large place au facteur humain, à ses passions, ses peurs et ses haines, ses changements d'humeur et de cap par essence et par avance difficiles à anticiper avec certitude. Le Pentagone calcule des risques, des coûts, des moyens, des pertes, il détermine des cibles, escompte des résultats, mais le déroulement des événements lui échappe, de même que la décision ultime... Textuellement M. Trump voudrait que l'Iran vienne à résipiscence sans coup férir... « *que l'Iran rampe jusqu'à lui pour négocier une forme de capitulation* » propos d'un diplomate européen que rapporte le 19 mai – avec gourmandise – le Journal du Dimanche. Au reste, même en faisant la part du bluff, l'on sait qu'il sera impossible de menacer indéfiniment et que, tôt ou tard, il faudra passer aux actes... Alors, sommes-nous parvenus au pied du mur ? Face à l'inconnu... en l'occurrence la part de risques non maîtrisés inhérente à une guerre régionale pouvant dégénérer en conflit nucléaire et à partir de là, se propager à l'échelle mondiale ! Parce que la crise actuelle se développe dans une région gravement malade depuis soixante-dix ans et que de crise en crise, les convulsions qui la secouent vont crescendo et s'accompagnent d'un inquiétant accroissement des tensions Est/Ouest... Tensions singulièrement palpables dans la crise syrienne, particulièrement ces jours-ci avec l'offensive russo-syrienne contre la poche djihadiste d'Idlib tenue par Hayat Tahrir Al-Cham, une branche d'Al-Qaïda...

En résumé, si l'on fait la part des passions dévorantes (et inavouées la plupart du temps) qui sous-tendent et animent les décisions de certains grands dirigeants planétaires, la guerre devrait *normalement* survenir de façon entièrement *fortuite* à l'occasion d'un incident de frontières comme il s'en est produit un le 13 mai avec les attaques dirigées en pleine mer contre deux pétroliers séoudiens, action faisant suite au sabotage de quatre navires commerciaux de diverses nationalités (dont un norvégien), au large du port émirien de Fujairah. Tout cela parce que *l'Iran doit être détruit*, parce qu'il s'agit d'une "théocratie nationalitaire" vouée à rentrer dans le rang du Marché mondial unifié. Ce n'est pas l'Islam en soi qui est visé, mais l'État-Nation, modèle et concept auquel la démocratie universelle, participative et décentralisée, a déclaré une lutte sans merci depuis 1945. La Nation est accusée de tous les maux, à commencer par le premier d'entre eux, la Guerre… Ce qui serait au demeurant plutôt l'apanage des démocraties, la Grande Amérique donnant le bon exemple avec quelque cent soixante guerres extérieures avant 1940… guerres pour la plupart d'ingérence, d'annexion ou d'expansion[10] ! Pour aggraver le cas iranien, soulignons le caractère national-islamique (voire mystique) de l'Iran révolutionnaire. Ce pourquoi, nonobstant les procès d'intention relatifs à son programme nucléaire (blanchi par l'AIEA[11]) il est impératif

---

[10] Le 14 juillet 2012, la Secrétaire d'État Hillary Clinton, très sûre d'elle-même, faisait observer au ministre égyptien des Affaires étrangères qu'au cours de ces « *236 années d'existence les États-Unis* [avaient] *partout défendu la démocratie* ».

[11] Chargée de vérifier sur le terrain l'application par l'Iran de l'accord de 2015 signé à Vienne, l'AIEA a toujours attesté le bon respect de ses engagements par Téhéran qui a de sorte limité ses réserves d'eau lourde à 130 tonnes, celles d'uranium enrichi (UF6) à 300 kg tout en renonçant

de faire rentrer l'Iran – son arrogante indépendance n'ayant que trop duré – dans le rang des démocraties libérales, c'est-à-dire de rejoindre définitivement le Marché unique au sein du *Système-monde*.

De Donald Trump ou John Bolton... qui l'emportera ?

L'ultima ratio

La *décision ultime* ne sera donc pas technique (calcul rationnel) mais « politique » ! Il n'en demeure pas moins que la guerre n'est pas encore tout à fait inévitable : Curtis LeMay, l'homme de l'incendie de Tokyo, d'Hiroshima et de Nagasaki, n'est ainsi jamais parvenu à lancer la guerre nucléaire préventive contre l'Union soviétique qu'il désirait ardemment... même si ce sont les plus acharnés, c'est-à-dire les plus durs, qui finissent généralement par l'emporter... Fin renard, D. Trump songerait néanmoins à limoger son chef du Conseil national de sécurité, John Bolton, faucon parmi les faucons. Toutefois celui-ci ne fait

---

à enrichir de l'uranium à plus de 3,67%.

https://www.lepoint.fr/monde/accord-sur-le-nucleaire-l-iran-decide-de-suspendre-certains-de-ses-engagements-08-05-2019-2311307_24.php

– au fond – que prolonger ou reprendre les propos tenus en des milliers de circonstances, à l'instar de ceux, en mars 2012, de Jacques Kupfer, co-président du Likoud mondial (le parti du Premier ministre israélien B. Netanyahou) et membre de l'exécutif de l'Organisation sioniste mondiale, qui entendait vitrifier l'Iran… pour la bonne raison qu'il ne croit pas aux solutions négociées ni même au bombardement conventionnel sur les infrastructures nucléaires iraniennes (un expédient qui ne serait « *en rien la solution définitive* »). Ce pourquoi il proposait judicieusement – en contrepartie – un usage non restrictif de l'arme atomique : « *vitrifier l'Iran serait dans la lignée de la destruction justifiée de Hambourg et Dresde aux mains des nazis, de la destruction d'Hiroshima et Nagasaki aux mains des alliés japonais du Reich* » !

**2010 – L'infernale continuité du projet judéo-protestant
d'annihilation de l'Iran**

Un discours qui n'a pas varié d'un iota et c'est bien cette extraordinaire continuité de la pensée et de la volonté qui constitue certainement l'un des plus sûrs indicateurs quant aux risques encourus par les peuples voisins du champ de bataille de l'Armageddon qu'Israël voudrait bien voir l'Amérique et l'Europe déclencher à sa place... parce que « *l'Iran est certainement le péril le plus menaçant. Sa volonté désormais avérée, même pour les sceptiques, d'acquérir le nucléaire militaire, impose à Israël et à ce qui reste éventuellement du monde civilisé, une action défensive et préventive... entre l'Occident et le bloc soviétique l'équilibre créé par des armes de destruction massive était dissuasif pour les deux parties. Cette logique n'est pas applicable pour un pays musulman où n'existe aucune rationalité et où l'esprit d'analyse est embué par une religion-idéologie de conquête et de guerre... Une fois disparu le rempart que représente Israël pour la défense d'un occident émasculé et inconscient, l'invasion de l'islam pourra régler le sort de l'Europe anciennement judéo-chrétienne* ».

Discours qui oppose le camp des civilisés à la barbarie, notons que nul à l'époque ne s'est risqué à répondre à M. Kupfer ou bien à nuancer ses analyses à l'emporte-pièce ? Au pays de Descartes, l'examen critique du monde qui nous entoure ne fait désormais plus partie des programmes de ce joyau hexagonal qu'est à n'en pas douter *l'Éducation nationale*, pas plus que les politiques invités à commenter au cours de la soirée du dimanche 26 mai, les résultats des élections au Parlement européen, n'ont jugé bon (y ont-ils d'ailleurs même songé) a évoquer d'un mot les risques et périls qui entourent et menacent la sublime démocratie européenne. Sans doute eut-ce été trop leur demander.

27 mai 2019

France Titanic... Un naufrage politique et intellectuel

9 juin 2019

C'est bien connu, un homme qui se noie se raccroche à tout ce qui passe à sa portée, fût-ce un serpent vagabond. En l'occurrence, dans l'actuelle débâcle politique – qui est certes également une "recomposition", mais fortement instable : un petit rien pouvant redistribuer les prismes chatoyants du kaléidoscope politique – certains croient pouvoir placer leurs espoirs dans ce vieux dromadaire de retour qu'est le quidam Zemmour ! Par tact, nous n'aborderons pas (à l'heure précise où le patron des Républicains était débarqué de sa barcasse en perdition) le cas de cet autre lapin blanc jailli avec trois ans d'avance du chapeau pré-électoral. Nous parlons évidemment ici de la blonde jouvencelle Maréchal-nous-y-revoilà, une belle au bois dormant arrachée par on ne sait qui, on ne sait quoi, à son apparente torpeur politique. Car aussi accorte[12] soit-elle, il faut être néanmoins affligé d'une grave *coquetterie dans les yeux* (le strabisme de Vénus) pour apercevoir en

---

[12] www.cnrtl.fr/definition/accorte : 1. Avisée, habile ; 2. Accommodante, souple ; 3. Aimable et enjouée ; 4. Gracieuse, complaisante, sachant habilement faire valoir ses charmes ; 5. À la chair appétissante...

elle une réincarnation de Jeanne la Pucelle... et quoiqu'elle soit donnée à égalité avec Zemmour pour représenter *une vraie chance pour la France !*

D'ailleurs ces deux prestigieux personnages n'ont-ils pas noué entre eux certaines accointances par le biais, entre autres de l'Issep, cette école privée lyonnaise ayant l'ambition de former les jeunes cadres d'une future droite nationale reconquérante ? Faut-il glisser ici que, les écoles de commerces, de journalisme ou de *com'* faisant florès aujourd'hui, il resterait à savoir ce que ce type d'établissement peut apporter de neuf et de performant ? Surtout en vue d'élaborer un véritable corps de doctrine utile à la reconstruction de la France, de l'Europe et du monde sur les bases saines d'une écologie humaine n'ayant pas totalement rompu avec la Tradition, la Foi catholique et ses antiques héritages métaphysiques !

Plus inquiétant et plus navrant

Plus inquiétant (et plus navrant aussi par ce qu'il révèle à *droite* d'affaissement intellectuel), c'est que nous nous ruions (*se ruer*) sur le premier appât venu que des pécheurs habiles nous promènent devant le museau... faisant de la sorte preuve d'un manque de discernement consternant, carence révélatrice d'une forte immaturité politique ou d'un redoutable désordre mental. Qui n'a pas encore compris que le Système ne promeut (ne laisse prospérer) que des opposants sur mesure ? Qu'aujourd'hui l'un des critères les plus sûrs pour identifier des hommes servant peu ou prou le dit *système* – souvent même à leur insu aveuglés qu'ils sont par la vanité et le lucre – est d'établir la liste de ceux qui sont admis et réinvités dans les grands médias. Tous sans exception – nous parlons bien de l'opposition officiellement admise et de la dissidence convenue – se plient sans barguigner à des règles tacites de bienséance idéologique...

c'est-à-dire aussi puissantes que non-dites. Ils respectent scrupuleusement des tabous auxquels d'ailleurs ils adhèrent la plupart du temps... ou à l'édification desquels ils collaborent sans sourciller et qu'ils consolident par leur silence et leur dévotion à l'omerta générale. Ce à quoi ils contribuent largement par l'autorité morale dont ils sont les dépositaires en tant que représentants du peuple, des institutions ou de la science. Ce qui aboutit à transmuter l'erreur, l'ignorance et le mensonge en pierre dure à la manière des madrépores qui forment années après années ces bancs récifaux sur lesquels viennent s'éventrer les quelques rares nefs hauturières – convoyeurs transocéaniques de vérités indésirables – osant encore s'aventurer aux abords des hauts-fonds médiatiques et juridiques.

Bref, Zemmour semble avoir embrassé la cause des Français en dénonçant le grand remplacement et singulièrement la déferlante migratoire d'obédience islamique. Que nenni, M. Zemmour, tout comme son *poteau* Bernard-Henri Lévy, ne plaide en vérité que pour sa tribu[13] dont les positions dominantes pourraient être au final – s'ils ne se montrent pas assez vigilants – menacées sur la Terre promise qu'est encore l'Hexagonie (*Heureux comme*

---

[13] Le 17 novembre 2011, Bernard-Henri Lévy, à l'antenne de la Radio de la Communauté Juive afin d'y faire la promotion de son « Journal de guerre » en Libye, déclarait s'être engagé contre Mouammar Kadhafi en raison de sa judéité, précisant « Je suis le représentant de la tribu d'Israël ». Trois jours après, lors de la convention nationale du *Conseil représentatif des institutions juives de France*, il affirmait en outre s'être engagé sous « *l'étendard étendard de sa fidélité au sionisme et à Israël* »... se vantant d'avoir participé en tant que Juif « *à cette aventure politique, contribué à élaborer pour mon pays et pour un autre une stratégie et des tactiques* ».

Dieu en France disait-on naguère en Germanie)... une grasse position de repli le jour où il faudra évacuer les comptoirs de Hong-Kong et de Shanghaï lorsque la guerre froide (ou chaude) s'exacerbera un peu trop entre l'Occident et la Chine... soit, quand les États-Unis et l'Union européenne ne supporteront plus d'être le vase d'expansion d'un nouvel Empire du Milieu aux appétits résolument planétaires.

France judéo-chrétienne ?

Zemmour associe volontiers la défense de la France identifiée chez lui à la défense de la judéité[14]. Le parasite idéologique se colle sur le dos de sa victime butineuse à l'instar de l'acarien asiatique – le varroa – qui décime nos ruches en étroit partenariat avec Bayer-Monsanto. Le conditionnement pavlovien d'association (de fusion) du judaïsme et du christianisme comme cause commune – un couple pourtant parfaitement antinomique ! – a commencé avec l'introduction (il faudrait dire l'inoculation), puis l'accoutumance au concept de *judéo-christianisme*. Or si l'on peut parler des racines chrétiennes, et plus précisément helléno-chrétiennes, de l'Europe, c'est une rare absurdité que d'apparier à la chrétienté au judaïsme opératif, celui-ci n'ayant jamais contribué en quoique ce soit à l'édification de la civilisation européenne en tant que telle... hormis la science de l'usure, de la collecte de l'impôt, des traites négrières et autres, du capitalisme virtuel et de la dématérialisation algorithmique des transactions

---

[14] Zemmour LCI 19 février 2019 : « Il y a une alliance entre l'extrême gauche qui cherche des troupes avec les jeunes musulmans de banlieue contre le capitalisme, et les frères musulmans qui cherchent des alliés pour islamiser la France et abattre juifs et chrétiens ».

financières[15].

Comme des perroquets, tous vont en rabâchant cette coquecigrue qu'est le judéo-christianisme si bellement intégrée et amplifiée par l'Église conciliaire que l'on trouve à présent dans les missels des odes à YHWH, un tétragramme pourtant totalement inconnu des Évangiles. Or il est assuré que les Européens – à la différence des judéo-protestants américains – ne retrouveront pas leur assiette (leur équilibre mental) tant que la confusion sémiologique la plus extrême régnera dans les esprits... et tant que les brouillages sémantiques nous feront confondre les intérêts géopolitiques de l'État hébreu (et leur cortège de guerres périphériques : Soudan, Somalie, Irak, Libye, Syrie, Yémen et possiblement, l'Iran voire l'Algérie) avec les intérêts vitaux des nations européennes... Sachant par ailleurs que ce sont les mêmes idéocrates (dont une partie s'insurge maintenant contre le grand remplacement), qui ont théorisé la société plurielle, propagé l'antiracisme et tutti quanti afin de nous endoctriner et nous abrutir à grands renforts de culpabilisation et de lois aussi coercitives que scélérates. À ce titre, celui que les médiacrates présentent comme « *un*

---

[15] Pour lapidaire et schématique que puisse paraître ce propos – au demeurant amplement documenté pour qui veut bien se donner la peine de s'enquérir sur ces questions – nous renvoyons le lecteur au terrible tableau qu'en trace le trotskyste Abraham Léon dans « *La conception matérialiste de la question juive* » (1942), peu avant sa déportation à Auschwitz où il mourra de maladie. Voir également « *La terre promise* » film d'Amos Gitaï (2005)... Dans le désert du Sinaï, un groupe de femmes d'Europe de l'Est entrent clandestinement sur la Terre de promission. Là elles seront vendues aux enchères et passeront de mains en mains, bétail et marchandise au profit d'un réseau international de traite des blanches. Une pratique trimillénaire si l'on en croit Abraham Léon !

sulfureux polémiste » (néanmoins chroniqueur au Figaro, sur RTL et Sud Radio… liste non exhaustive) dont les ouvrages se vendent par dizaines, voire par centaines de milliers d'exemplaires, est en fin de comptes un drôle d'oiseau et un très curieux dissident… Lequel – il est important de le souligner – ne va jamais au bout de sa logique en se gardant prudemment de franchir les lignes jaunes et rouges délimitant le périmètre du parc humain où le cheptel à deux pattes est autorisé à paître (naître, produire, consommer et mourir)… avant d'être englouti périodiquement dans les abattoirs collectifs des grandes guerres démocratiques et humanistes.

Contre Zemmour et les zemmourides

Il semblerait en effet – et c'est là un détail qui tue – que Zemmour pourrait apparaître comme situé aux antipodes du belliciste cosmopolitiste Bernard-Henri Lévy, alors qu'en réalité il serait en parfaite connivence d'idées avec icelui[16]. Hors antenne, ces deux-là entretiendraient en effet des relations particulièrement amicales, celles-ci ne faisant pas l'objet d'une publicité outrancière… Mais où sont donc les paparazzi ? Au fond, à mieux y regarder, ne défendent-ils pas l'un et l'autre les mêmes thèses à un *chouia* (iota) près ? Une juste distribution des rôles et une judicieuse répartition des parts du marché idéologique assortie de retombées sonnantes et trébuchantes. Bref, un juteux fonds de commerce !

L'un veut mettre à feu et à sang les nations musulmanes

---

[16] Le 1er mars 2017, dans l'émission Z&N de M6, Zemmour servit abondamment la soupe au susdit BHL.

qui encerclent Eretz Israël, l'autre voudrait que nous fassions le ménage chez nous *manu militari*, non pour débarrasser le plancher des vaches d'une immigration intrusive, mais, *in fine,* pour mieux épouser la cause de l'État ethnique, assumé et revendiqué, comme "juif"[17].
Parce que si les communautés musulmanes désormais solidement implantées (incrustées) chez nous, se sentent menacées, nul doute que cela ne dégénère en guerre intestine. Guerre qui *de facto* a déjà commencé (certes dans un registre de basse intensité) au cours de ces trois dernières décennies eu égard aux vagues successives d'attentats. À ce sujet, M. Zemmour oublie simplement de dire que ce sont d'abord ses coreligionnaires idéologiques qui ont depuis cinquante ans prêché l'accueil, la tolérance, l'amour universel de l'Autre (n'importe quel autre parce que nous sommes tous des *humains* !) et ouvert en grand les portes de la Cité Europe... ceci grâce à leur entrisme politique et à leurs infernales campagnes de perversion d'une juste vision du monde, à savoir l'inversion et le vicieux dénigrement des principes fondateurs de nos sociétés, par esprit et par essence chrétiennes... catholiques mais aussi

---

[17]   Commentaire   [agoravox.tv/tribune-libre/article/bhl-est-un-destructeur-d-etat-72726] « Zemmour est un sioniste de droite qui fait semblant de s'opposer au sioniste de gauche BHL pour mieux manipuler les identitaires et les goyim en se chargeant du discours nationaliste. Tout est sous contrôle, le sionisme détournant subtilement l'antisionisme de la seule cible légitime, à savoir l'État d'Israël, dont les amis peuvent ainsi verrouiller ou dénaturer par phagocytage tous les discours de l'extrême-gauche et de l'extrême-droite, de l'internationalisme au nationalisme en passant par l'humanisme dans le seul but de pousser les idiots utiles du RN identitaro-sionistes à la confrontation avec les islamo-racailles américanisées violentes et débiles ».

anglicane et luthérienne.

Au demeurant qui saurait, au sein de notre famille élargie d'idées, être en désaccord avec Zemmour, lorsqu'il écrit à propos du souverainiste libéral et caudillo républicain de la Fédération de Russie[18] ? « *Dans la pugnacité de Poutine contre le "primitivisme" occidental, il y a les écrits du grand écrivain russe* [Soljenitsyne] *qui n'a pas hésité à dire son fait à une civilisation occidentale qui, au nom de la liberté, s'abandonnait aux joies tristes du matérialisme. Poutine nous ramène au combat idéologique autour de la Révolution française. Comme l'Amérique d'aujourd'hui, les Français prétendaient exporter par leurs armées victorieuses les "droits de l'homme" dont ils vantaient l'universalisme, tandis que Burke ou Joseph de Maistre en contestaient l'arrogance. Poutine a ressuscité la lutte des sociétés holistes contre les individualistes. Il a redonné une légitimité idéologique et politique à un conservatisme qui n'avait plus droit de cité en Occident. Or comme le disait Nicolas Berdiaev* "le sens du conservatisme n'est pas d'empêcher le déplacement vers l'avant et vers le haut, mais d'empêcher le déplacement vers l'arrière et vers le bas, vers l'obscurité chaotique et le retour à l'état primitif "… *C'est pour cela que Poutine rencontre un écho grandissant au sein même des nations occidentales, au-delà de ses dirigeants inféodés et à Washington et plus encore à*

---

[18] Éric Zemmour le 26 mai 2016 passant la rhubarbe (pour mieux en recevoir du séné) à son comparse l'essayiste Mathieu Slama… Une critique apologétique parmi une foultitude sorties du même tonneau, l'un des aspect du monopole de la pensée qu'exercent les Zemmour, Finkielkraut & Cie [lefigaro.fr/vox/monde/2016/05/26-poutine-notre-mauvaise-conscience].

l'idéologie droit-de-l'hommiste ».

En bref et en large

Tout cela est bel et bon, mais posons-nous la question de savoir qui en dehors de M. Zemmour, pourrait exprimer publiquement de telles analyses sans être automatiquement et définitivement ostracisé ? Pourquoi M. Zemmour peut-il dire ce qui nous est interdit de penser sous peine de l'opprobre la plus noire voire de sanction pénale ? Pourquoi lui avoir de notre côté tant de gratitude pour s'octroyer le droit de parler à notre lieu et place ? Pourquoi lui reconnaître un « *immense talent* » en omettant de voir que la dissidence zemmourienne est une entreprise à but lucratif (et à part entière) employant des porte-plume et autre *nègres* effectivement talentueux. L'aveuglement de gens qui devraient être autrement éclairés est un mystère et un sujet permanent de consternation ou d'épuisement. L'article de promotion intra-communautaire que nous citons, illustre opportunément qui, à gauche comme à droite, encadre la pensée, donne du foin aux uns, de la paille aux autres (et un peu d'avoine pour tous quand il s'agit de calmer les frustrations du cheptel). Ces mâtins ont remplacé les rugueux commissaires politiques d'antan. Ceux-là maniaient la schlague et usaient du goulag, mais ils sont devenus, à l'occasion de l'assomption de la société libérale-libertaire (la permissivité ne s'appliquant qu'à la fluidité des marchés financiers, aux déviances communes et aux vices extraordinaires) les fonctionnaires repus mais toujours mordants du nouvel ordre international. Regardez les plateaux des grandes chaînes d'information télévisuelle et vous verrez – cela crève les yeux et l'écran – qu'à côté de l'animateur croupion se tient le(s) commissaire(s) recadreur(s) de la bien-pensance… les Veil, les Apathie, les Goupil, les July, les Cohn-Bendit… et tous leurs homologues au féminin, harpies de l'extrême correction politique noyautant toutes les rédactions de France et de Navarre.

Reprenons notre lecture : « *L'universalisme arrogant de l'Amérique a causé de multiples catastrophes dans le monde, Afghanistan, Irak, Syrie, etc. Le juridisme* [talmudo-messianique ?] *européen incarné par la Cour européenne des droits de l'homme suscite les réserves des vieux États nations comme l'Angleterre ou même la France. L'universalisme sans frontières de l'Union européenne, sa religion de l'Autre, bute sur l'hétérogénéité absolue de l'islam* »… Mais pas seulement. Les communautés asiatiques, chinoises, vietnamiennes, hindouistes aussi *insérées* soient-elles dans le tissu économique et social, n'en constituent pas moins autant de têtes de pont avec lesquelles tôt ou tard nous devrons compter. L'on voit clairement que l'obsession zemmourienne consistant à nous agiter sous le nez le drapeau rouge (noir en fait) de l'islam n'est destiné qu'à nous faire oublier tout le reste… le mondialisme et ses ravages. L'arbre est prédestiné à masquer la forêt.

… « *Enfin, l'individualisme progressiste des droits provoque un malaise existentiel croissant au fur et à mesure qu'il repousse toutes les limites (mariage homosexuel, théorie du genre, exaltation de l'homme augmenté). Le discours de Poutine sonne comme la punition de tous nos échecs, de toutes nos folies et de tous nos renoncements. La realpolitik qu'il défend avec un talent incontesté n'est que la reprise d'une tradition qui fut celle de la France pendant des siècles, de Richelieu à De Gaulle en passant par nos rois, nos empereurs et nos Républiques* ». L'immense talent de Zemmour est aussi celui de l'embrouillamini qui voudrait nous faire accroire que la politique d'abandon d'un De Gaulle fut équivalente ou comparable à celle d'un Richelieu !

... « *De même que la religiosité de la société russe fait écho dans la lointaine Amérique. Et le messianisme russe répond au messianisme américain.* Mathieu Slama n'est dupe de rien. Son Poutine n'est ni un saint ni un héros. Ce n'est pas tant la réussite du modèle russe qui fascine les populations occidentales que la décadence du modèle occidental qui les effraie. Ce n'est pas tant la force de Poutine qui leur plaît que la désagrégation des démocraties occidentales qui les inquiète. C'est pourquoi Poutine est de moins en moins vu par les peuples d'Europe comme une menace – au contraire de ce que nous répètent nos médias – que comme un ami à soutenir, un modèle à suivre, voire comme un sauveur à appeler* ». Que le ciel l'entende !

« Ils », avons-nous dit, se répartissent la tâche et se partagent d'avantageuses parts du négoce de la dissidence. Quant à nous, nous pensons qu'en raison des craquements se faisant entendre dans les murailles du mensonge, Zemmour fait habilement la part du feu et entend engranger les gros dividendes (éditoriaux, idéologiques et éventuellement politiques) d'une dissidence qui a le vent en poupe. Ceci en compagnie de son compère Buisson (ex-conseiller ès machiavélisme du fringant Sarkozy, le forcené mondialiste et nouvel *excité du bocal*).

Le Point [8 juin] révèle qu'Éric Zemmour et Patrick Buisson » *travaillent ensemble à une plate-forme d'idées pour la droite se démarquant du RN de Marine Le Pen* » et se proposant de ramasser la mise des Républicains largués sur le chemin épineux de l'impotence intellectuelle. L'on peut sans peine gager que ce projet n'est pas destiné à surenchérir quant à la défense de la nation… un thème déjà largement mise de côté par le RN dont l'une des préoccupations majeure réside dans la chasse aux sorcières et au bannissement sans retour des délinquants de la pensée, ceux qui auraient eu l'outrecuidance de vouloir remettre l'histoire à l'endroit. Les deux hommes nous préparent-ils donc une mouture à la Française du néoconservatisme national-sioniste à la mode de chez D. Trump ? Un néo centre droit, éventuellement financé à fonds perdus (un investissement sans retour immédiat) par Robert Mercer et son missi dominici en Europe, Steve Bannon ? Ce qui serait peut-être un moindre mal, sans pour autant laisser espérer à court terme une quelconque restauration durable de la souveraineté nationale… ou encore un regain d'indépendance morale, politique et salvatrice !

R. Mercer & S. Bannon

9 juin 2019

IIIᵉ Guerre du Golfe en gestation pour autrui

23 juin 2019

L a tension entre l'Iran et les États-Unis va crescendo depuis que le président Trump a décidé en mai 2018 de retirer son pays de l'accord international sur le nucléaire iranien conclu à Vienne en juillet 2015[19], puis de relancer une politique d'impitoyable sanctions financières et commerciales, interdisant notamment à Téhéran toute exportation pétrolière. Or, après les attaques le 13 juin contre deux pétroliers dans le Golfe d'Oman, le dernier incident en date est la destruction en vol d'un super drone d'espionnage Global Hawk dans la nuit du 20 juin 2019 au-dessus des eaux internationales du Détroit d'Ormuz disent les uns (à savoir les *faux-culs* de Washington), dans une zone de souveraineté aérienne iranienne, disent les autres… « *L'Iran a commis une*

---

[19] L'accord passé entre l'Iran et le Groupe 5+1 (États-Unis/Russie/Chine/France/Royaume-Uni+Allemagne) porte sur le contrôle accepté du programme nucléaire iranien en contrepartie d'une levée progressive des sanctions économiques. Tous (sauf les É-U et Israël) s'accordent à reconnaître la bonne conduite du gouvernement iranien. Mais l'Agneau n'est-il pas toujours coupable qui s'abreuve à la source que revendique compère le méga Loup ?

immense erreur... Le pays n'acceptera pas cela » a twitté furax le président américain depuis la Maison-Blanche. La chute du *Faucon global* est en effet un sévère camouflet pour la superpuissance sûre d'elle-même et dominatrice qui n'imaginait pas que ces gueux de mollahs puissent oser l'impensable. Mais sans doute, depuis Téhéran voit-on une certaine différence entre voir violer de son propre espace aérien au-dessus de la province d'Hormozgan... et les frappes effectuées des cibles iraniennes à Homs, Hama ou Latakieh en territoire syrien où les forces iraniennes ne sont censées jouer qu'un rôle subsidiaire.

Un engin robot mirobolant

Les Américains ont donc certainement tablé sur l'hypothèse que les Iraniens n'oseraient jamais détruire leur engin mirobolant (un outil de *terreur globale* à 123 millions de dollars pièce), de la même façon qu'ils n'ont jamais répliqué aux multiples attaques d'Israël contre leurs forces opérant en Syrie. Peut-être le drone a-t-il été en outre envoyé pour tester la détermination et les capacités de réplique iraniennes ? La décision d'abattre le drone n'a cependant certainement pas été prise sur coup de tête, mais au regard une décision politique prise depuis longtemps, celle de résister sans concession et par la force à toute violation, qu'elle soit américaine ou israélienne, du sol, des eaux ou de l'espace aérien iraniens[20]. Trump, qui n'est pas

---

[20] Toutes ces dernières années, les Israéliens ne se sont pas gênés pour frapper des cibles iraniennes en territoire syrien sans que ceux-ci aient pris le risque de se défendre ou de répliquer. L'état-major américain, fort de ce précédent en a conçu un redoutable et absurde sentiment d'impunité. Or un cinglant démenti vient de lui être infligé. On se remémorera le film de Ridley Scott « La chute du Faucon noir » (2001) relatif à un semblable fiasco – Somalie 1992 – relevant du même ordre

le fou que l'on nous présente inlassablement, tempérant dans le même souffle, le caractère péremptoire de son propos, donnait du mou à la corde : « *Un acte commis par un individu stupide… J'ai du mal à croire que cela était délibéré* » ! Bref le chaud et le froid. L'un pour sauver la face, l'autre pour battre prudemment en retraite et désamorcer de toujours possibles dérapages qu'attendent et que guettent avidement la tribu des étripeurs de nations, ceux qui préparent ou organisent patiemment les grands cimetières à venir sous le soleil de Satan…

MQ-4C Triton Global Hawk. Un outil de guerre à 123 millions de dollars l'unité.

Ce que la Grande presse passe aussi, et surtout, sous silence c'est – en quelque sorte – la modération de la réponse iranienne à l'intrusion dans son espace aérien d'un engin de guerre (dont les intentions étaient sans équivoque celui-ci ayant éteint tous les feux de signalement ordinairement utiles à la sécurité de la navigation aérienne). Car le commandement de la défense aérospatiale iranienne a pris la sage et humaine décision de ne pas abattre l'avion

symbolique.

américain de guerre électronique P8 qui accompagnait le drone, et ses 35 personnels embarqués. Un aspect plutôt embarrassant pour le camp occidentaliste et qu'il valait bien mieux ne pas ébruiter… ou le moins possible.

> **Tasnim News Agency** ✔
> @Tasnimnews_EN
>
> #Iran's purpose by shooting down the drone was to warn the "#US terrorist forces" as it could also target an #American P-8 military aircraft that was flying next to MQ-4C drone, but it didn't: Brigadier General Hajizadeh

Bluff et bras de fer

Pour comprendre la politique de l'Administration Trump, il faut garder en tête que l'idée directrice sous-jacente se résume à ceci : le rapport de forces – du fort au faible – entre la mollahcratie et la démocratie messianiste d'Outre-Atlantique étant à ce point disproportionné qu'immanquablement les Iraniens se verront contraints de venir à résipiscence. Soit de passer sous les Fourches caudines dressées à leur intention par l'État profond et les néoconservateurs américains. Autrement dit, l'Iran, volens nolens, se verra contrainte d'accepter une reddition sans condition aboutissant au démantèlement de l'ensemble de ses vecteurs balistiques. L'aviation perse étant quasi inexistante, il s'agit en l'occurrence des missiles iraniens de portée intermédiaire permettant de menacer potentiellement Eretz Israël ! L'État hébreu étant l'Alpha et l'Oméga de toutes les convulsions proches orientales depuis soixante-dix ans, on comprend les véritables enjeux – au-delà de l'hégémonie énergétique – de la crise en cours...

En tout cas, c'est à partir du postulat suivant lequel l'ennemi iranien doit capituler *sans qu'il ait été nécessaire de tirer la lame du fourreau* (cf. « *L'Art de la guerre* » de Sun Tzu, court traité toujours très en vogue à West Point – et ailleurs – vingt-sept siècles après sa rédaction), que se déploie – et doit s'appréhender – la politique du Département d'État à l'égard de Téhéran. Cette doctrine – qui est beaucoup plus qu'un point de vue vaguement paradoxal – est repris par la presse officieuse israélienne avec toute la suffisance habituelle et une inentamable confiance *suis generis*[21]. Ainsi pour le Yediot Aharonot [*"Les Dernières Informations"*, support fondé en 1939] les dirigeants iraniens n'ayant pas de tendances foncièrement suicidaires et chacune de leurs décisions étant soigneusement calculées, pesées, soupesées (raisonnement qui vaut aussi pour les dirigeants de Corée du Nord), la guerre n'aura pas lieu et le pouvoir capitulera sans coup férir. En conséquence de quoi, l'actuelle crise et la multiplication des incidents devraient aboutir au final, à un

---

[21] Reprise par « Courrier international » l'analyse de Rishon Lezion « Téhéran finira par céder » publié par le Yediot Aharonot – titre qu'en 2017 l'israélo-franco-algérien Patrick Drahi envisageait de racheter... timesofisrael.com/patrick-drahi-negocierait-le-rachat-du-yediot-aharonot – développe la thèse optimiste, toxique et auto-suggestive qu'inéluctablement la *"stratégie agressive"* de D. Trump finira par faire plier les Iraniens.

moment ou à un autre, à la reprise des négociations entre les deux États. Fermez le ban !

Maniant la dialectique avec un art consommé, l'article du Yediot Aharonot rédigé plusieurs semaines avant l'affaire du drone abattu, sous-entend pourtant que l'étincelle pouvant embraser la poudrière ne saurait provenir que du camp de ces madrés Gardiens de la Révolution – un corps d'élite qualifié avec dédain de *"milices du régime iranien"* – toujours prêts à en découdre. Citation : « *Les services occidentaux de Renseignement semblent avoir une idée assez précise des intentions iraniennes depuis que des missiles antinavires des Gardiens de la révolution ont été repérés sur des bâtiments dans le Golfe, probablement en vue de créer une crise militaire dans le détroit d'Ormuz reliant le golfe Persique à la mer d'Arabie* ». En clair, le Ayatollahs feront tout pour envenimer la situation et sont a priori désignés comme les fauteurs exclusifs de toutes les sorties de route envisageables ! Intéressant à plus d'un titre, nous reviendrons prochainement.

Le camp du *Bien* et le camp du *Mal* absolu

Le gigantesque dispositif américain présent dans la région (chaîne ganglionnaire de bases, personnels, aéronefs de combat, flottes de guerre, etc.) est essentiellement présenté comme participant d'une « *démarche dissuasive* » excluant toute opération directe et préméditée contre la République islamique (!)… Et uniquement destiné à garder les voies de transit pétrolier ouvertes. En un mot, cette force est censée dissuader Téhéran de résister aux sanctions qui l'asphyxient, conduisant inexorablement à son effondrement économique et social (l'inflation approche les 40%, et le Rial dégringole à la vitesse grand V), en raccourci d'accepter sa mort politique et la fin de sa souveraineté… sans broncher.

Maintenant resterait à vraiment savoir ce qu'en pensent les alliés des États-Unis. Le Premier ministre japonais Shinzo Abe – dont le pays est extrêmement dépendant des approvisionnements pétrolier provenant du Golfe persique – s'est rendu le 12 juin à Téhéran et M. Macron, au lendemain de la destruction du robot volant, y a dépêché son conseiller diplomatique, Emmanuel Bonne, porteur de la pieuse intention « *d'apaiser les tensions* »… Comme si les actuels maîtres de la guerre allaient tenir compte des velléités et des desiderata de M. Foutriquet ? Mais que pèsent actuellement Paris, Londres et Bruxelles, Tokyo ou Dehli face aux prédateurs de l'Amérique vétérotestamentaire dans la balance de l'unification mondiale du Marché ? L'on sait par avance de quel côté la pièce retombera : les échanges entre les États-Unis et l'UE sont évalués à quelque 1100 milliards de dollars l'an contre 30 malheureux milliards de dollars avec l'Iran. Autant dire que les bons et courageux européens suivront Washington *perinde ac cadaver*… Et jusqu'en enfer s'il le faut !

Maintenant retenons que ces événements interviennent dans un contexte diplomatique assez particulier : l'Iran adressait le 2 mai dernier un ultimatum de soixante jour au Royaume-Uni, à la France, l'Allemagne, la Chine et la Russie pour leur enjoindre de respecter les engagements contractés à Vienne… singulièrement en ce qui regarde le domaine bancaire et le secteur pétrolier (le français Total s'est couché renonçant à un projet d'exploitation de champ gazier où des dizaines de millions d'euros avaient déjà été investis[22]). Il est vrai que les États-Unis menacent de

---

[22] Total préfère abandonner son projet d'exploitation du champ gazier iranien dit *Pars Sud* plutôt que de s'attirer les foudres de la "justice"

sanctionner durement les contrevenants. Achtung ! Pétrole forbidden... Peugeot, Renault, Total ou Airbus et trois cents autres entreprises françaises revenues en Iran après 2015, sont en réalité soumises à la loi américaine bien qu'étant strictement françaises... Ceci pour la simple raison qu'utilisant le dollar pour leurs transactions, elles sont *de facto* des justiciables américains, c'est-à-dire relevant de la féroce justice américaine. BNP-Paribas en a conservé un souvenir cuisant pour avoir contrevenu aux sanctions américaines frappant entre autres le Soudan, Cuba et la Lybie ; ce qui lui avait coûté en 2014 la bagatelle de 7,34 milliards d'euros. Nous réservons nos commentaires sur ce sujet pour une autre occasion.

Ultimatum iranien

L'Iran a donc fait savoir qu'à défaut d'une action des États signataires de l'accord de Vienne afin d'honorer leur signature, il s'octroyait la liberté d'élever le niveau d'enrichissement d'uranium au-dessus des limites prescrites par l'accord... début du processus de réalisation d'une bombe A. Ceci alors que « l'Accord du siècle » relatif à un règlement de la Question palestinienne (traité monté par le gendre du Président Trump, Jared Kushner), doit ou

---

américaine. La société chinoise CNPC remplacera *normalement* Total et ses piteuses dépendances atlantistes.
« *Total n'est pas prêt à choisir l'Iran contre les États-Unis, ce qu'il était prêt à faire il y a une vingtaine d'années* » dixit Francis Perrin, président chez Total du département "Stratégies pétrolières et énergétiques". Certes les banques américaines représentent 90% des opérations de financement du groupe, quant aux actionnaires américains, ils en possèdent 30% des parts. Enfin, les actifs américains représentent chez Total plus de 10 milliards de dollars des capitaux investis.

devrait intervenir avant la fin du mois de juin. Avec possiblement, à la clef une significative reconfiguration des alliances au Proche-Orient... Apparemment, les principaux intéressés, les Palestiniens, ne croient guère à cette énième fantasmagorie diplomatique... mais cela fait chic et devrait en principe faire oublier les sombres nuées qui assombrissent les eaux topaze du détroit d'Ormuz.

Sachant également que l'Iran ne peut pas non plus se retirer du traité de non-prolifération nucléaire – auquel l'État hébreu n'a pas adhéré en dépit de sa grosse centaine de vecteurs atomiques – parce que cela serait aussitôt dénoncé comme un quasi *casus belli*. Par ailleurs Téhéran ne peut pas non plus se retirer entièrement de l'accord de 2015, car celui-ci lui donne une certaine marge de manœuvre, à telle enseigne qu'il en use et commence à prendre des libertés avec les limites imposées en matière de retraitement et d'enrichissement.

Sur ce point la situation, à l'évidence, se dégrade tendanciellement. Aussi les grands malins des chancelleries européennes et des cabinets gouvernementaux, finiront par obtenir ce qu'ils craignaient le plus, à savoir un Iran doté d'une arme nucléaire de dissuasion massive... ce qui, tôt ou tard, entraînera une folle course aux armements dans la Région. À l'appui de cette prédiction, l'Iran va, dans les circonstances présentes – qui lui sont imposées – poursuivre dans la voie d'une réduction du « *niveau des engagements pris sur le contrôle de son programme nucléaire dans le cadre de l'accord de Vienne* » ainsi qu'annoncé le 22 par le président Rohani, déclaration faite à Douchanbé, au Tadjikistan, à l'occasion d'une conférence des dirigeants d'Asie centrale, de la Russie et de la Chine. Les soi-disant apôtres de la paix sont à l'évidence des fauteurs de guerre, ceci dans un cas de figure notoirement inversée !

Hassan Rohani

<u>RÉAGIR</u> *23 juin 2019*

Guerres culturelles, préemptives, subversives et/ou postmodernes

30 juin 2019

Les mille et une façons de concocter une guerre aux petits oignons

Cela fait chic de parler de guerres "hybrides", mais tous les conflits ne sont-ils pas composites et ce, depuis la nuit des temps ? La force brute n'a jamais été seule à l'œuvre et la guerre psychique (ruses, mensonges, tromperies sur les intentions, les forces réelles en présence, leur position et leurs mouvements), est toujours entrée en composition dans tous les conflits. La guerre est un art et une science qui se livre sur trois plans : stratégique (les buts de guerres et les plans étendus de bataille), tactique (la mise en œuvre sur le terrain de chaque segment stratégique), logistique (approvisionnement, le train, l'intendance qui doit suivre et parfois précéder)… Et a de multiples niveaux, là où se joue et se décide l'issue du combat physique (le choc des armes) et de l'affrontement psychique (le moral des troupes et de l'arrière, la détermination, la compétence et l'information des états-majors qui oscillent si souvent entre le génie et le bureaucratisme).

Les actes de guerre n'étant pas tous immédiatement ou

directement létaux – puisque la destruction de l'ennemi n'est pas forcément physique – ils sont susceptibles de prendre des formes multiples: actions de guerre économique, financière, politique, intellectuelle, culturelle, morale voire téléologique. Sous cet angle, la destruction des sociétés du sous-continent européen auxquelles des "*forces obscures*" – mais très identifiables – livrent une guerre impitoyable (*nous sommes en guerre*, encore faudrait-il s'en rendre compte et balayer les élites dévoyées qui nous conduisent à une mort civilisationnelle certaine!) déjà terriblement avancée… Même le Dalaï-Lama, cet Himalaya de conformisme et de bien-pensance, s'émeut lui-même du gouffre où les Européens s'engloutissent[23]! À tel point que nos vieux peuples, impuissants à saisir la malignité des idéovirus que les affectent et les rongent, se laissent emporter dans le Maelström de la déchéance. New York, un second Israël à soi seule, n'abrite-t-elle pas ce 30 juin 2019, la plus formidable "gay parade" du XXIe siècle avec trois millions de pathétiques hystero-convulsifs? Mais au fond de quoi sont-ils fiers (*pride*) – et à ce point – tous ces gens dépenaillés et dépoitraillés, exhibant sans la moindre vergogne leurs mauvaises mœurs et le reste?

Assurément, pas de génie militaire sans révolution

---

[23] En septembre 2018, le dalaï-lama déclarait à Stockholm : « *L'Europe appartient aux Européens... il est souhaitable que les réfugiés, retournent, à terme chez eux pour reconstruire leur propre pays* ». En 2016, dans un entretien accordé au quotidien allemand Faz, il traitait déjà la crise migratoire en termes similaires : » *Quand nous regardons le visage de chaque réfugié, surtout ceux des enfants et des femmes, nous ressentons leur souffrance, et un être humain qui a de meilleures conditions de vie a la responsabilité de les aider. Mais, d'un autre côté, il y en a trop à présent... l'Europe, l'Allemagne en particulier, ne peut devenir un pays arabe, l'Allemagne est et doit rester l'Allemagne* ».

tactique et logistique associées [24] ... reste que parler de guerre hybride est d'une banalité sans nom parce que la conflictualité se déploie à présent dans le cyberespace, après la guerre au sol, la guerre aérienne, les télécommunications et le repérage spatiaux, la guerre de surface et la guerre sous-marine, différents aspects de plus en plus intégrés les uns aux autres pour ne former qu'un seul et unique champ de bataille. Sous cet angle la guerre fait rage depuis longtemps entre les États-Unis et l'Iran et les attaques des systèmes informatiques pilotant les centrifugeuses servant à l'enrichissement de l'Uranium 235 par le *ver* informatique Stuxnet conçu en 2010 conjointement par la NSA et l'unité 8200 de Tsahal[25], fut un authentique acte de guerre... de même que l'élimination ciblée des têtes pensantes de la recherche nucléaire iranienne [26], formèrent un tout, à savoir une guerre non conventionnelle et à bas bruit (et apparemment sans réplique possible).

---

[24] Alexandre et ses phalanges en formation oblique, César et l'art du siège poussé à l'extrême, Louis Le Grand et son génial ingénieur et chef de Guerre, Vauban, Napoléon et la mobilité de l'artillerie due au système Gribeauval...

[25] Sur les 45 000 systèmes informatiques infectés sur lesquels 30 000 situés en Iran, 15 000 autres systèmes utilisant des matériels de Siemens furent affectés sur des sites nucléaires d'Allemagne, de France, d'Inde et d'Indonésie.

[26] Coïncidant avec les attaques cybernétiques, une dizaine de scientifiques spécialistes du nucléaire seront assassinés en Iran entre janvier 2010 et janvier 2012 https://fr.wikipedia.org/wiki/Assassinat_de_scientifiques_nucléaires_i raniens

Néanmoins, froide ou subversive, la guerre reste la guerre. Bien que passée sous silence – une dimension récurrente du monde moderne où les événement se trouvent enveloppés d'un voile de mensonge et de mystère – le Pentagone a semble-t-il lancé de nouvelles attaques informatiques dirigées contre les systèmes de lancement et de guidage des vecteurs balistiques perses dès après la destruction du drone Global Hawk [cf. Washington Post 23 juin]. Un acte de guerre qui n'a guère reçu de publicité, et pour cause car ne sommes-nous pas, par ailleurs, sursaturés de leurres informatifs ? Coupe du monde féminine de ballon, canicule, réforme des retraites, élection d'un énième guignol à la tête de la Commission européenne et du Parlement de l'Union, etc. de façon à ce que nous ne comprenions plus rien à rien… Et jusqu'à ce que la guerre nous dégringole dessus, sans crier gare et sans que nous nous en soyons seulement aperçus , sans avoir eu un instant pour nous en émouvoir, nous en indigner ou nous insurger.

La guerre imminente sera une guerre *préemptive*

De tous temps – distinguons les invariants structuraux de figures conjoncturelles – il a fallu imputer à l'ennemi la responsabilité du conflit… le Droit de la guerre se colle ici sur les structures comportementales les plus archaïques du jour où les groupes rivaux virent l'intérêt d'*enterrer la hache de guerre* et de *fumer* ensemble *le calumet de la paix*. Rappelons que le droit avant d'être tardivement écrit, fut oral (on parle encore du *Droit et Coutumes* de guerre, celles-ci n'ayant jamais en fait disparues), l'initiative du conflit, de la première escarmouche, l'étincelle faisant sauter la sainte-barbe, n'était généralement qu'imputable au perdant afin d'en soutirer un plus fort tribut et autres indemnisations.

De nos jours cette négociation peut intervenir *a priori* (et non a posteriori !), le fort s'efforçant d'imposer ses conditions au plus faible (ou au moins déterminé) pour éviter d'aller à la confrontation. C'est ce que Washington tente actuellement avec l'Iran, soit obtenir une capitulation politique sans avoir à déclencher des hostilités ouvertes sur le mode fracassant. D'où le recours et l'utilité à des actions de guerre subversive : attaques informatiques, attentats et provocations, asphyxie économique, embargo financier, désinformation, diabolisation et tentatives d'isolement sur la scène internationale... toutes choses qui ne marchent finalement pas très bien avec l'Iran soumis aux sanctions depuis quatre décennies et doté d'une réelle capacité de résilience.

Tout comme le Loup du fabuliste, il faut accuser le futur coupable des pires intentions, jusqu'à ce que les événements (éventuellement fabriqués sur mesure) viennent donner raison à l'accusateur et prétexte pour croiser le fer... avec l'assurance de ne faire qu'une bouchée de la victime réputée prédigérée à la manière d'un "Big-Mac" ! Ainsi Mike Pompeo, le Secrétaire d'État américain, attribue d'ores et déjà à l'Iran la responsabilité d'attaques contre des pétroliers étrangers avant qu'elles n'aient eu lieu. Un délit d'intention *non formulé* à la manière du film « *Minority report* » [Spielberg 2002] dans lequel des voyants mutants, les *précogs*, ont la faculté de lire dans l'inconscient des futurs délinquants, ceci afin de prévenir le crime à la source !

Mais derrière le paradoxe de l'argument filmique à la façon de Zénon d'Élée (et sa tortue plus rapide que l'agile Achille) se trouve une mise en abîme qui ne résiste pas à l'examen... de se cacher une tendance lourde en Amérique, à savoir identifier et neutraliser les fauteurs de trouble avant leur passage à l'acte. Poussé à l'extrême ce type d'attitude donne des résultats fort inquiétants si bien qu'après les attaques de pétroliers dans le Détroit d'Ormuz (12 mai) et dans le Golfe d'Oman (le 13 juin) et les accusations contre les Gardiens de la Révolution qui les accompagnèrent, désormais « *non seulement nous n'avons pas besoin de preuves avant de porter nos accusations ; à partir de maintenant, nous vous avertissons que nous n'avons même pas besoin d'un incident* ». De sorte que Iran se serait ainsi rendu responsable de la mort putative de 23 marins suédois lors d'une agression dénoncée par anticipation – non vous ne rêvez pas – parce qu'il « *est quasi certain qu'une branche de l'armée iranienne – le Corps des Gardiens de la Révolution islamique – sera responsable d'une éventuelle attaque contre un pétrolier suédois... Aucun autre acteur, gouvernemental ou non, ne saurait être vraisemblablement responsable d'une telle action à venir. Nous condamnons donc avec la plus grande fermeté ce que l'Iran fera probablement très bientôt* ». Pour compléter la panoplie de frappes préventives, M. Pompeo dévoile donc sa nouvelle arme diplomatique : les dénonciations et indignations *préemptives*. Bien entendu le ministère suédois des Affaires étrangères a formellement démenti qu'un de ses pétroliers ait été attaqué et des marins suédois tués [cf. russia-insider.com18juin19]. Reste que ce genre de provocation désinformative sur la base d'accusation sans fondement (réel ou vérifiable) sort du même tonneau que les annonces récurrentes ces dernières années d'attaques à l'arme chimique auxquelles se serait livré le gouvernement syrien contre d'innocents djihadistes.

Comment se construit une guerre postmoderne

Si les procès d'intention banalisés et répétés à satiété contre l'ennemi à abattre sont devenus la norme, ils participent déjà, avant même de les justifier, à ce qui a été naguère poétiquement désigné comme des *représailles par anticipation*. Formule, concept ou doctrine qui pourrait prêter à sourire si elles n'étaient atrocement sérieuses et, à y regarder d'un peu près viennent du fin fond des guerres impériales américaines à la belle époque de la Guerre froide... Au cours de la guerre du Vietnam, les états-majors américains ont en effet développé cette monstruosité sémantique, juridique et morale qu'étaient ces « *représailles par anticipation* » afin de justifier le bombardement à grande échelle des infrastructures portuaires du Nord Vietnam, notamment celles d'Haiphong en 1972.

Nul n'ignore – bien que ce principe soit dorénavant battu en brèche par M. Castaner, ministre de l'Intérieur, pour lequel tout, y compris un bête mouchoir, peut constituer une *arme par destination* utilisable contre les forces de maintien de l'ordre lors des manifestations de Gilets Jaunes – qu'au regard du Droit commun, aucune interpellation n'est envisageable sur une simple présomption d'intention et avant toute amorce de commission ! On ne sanctionne pas des pensées ou des velléités, mais des actes devant être au minimum en voie d'exécution, préalable obligé à toute intervention judiciaire. Eh bien le droit de la guerre façon Oncle Sam ne s'embarrasse pas de ces subtilités. L'on est (et l'on naît) coupable par destination !

Le 1ᵉʳ Juin 2002, George Walker Bush, s'adressant à vingt-cinq mille personnes réunies à West Point pour le bicentenaire de l'École de guerre, avertissait l'Amérique d'avoir à « *se tenir prête pour une action préventive* ». Le président américain annonçait et officialisait un changement substantiel de doctrine dans la politique de défense des États-Unis. Autrement dit l'édiction du droit régalien que l'Amérique se réserve (s'octroie) de frapper tout État ennemi en premier dès qu'elle se sentirait un tant soit peu menacée. Inutile de souligner que le sentiment de menace est éminemment subjectif, discrétionnaire et adaptable à toutes les situations et à tous les besoins… Cette intervention – précisons-le – faisait suite au discours historique du 29 Janvier précédent dans lequel GW Bush avait clairement désigné un Axe du Mal, dessinant à cette occasion la ligne directrice de la politique extérieure américaine pour les prochaines décennies tout en marquant sa volonté de prendre l'initiative… ceci à n'en pas douter dans la continuité des actions menées dans le Golfe du Tonkin à la fin de la guerre du Vietnam.

Cette *réorientation* juridique et militaire a été consignée plus tard, dans un document intitulé *National Security Strategy*, rendu public le 17 septembre 2002 dans la semaine qui suivit la première "présentation" de la menace irakienne devant le Conseil de Sécurité des Nations Unies ! Et c'est bien sur cette nouvelle base doctrinale de la guerre préventive que l'Administration américaine a fondé, développé et légitimé les raisons et préventions ayant conduit à la guerre de conquête et d'agression lancée au printemps 2003 contre l'Irak baasiste !

Un témoignage éclairé

Pour ne pas conclure, ce témoignage qui a retenu notre attention : celui d'un connaisseur de la chose qui souhaite garder à bon escient un anonymat de bon aloi.

« En réponse à de nombreuses questions qui se posent quant aux pétroliers attaqués à Fujaïrah ou en mer d'Oman [attaques du 12 mai], suit mon analyse personnelle. Pour avoir une longue expérience de toutes les parties en cause dans cette affaire – ÉUA/RU/France/Israël/Émirats/Iran – il ne fait aucun doute, je dis bien *"aucun doute"* que le Mossad ne soit impliqué directement dans l'affaire (avec ou sans l'aide de la CIA et des Américains)… Parce qu'il est actuellement vital pour Israël de se débarrasser du régime des Mollah en Iran et, en raison de l'extension [expansion] de l'influence israélienne dans la Région, de se débarrasser de tous les "régimes ennemis" en Syrie, en Irak et au Yémen. Or, lorsqu'il s'agit de sa survie[27], Israël ne recule devant rien. Il se sait soutenu [inconditionnellement] par la "bande des trois" (ÉUA/RU/Fr), par les médias de ces pays qu'il contrôle et par les dirigeants de ces trois pays dont il a financé les élections par le biais des lobbies [qui n'existent pas] et qui agissent au grand profit d'Israël...

Or y a-t-il eu des précédents israéliens avérés dans le terrorisme international sous faux drapeau ou dans le terrorisme international tout court ? La réponse est évidemment "OUI" ! Pensons à l'affaire du navire d'observation USS Liberty attaqué le 8 juin 1967 : 34 marins américains y perdirent la vie [et l'US Marine fit semblant de ne rien voir et de ne rien savoir]. Il s'agissait de faire porter le chapeau à l'Égypte. Ayant été pris la main dans le sac, les israéliens se sont excusés et ont prétexté "une erreur" ! Le Secrétaire à la Défense, Robert McNamara avait alors déclaré aux chefs de la Marine qui regimbaient et ne voulaient pas en rester là : « *Le président Johnson ne va pas déclencher une guerre ou* "embarrasser un allié des américains" (sic) *pour quelques marins* » ! Faut-il évoquer l'explosion de l'Hotel King David le 22 Juillet 1946, ses 91 morts et 46 blessés pour la plupart britanniques. Ou bien l'assassinat de l'envoyé spécial de l'Onu, le Suédois Folke Bernadotte, le 17 septembre 1948 et du colonel français André Sérot, commandant des observateurs de l'Onu en Palestine [et assassiné par des

---

[27] "Survie" ou plus précisément projet et appétit d'expansion du Nil à l'Euphrate et élimination de toute menace périphérique, réelle ou supposée. Voir le « Plan Oded Ynon » éd. Sigest

terroristes juifs du groupe LEHI, connu aussi sous les termes de "gang STERN" le 17 septembre 1948 à Jérusalem – Wiki]. Ni la sinistre affaire du massacre de Deir Yassine le 9 avril 1948... [Liste très loin d'être exhaustive !].

« Aujourd'hui plus encore qu'hier, Israël est toujours assuré de l'impunité. Trump, May et Macron sont totalement sous la coupe des lobbies pro-israéliens dans leurs pays respectifs. Tous ceux qui, comme moi, osent faire ressurgir les leçons du passé et qui connaissent bien la partie "israélienne" pour l'avoir fréquenté, courent le risque de se voir *anathémiser* et accuser d'*antisémitisme*. Ce genre de terrorisme intellectuel fonctionne à la perfection puisque bien rares sont ceux qui ont évoqué Israël comme suspect n°1 des attaques de pétroliers dans le Golfe ou à ses abords, le but étant d'essayer d'entraîner la "coalition occidentale" dans une nouvelle *croisade anti-iranienne*. Au nombre des indices qui accréditent cette thèse, se comptent les réactions politiques et médiatiques plutôt précipitées et maladroites accusant l'Iran, accusations péremptoires émanant des ÉUA et du RU, éternels complices d'Israël... C'est évidemment cousu de fils blancs.

Ces deux États, tout comme Israël, ne reculent devant rien et prennent les citoyens du monde entier pour des demeurés en pensant qu'ils vont croire que, le jour même de la visite amicale du premier ministre japonais en Iran, les iraniens chercheraient à couler deux pétroliers... sous pavillon nippon. Cela sous les yeux de caméras extérieures aux deux bateaux et qui se trouvaient là "par hasard" pour filmer "l'attentat iranien du siècle" ! Décidément, comme dans l'affaire Skripal [l'ex-agent soviétique empoisonné à Salisbury près de Londres le 4 mars 2018], les Services israéliens et occidentaux, trop sûrs d'eux-mêmes, sont décidemment de plus en plus maladroits » !

Et, par charité chrétienne, nous passerons sous silence les fiascos retentissants du Mossad et du Shin Beth qui ont jalonné ces dernières décennies. Leur liste est impressionnante et en dit long sur la capacité du petit peuple judéen à entretenir des légendes autour de la redoutable efficacité meurtrière de ses Services spéciaux et de leurs tentatives de coups tordus. Merci le ciel qui fait de ces ennemis de la paix des personnages aussi gauches en dépit de leur inoxydable chutzpah.

30 juin 2019

Grèce - L'extrême gauchisme européiste athée lgbétiste face au "national libéralisme"

8 juillet 2019

L a Grèce a donc limogé comme attendu son Premier ministre d'extrême gauche – seul gouvernement européen se revendiquant du gauchisme altermondialiste – Alexis Tsipras (44 ans) et dont le vainqueur, dit *de droite*, Kyriakos Mitsotakis (51 ans) promet de « *relever* » le pays dévasté par une décennie de crise économique, financière et *sociétale* (anthropologique devrait-on dire). Sachant évidemment que les promesses n'engagent que ceux qui les écoutent et ont la faiblesse d'y accorder foi. Maintenant ce que ne disent pas les journalistes et autres commentateurs, c'est ce que signifie la qualification "de droite" à propos de M. Mitsotakis :* le libéralisme (économique et politique) dont il se revendique, est-il vraiment de droite ? Et depuis quand, sachant que la France a été gouvernée ces quatre dernières décennies sous la bannière d'un social-libéralisme moins généreux que démagogue et d'un laxisme extrême vis à vis de l'écume sociale et de toutes les marginalités (juridiques et autres), et si dure aux classes laborieuses, à savoir ce que l'on désigne aujourd'hui sous le vocable de classes moyennes. Et puis la Révolution française ne s'est-elle pas faite sous les couleurs du libéralisme ? Non ?

Ces élections législatives en Grèce - les premières depuis août 2015 quand le pays est passée sous les Fourches Caudines des institutions financières multilatérales (BCE/FMI) pour, en principe, renégocier sa dette - donnent à l'arrivée « Nouvelle Démocratie », le parti de Mitsotakis, vainqueur avec 39,8% des suffrages et 158 sièges sur les 300 de la Vouli, le parlement grec. Syriza, coalition sortante et perdante d'extrême gauche d'Alexis Tsipras, perd la main avec 31,5% des voix et 86 sièges au lieu de 144 dans la précédente assemblée. « Une période douloureuse se referme » vient de déclarer M. Mitsotakis la main sur le cœur, jurant de « rendre sa fierté à la Grèce et d'être à la hauteur des espoirs placés en lui… Je veux voir à nouveau ce peuple prospérer, je veux voir revenir les enfants qui sont partis ». Cause toujours beau merle ! On sait ce que sont ces alternances démocratiques entre peste rouge ou rosâtre et choléra libéraliste, et puis les promesses de soir de victoire ne coûtent pas cher.

Exit Tsipras

Exit Tsipras. Le plus surprenant est qu'il ait fallu autant de temps aux Grecs pour comprendre à qui ils avaient confié la mission de les sortir du marasme où continue de s'enfoncer aujourd'hui leur pays. Le port du Pirée a été concédé à la Chine populaire en attendant que l'exploitation commerciale du Parthénon soit confiée à une société d'économie mixte (un peu sur le modèle de ce qui est désormais envisageable pour Notre-Dame de Paris après un incendie propice à… ou objet de toutes les spéculations) ! Après les décennies au cours desquelles l'argent emprunté aux marchés financiers ne coûtait pas cher (demain est un autre jour n'est-ce pas ?), l'anesthésie nébuleuse – qui fut le fond de la politique du Pasok, alias « Mouvement socialiste *panhellénique* », arrivé aux affaires en octobre 1981 quelques mois après la main mise socialiste sur la France – commença à se dissiper cruellement. Ces socialistes d'arrière-garde incapables de gérer les Affaires autrement qu'en vidant les caisses et en s'endettant – à l'instar de tous leurs semblables à travers le monde – seront finalement renvoyés aux poubelles de l'histoire en 2012… En seulement trois années le Pasok était passé de 44% à 13% des suffrages exprimés, un effondrement comparable à celui auquel nous avons assisté en France avec l'éviction d'une gauche ringardisée à outrance qui n'a pas trouvé mieux pour tenter de se réincarner que l'inconsistant vibrion Glucksman.

Notons que les deux formations qui dominaient la vie politique grecque en juin 2012 étaient déjà la Nouvelle démocratie (libéraux conservateurs) et Syriza, rassemblant plusieurs courants de la gauche radicale qui obtenait lors de ce scrutin 27% des voix et 71 sièges, avec déjà Alexis Tsipras comme tête de file. Mais, à partir de là, au lieu de s'arracher une fois pour toute à la fatalité (et à l'impasse) social-démocrate du Pasok – par essence marxiste inavoué ou en demi-teinte, réformisme que les trotskistes qualifiaient naguère de *révisionniste* – les Grecs impénitents préféreront en janvier 2015, après un court intermède *néoconservateur*, revenir au débagoulage démagogique et à la surenchère gauchiste, en élisant Tsipras sur la promesse (ou sur l'espoir) que celui-ci les sortirait de la mouise et renverrait les eurocrates et leur oukases dans leurs buts[28]. Bien leur en a pris car deux semaines à peine

---

[28] L'honnêteté exige de mentionner que la partie était très inégale, quelles qu'aient été les insuffisances et le défaillances de l'État grec en général et de Syriza en particulier… En janvier 2015, Alexis Tsipras n'obtient pas la majorité absolue, il s'allie alors avec un petit parti

(14 août 2015) avant sa réélection en septembre 2015, Tsipras signait un nouveau et troisième plan d'ajustement structurel (politique de rigueur budgétaire) avec la troïka formée par Bruxelles, la Banque européenne et le Fonds monétaire international. La trahison était patente, mais de guerre lasse, la Grèce s'est tue, a courbé le dos et attendu des jours meilleurs qui ne sont bien entendu pas encore arrivés.

Un "Grexit" manqué

Donc, dans la nuit du 13 août 2015 le Parlement grec dominé par Syriza dirigée par Tsipras depuis les élections janvier, approuvait un projet d'aide international (comme la corde soutient le pendu) devant permettre au pays d'échapper à un inéluctable défaut de paiement. De sorte que le vote de la Vouli dans la nuit du 12 au 13 juillet 2015 avait ouvert la voie à un troisième plan de renflouement (85 milliards d'euros sur trois ans) et de remise au pas de l'indolente Grèce avait été avalisé sans même obtenir une renégociation minimale (ne parlons pas de dispositions favorables) de la dette grecque. Au demeurant quelques députés de Syriza firent valoir au Premier ministre qu'il

---

souverainiste, les *Grecs indépendants*. Six mois plus tard, les négociations avec les créanciers du pays capotent. Les désaccords portent sur un taux de TVA fixé à 23%, y compris pour la restauration incluse, Athènes voulant en outre un taux réduit à 13% pour les produits alimentaires de base, l'énergie, les hôtels et l'eau, à 6% pour les médicaments les livres et les représentations théâtrales et une TVA réduite sur les îles. Rien d'exorbitant dans tout cela. La Grèce entendait par ailleurs porter l'impôt sur les sociétés de 26% à 28% tout en s'engageant à revenir sur les privilèges fiscaux des armateurs et à augmenter la TVA sur les produits de luxe et les bateaux de plaisance. Ce que les Shylock, créanciers de la Grèce, ont refusé.

avait été nommé sur la promesse expresse d'en finir avec l'austérité alors qu'il était en train de capituler face aux créanciers internationaux de la Grèce [29]. Cette fronde entraîna de nouvelles élections en septembre et la réélection de Tsipras. « On » a enfin trop oublié – et les citoyens grecs en particulier – que lorsqu'il était dans l'opposition, Syriza avait rejeté en bloc les plans successifs de réduction préventive des dépenses publiques et des dépenses sociales proposés par le Pasok, contribuant ainsi à l'aggravation d'une situation pourtant déjà catastrophique à l'époque.

Mais à présent, après plus de quatre ans d'exercice du pouvoir, les promesses non tenues et la pression fiscale écrasante imposée par Bruxelles – soi-disant afin d'écarter le spectre d'un « Grexit » – ont fini en fin de compte par faire tomber les écailles de l'électorat grec. L'argument était que si la Grèce n'acceptait pas les conditions draconiennes de la Troïka, *elle* serait "*sortie*" in petto de l'Euroland[30]. En fait il s'agissait d'un chantage en trompe l'œil : Bruxelles avait beaucoup plus à perdre de voir la Grèce quitter la monnaie unique et de revenir à la Drachme, que le contraire. La sortie grecque de l'euro aurait pu enclencher un effet domino incitant les pays très endettés – l'Italie par exemple

---

[29] Le déficit public de la Grèce s'élève alors à 12,7% du produit intérieur brut et sa dette publique à 133% du PIB, bien au-delà des limites (3% pour le déficit et 60% pour la dette… la France a maintenant atteint les 100% !) fixées par le pacte de stabilité. En réponse à l'augmentation *exponentielle* du chômage et de la pauvreté dus aux deux premiers mémorandums imposés à La Grèce par ses créanciers, Tsipras, peu avare de promesses électorales, s'était engagé à croiser le fer avec la troïka avant de se coucher aussitôt élu.

[30] La fourmi allemande, lasse de payer pour les cigales du Sud, indique effectivement à Athènes la porte de sortie de l'euro.

– à se retirer à sa suite ce qui eut fait éclater l'eurozone et sonner la débandade de l'Union. Tsipras aurait pu néanmoins avoir la tripe politique, eu égard à ses prétendus principes d'insoumission, d'engager de son propre chef un *Grexit* en déclarant un moratoire sur *sa* dette. Il préféra les aides et les subventions (le choix du court terme, de la facilité et du porte-monnaie), la trahison de ses principes et de ses électeurs en vue de revenir dans les bonnes grâces des institutions et banques qu'il dénonçait hier, vomissait pour amuser la galerie et flatter le bon peuple de gauche[31]... (un mythomane se cache derrière l'homme politique se saoulant de ses sincérités successives et de ses mensonges, tout comme le canari chanteur s'enivre de son propre chant jusqu'à tomber du perchoir) !

Bref, Tsipras paraphe le troisième mémorandum relatif à une aide internationale de sauvetage. Celui-ci est assorti de rigoureuses mesures d'austérité et restreint à l'excès la marge d'action gouvernementale, et c'est à cela que devra faire face le nouveau gouvernement... La Grèce se voit, aux termes de l'accord, dans l'obligation de dégager un excédent primaire de 0,5% du PIB en 2016 (c'est-à-dire un excédent budgétaire avant le remboursement de sa dette), puis de 1,75% en 2017 et de 3,5% en 2018. Intenable ! Réforme des retraites, réforme de l'État, privatisations, tel est l'*agenda* contraint de Syriza. Dans un pays où l'impôt est prélevé à la source, la mise en place d'une refonte de

---

[31] Ne pas négliger en Grèce la force de l'idéologie marxiste-léniniste, ceci en ayant à l'esprit la terrible guerre civile qui ensanglanta le pays entre février 1946 et octobre 1949. Première guerre communiste (URSS/Yougoslavie/Bulgarie/Albanie y participent) au débouché de la Deuxième Guerre Mondiale, annonciatrice de la Guerre froide à venir, elle aura prélevé 150.000 vies.

l'impôt abouti à faire peser l'essentiel de l'effort sur la classe moyenne supérieure... à comparer avec le système de la République en Marche qui, pour sa part, éreinte les classes moyennes dans leur ensemble.

Tsipras a certes essayé d'alléger quelque peu les dures conséquences de la rigueur budgétaire, mais uniquement pour les plus démunis (les riches paieront), notamment en leur donnant accès à la santé gratuite et des aides pour les loyers et les factures d'électricité. Mais bien entendu le financement de ces mesures a alourdi d'autant le fardeau des classes moyennes. Déshabiller Pierre pour couvrir la nudité de Paul... une méthode vieille comme le monde, à courte vue et de peu d'efficacité ! Néanmoins l'athée déclaré qu'est Tsipras a fait substantiellement *progresser* les droits LGBTQ et réglé, au grand dam des patriotes Grecs, le contentieux terminologique qui opposait Athènes à Skopje, capitale de la Macédoine du Nord. Un formidable exploit diplomatique qui a valu à Tsipras et à son homologue Zoran Zaev d'être applaudis à Bruxelles et *nominés* pour le prix Nobel de la paix de 2019. Gageons que la défaite du 7 juillet mettra à bas ce mirifique gage de reconnaissance de la part de la Communauté internationale... à savoir l'entité bicéphale, Otan et Union européenne.

i24 News exulte

En attendant de voir M. Mitsotakis à l'œuvre, il est loisible qu'il ne poussera pas l'indépendance d'esprit jusqu'aux terres honnies du *populisme*, mais qu'il pourra, le cas échéant, arborer un national-sionisme grand teint. À Jérusalem l'on exulte – parce que la Grèce de la gauche socialiste étant traditionnellement pro-palestinienne – le nouveau Premier ministre y est perçu comme un fervent défenseur d'Israël et de ses intérêts[32]… « *Je m'engage personnellement* » à renforcer les liens israélo-grecs « *si le peuple grec me donne l'occasion de le diriger* » déclarait-il en juin 2018 lors du Forum mondial du Comité juif américain à Jérusalem. Tout un programme ! En matière de politique étrangère la « *Nouvelle Démocratie* » devrait certainement avoir le souci de préserver l'équilibre géopolitique de l'Europe de l'Est, mais pourrait tout aussi bien succomber à la tentation de participer à la déstabilisation du monde orthodoxe, la Fédération de Russie étant la cible… et le patriarcat grec se trouvant de facto otage de la politique de judaïsation de Jérusalem (où se livre actuellement une guerre sournoise d'expropriation des communautés chrétiennes) et en butte à l'hostilité d'un gouvernement grec allié – ou objectivement complice – des menées expansionnistes israéliennes dans la ville sainte ! Contradictions latentes également entre l'église orthodoxe et le patriarcat russe mis en porte-à-faux par le schisme ukrainien commandité à l'évidence par Washington… Une alliance atlantiste contre nature avec l'État hébreu déterminant de nouveaux sujets de préoccupation pour le Kremlin, pour les chrétiens de Palestine et les Lieux Saints de Jérusalem...

8 juillet 2019

Addendum blogs.mediapart.fr

« Le troisième mémorandum fixe un objectif de 50 milliards d'euros à atteindre via un large programme de privatisation, géré par un

---

[32] https://www.i24news.tv/fr/actu/international/europe/1562510778-elections-en-grece-le-prochain-pm-annonce-par-les-sondages-fervent-defenseur-d-israel

nouveau fonds de privatisation qui prendra la place de l'agence TAIPED créée en 2011.

La première privatisation d'envergure menée par le gouvernement Tsipras a été la concession pour une durée de quarante ans des droits d'exploitation et d'extension de quatorze aéroports régionaux, en décembre 2015. Le montant de cette opération est évalué à 8 milliards d'euros |12| sur la durée totale de la concession. Bien que le bénéfice annuel généré par ces aéroports se soit élevé à 150 millions, soit 6 milliards d'euros sur 40 ans, ce réseau aéroportuaire se caractérise par un très fort potentiel économique. Et cela n'a pas échappé à la Troïka. En effet, initialement, la Grèce prévoyait de privatiser l'ensemble de ses aéroports à travers deux lots mélangeant les installations déficitaires et celles bénéficiaires. Mais les institutions européennes ont rejeté ce projet et ont exigé que le paquet à privatiser ne contienne que des bonnes affaires. Et l'effet d'aubaine ne s'arrête pas là... Les conditions du contrat signé par Fraport, la société allemande qui a obtenu le marché, s'avèrent plus qu'avantageuses : exonération des taxes foncières ou locales et aucune obligation de conserver les prestataires, fournisseurs, commerçants... des aéroports. Les pouvoirs publics grecs s'engagent même à indemniser ces derniers s'ils venaient à ne pas être renouvelés par Fraport ! Idem pour les salariés qui se verraient licenciés. Et ça continue... dans la mesure où la Grèce va même jusqu'à s'engager à prendre en charge les accidents du travail et les éventuelles expertises environnementales à réaliser !

À ce point-là, on ne sait plus si on doit parler de bonne affaire ou de véritable hold-up. Les détails croustillants sur ce dossier de privatisation sont décidément foisonnants, puisque le TAIPED avait désigné Lufthansa Consulting comme conseiller technique de l'appel d'offre. Or, cette entreprise n'est ni plus ni moins actionnaire à la hauteur de 8,45% de Fraport, qui elle-même appartient majoritairement au land de Hesse et à la ville de Francfort.

À peine un mois après cette privatisation des aéroports, en janvier 2016, Syriza finalisait la vente du port du Pirée. C'est la compagnie chinoise Cosco, qui gérait déjà deux des trois terminaux via un contrat de concession signé en 2008, qui obtient le marché. Ce qui n'a pas en soi été très difficile puisque l'appel d'offre ne s'adressait qu'à elle. Encore une fois les instances publiques grecques demeureront les grandes perdantes de cette transaction. Cosco a en effet déboursé 368,5 millions d'euros pour acheter le port, mais TAIPED estime que le gain total de cette opération s'élève à 1,5 milliards en y ajoutant les futures recettes fiscales et les 350 millions d'investissements promis par la compagnie. Toutefois, ce calcul ne prend pas en compte le fait qu'avec cette vente l'État grec se prive des loyers de la concession qui lui restait à percevoir soit au moins 700 millions. Et quant aux investissements promis, il ne faut pas oublier que le contrat de vente contient une clause qui prohibe toute sanction envers Cosco en cas de non-respect de ses engagements...

Les prochaines privatisations d'envergure seront le port de Thessalonique et les chemins de fer. Pour 2016, la Grèce a budgété 2,33 milliards d'euros de produits issus des privatisations. À titre de comparaison, les privatisations de 2013, 2014 et 2015 ont rapporté respectivement 984 millions, 667 millions et 67 millions d'euros. Ce qui signifie que le gouvernement grec compte vendre en un an des biens publics pour une valeur supérieure à celle de ceux vendus en trois ans.

D'ailleurs le 22 mai, la Grèce passe à la vitesse supérieure en termes de privatisation en votant la création d'une nouvelle société privée en lieu et place du TAIPED : le HCAP S.A. (*Hellenic Corporation of Assets and Participations S.A.*). Ce super-fonds fonctionne comme un véritable holding avec quatre filiales sous sa direction et qu'elle possède juridiquement : l'agence de privatisation TAIPED, le Fond Hellénique de Stabilité Financière (FHSF) et deux autres entités chargées de monétariser les actifs, entreprises et autres propriétés de l'État grec. Alors que le TAIPED gérait 25% des actifs grecs pendant 6 ans, la totalité des actifs grecs est transférée (sans contreparties) au HCAP S.A qui en détient la pleine propriété juridique et ce pour 99 ans ! C'est déjà plus de 71 500 patrimoines publics qui ont été cédés à ce fonds, ce qui représente ni plus ni moins le plus grand transfert de propriété dans un pays d'Europe de l'Ouest. Le conseil de direction de l'HCAP S.A. comprend cinq membres, dont deux sont nommés directement par la Troïka (et dont l'un est le président du fonds, comme l'exigent ses statuts) et trois par le gouvernement grec... après validation explicite de cette même Troïka».

[blogs.mediapart.fr/cadtm/blog/220816/le-triste-anniversaire-du-3e-memorandum-grec].

Thalassocraties vs Eurasie

17 juillet 2019

Une guerre civilisationnelle

Alors que dans le Golfe persique les escarmouches se multiplient – nouveaux épisodes : le 18 juillet 2019 les ÉU abattent un drone iranien dans le très névralgique goulet d'étranglement d'Ormuz, incident faisant suite au détournement deux semaines auparavant d'un tanker iranien par les Britanniques devant Gibraltar et à l'arraisonnement le 14 juillet par les Gardiens de la Révolution iranienne d'un pétrolier britannique suspect de contrebande pétrolière, toujours dans le détroit d'Ormuz – il ne faudrait cependant pas que les éternelles guerres du Proche-Orient soient l'arbre qui cache la forêt proliférante de la Grande guerre civilisationnelle que nous livre l'ultralibéralisme judéo-protestant.

Parce que le conflit larvé – et plus que cela – en cours contre la République islamique d'Iran (l'actuel blocus, en particulier pétrolier), est évidemment déjà une forme aiguë d'agression, un moyen de soumettre un pays autrement que par les armes. Mais ce n'est là que l'un des aspects – certes spectaculaire – de la guerre totale que livrent les forces messianiques pour l'Unification du marché mondial et la Gouvernance planétaire. Les enjeux liés aux énergies fossiles sont une chose, et ils occupent légitimement une place importante dans le tableau du grand dérangement global aux côtés de considérations géostratégiques plus larges[33], mais ils ne constituent en aucune façon l'*ultima ratio* – le moyen ou le but ultime – de la reconfiguration politique et idéologique des continents à laquelle nous assistons… sans bien nous rendre compte que ce qui se passe sur le plan culturel et sociétal. Un phénomène pourtant – géopolitiquement parlant – peut-être similaire à la constitution (dans l'ordre géologique) de la Pangée au cours du Carbonifère, ceci avec aujourd'hui, la formation d'un super *continent métaculturel*. Ceci se passe sous nos yeux couverts d'épaisses écailles, sans que nous sachions interpréter dans ses vraies dimensions (ou tirer les mortelles conséquences) de ces mouvements sociétaux en action… ni des séismes qui accompagnent la subduction des socles historiques littéralement avalés par la montée des nouvelles plaques métahistoriques postmodernes[34].

Métahistoire et postmodernité

Nous parlons ici des grandes mutations *culturelles* actuelles, lesquelles annulent ou falsifient le passé, l'histoire politique et anthropologique de l'homme pour le précipiter dans l'éternité d'un présent consumériste sans la moindre épaisseur ontologique. Or si les guerres ouvertes

---

[33] Tel l'établissement sur le *Rimland* d'un cordon sanitaire d'États vassalisés (et clients) afin de contenir l'espace continental eurasiatique. En un mot, faire avancer les pions de la thalassocratie anglo-américaine sur l'échiquier géopolitique.

[34] Comparaison et analogie métaphorique avec la « tectonique des plaques » théorisée par Alfred Weneger (1880/1930).

en sont l'expression géopolitique visible (mais rarement perçues ou interprétées comme telles), elles couvrent par ailleurs une guerre d'une toute autre ampleur parfaitement intelligible pour qui accepte de faire l'effort d'y réfléchir. Cette dernière entend en effet *reformater* le genre humain selon une idéologie (autrement pernicieuse et virulente que le marxisme) et peut s'interpréter – là où le communisme a échoué à le faire – comme la tentative d'édifier une nouvelle religion… athéiste, matérialiste, antinomique, contre-naturelle et *monadologique*, c'est-à-dire hyper individualiste au sein d'un corps social atomisé à l'extrême… chaque être humain devenant un *universel* en soi et rien de plus, toute distinction et toute différenciation étant abolies d'un individu à l'autre.

Ne jamais oublier que le père spirituel de l'Europe en Marche, Coudenhove-Kalergi[35], fut le théoricien précurseur du grand brassage des peuples devant en principe aboutir – sauf à ce que nous y mettions le holà ! – aux sentines génétiques promises pour très bientôt. Et en vérité les choses avancent vite depuis le discours de Palaiseau le 17 décembre 2008 [36] par lequel le président Sarkozy nous prévenait que le *"métissage"* était érigé au rang d'obligation d'État, au besoin en recourant si nécessaire à la force de la Loi ! Au total, une religion et une *world culture* profondément régressives faisant appel à toutes les ressources de la pensée prélogique et des structures archaïques de l'imaginaire collectif… Tous égaux et

---

[35] « Praktischer Idealismus » *Idéalisme Pratique, le plan Kalergi pour détruire les peuples européens* Richard Nicolaus Coudenhove Kalergi (1894-1972), Omnia Veritas Ltd, www.omnia-veritas.com

[36] https://www.youtube.com/watch?v=VF6MezJ884M

misérables sous le soleil de Satan ! Cette guerre de l'esprit se livre contre l'Homme et la nature humaine qu'il s'agit de déconstruire – et selon nos critères, d'avilir – en application du Troisième principe de la thermodynamique [37] . L'Humanité, morne plaine, étant conviée *in fine* à tendre vers un encéphalogramme plat... Exception faite bien entendu de la caste sacerdotale appelée à régner sans partage ! Le règne de la marchandise désacralisant tout – à commencer par l'homme essentiellement en son principe masculin sauf une soi-disant Terre Mère érigée en idole – égalise et ne différencie plus le vivant qu'au regard d'une valeur marchande, essentiellement quantifiable et contractualisable, unique hiérarchisation acceptable dans un monde substantiellement normé et uniformisé (*standardisé*).

La guerre est globale, ni dehors, ni dedans

Nous avions naguère évoqué les *guerres du dehors*, guerres de conquête hégémonique que lancent régulièrement l'Amérique et ses tributaires (au premier rang desquels la France depuis 1991[38]), et celles *du dedans*

---

[37]La notion d'entropie (étymologie *transformation*) apparaît en 1865 sous la plume de Rudolf Clausisus pour désigner les processus physiques de désorganisation de la matière : "Plus l'entropie du système est élevée, moins ses éléments sont ordonnés, liés entre eux, capables de produire des effets mécaniques"... Comprenons que l'édifice civilisationnel se situe aux antipodes du nivellement entropique généralisé auquel nous vouent nos maîtres de l'heure.

[38] « *L'Europe c'est la paix* » et la démocratie la guerre à tous les étages... Pour les grandes étapes : l'Irak en 91 ; cela se poursuit en 99 au Kossovo pour culminer en Libye en 2011 et où, depuis, le *bain de sang* que nous étions censés prévenir n'a jamais cessé (et ne parlons pas de la Syrie où nous avons soutenus activement et hypocritement

que l'État et des classes dirigeantes dévoyées conduisent avec assiduité contre la Nation et *le pays réel*. Il faut maintenant changer d'échelle et penser le champ de bataille comme localement ou régionalement circonscrit, mais bien comme ne pouvant s'appréhender de nos jours hors d'une dimension globale, planétaire... La Terre tout entière étant devenue le *champ de bataille* où s'affrontent deux conception du monde, deux univers mentaux antagonistes (*Battlefield Earth*).

Affrontement matériel par le truchement de guerres à multiples facettes (hybrides, conventionnelles, cyber, financière, économique, et cætera) et surtout psychique car il ne s'agit plus à présent d'uniquement soumettre des corps physiques, mais au-delà, d'asservir les âmes. Guerre culturelle, spirituelle et civilisationnelle désormais étendue à l'Humanité toute entière, qui nous attrait au quotidien et dont les ravages sont les pires de tous... cancer silencieux, apparemment inodore, incolore et sans saveur tant le poison est puissant et qu'il est parvenu à neutraliser nos élémentaires défenses immunitaires... Soumises qu'elles sont au puissant matraquage de la propagande perfusant dans nos organismes par tous les pores de notre peau et tous ses orifices sans même que nous nous en rendions compte[39]. En attendant, revenons un instant aux guerres de surface et à l'architectonie des tensions et des affrontements

---

diverses factions terroristes).

[39] « *Au sein de la matrice, nous baignons dans le liquide amniotique du mensonge* », des impostures et des falsifications en tous genres... Cela fait un demi-siècle que l'Homme est censé avoir marché sur la Lune et dix-huit ans qu'à Manhattan la Tour n°7 s'est effondrée spontanément.

potentiels, en gestation ou en évolution (*in process*) !

Doctrine russe de la résistance au Nouvel ordre mondial

Le deuxième jour du Forum Économique International de Saint-Pétersbourg, le 7 juin 2019, le président Poutine prenait le contre-pied de la bienséance internationale et de l'ordinaire géopolitiquement correct. Certains y ont vu un – sans doute à juste titre – un deuxième discours de Munich[40] annonçant *urbi et orbi* qu'à partir de maintenant la Russie ne reconnaît définitivement plus le système établi de domination mondiale des États-Unis, plus gracieusement appelé *unilatéralisme*. La Russie lance de ce point de vue un défi au système judéo-protestant et entend s'unir à la Chine et aux nations du monde qui n'ont pas encore perdu le désir ou la volonté d'échapper au joug américain [Cf. A.Khaldeï11juil19][41]. C'est dire sans ambages que deux « blocs » antagonistes dorénavant se font face. Ce qui était encore récemment implicite – et quoique que des pudeurs de jouvencelles aient empêchés jusqu'ici les diplomates de l'admettre ouvertement – devient donc une réalité particulièrement fâcheuse… et le rugueux fondement de la doctrine géopolitique officielle de la Fédération de

---

[40] Le 10 février 2007, Vladimir Poutine prononçait un discours – lors de la Conférence sur la Sécurité collective à Munich – traçant quelques lignes directrices pour l'avenir immédiat des relations internationales, critiquant à cette occasion les États-Unis pour leur conception d'un monde unipolaire et leur volonté d'imposer leurs "valeurs" aux autres pays.

[41] rusreinfo.ru/fr/2019/07/poutine-annonce-la-doctrine-de-la-confrontation-globale-avec-les-etats-unis/

Russie... Laquelle entend s'établir sur un ferme pouvoir d'État et une souveraineté non discutable.

Une telle politique, affirmée dans le discours du 7 juin, prend à rebrousse-poil les élites cosmopolitistes (*progressistes* à Paris et *occidentalistes* à Téhéran) qui se présentent partout dans le monde développé comme les seules forces de progrès et contre-pouvoirs valables (quand ils ne sont pas aux Affaires comme en France). À l'instar des Démocrates américains, ils ne veulent pas entendre parler de frontières ni d'intérêts qui ne soient pas strictement ceux de groupes privés étrangers à l'intérêt public et a priori indifférents à la défense du bien commun. En un mot ces élites *apatrides* par vocation exigent la subordination des intérêts nationaux de la Russie et de sa classe dirigeante souverainiste aux intérêts des oligarchies anglaises et américaines.

En l'occurrence, Vladimir Poutine n'a fait, au fond, que nommer une situation que les mots et les postures ne parvenaient plus à cacher... Une situation palpable en Syrie, dans le Golfe persique et ailleurs où la concurrence pour intégrer tel ou tel État à la sphère d'influence de l'un ou de l'autre n'en finit pas de dégénérer et d'évoluer vers une confrontation directe. L'étincelle fatidique ne s'est pas encore produite mais rien n'empêche d'imaginer maintenant une *guerre de soixante-douze secondes* au cours de laquelle des échanges de tirs nucléaires interviendraient contre des bases ou des points d'appui stratégiques des deux blocs belligérants avec pour théâtre d'opération, la Grande périphérie de l'État hébreu, 51ᵉ état américain et hypothalamus de la Maison-Blanche, de l'Indus à la confluence des deux Nils.

Il a fallu attendre douze années pour que Poutine revienne à l'avertissement solennel à l'Occident – trop sûr de lui et dominateur – contenu dans son intervention de Munich, prévenant que le monde approchait d'une dangereuse confrontation et que dans l'éventualité d'une telle rencontre l'occident se fourvoyait en surestimant ses forces. Cette fois-ci Poutine annonce l'intention de la Fédération de Russie d'inciter l'Europe à se séparer des États-Unis en soulignant l'existence d'une irréductible contradiction entre les intérêts vitaux de l'Europe et une soumission de plus en plus prononcée et coûteuse aux lois coercitives et aux règles envahissantes américaines[42]. La somme des desiderata américains faisant qu'à ce jour l'Union européenne est devenue davantage un conglomérat de nations vassalisées à l'Amérique et un marché captif, qu'un allié entretenant des relations de partenariat sur la base de la réciprocité. Bref l'union européenne ne serait guère plus qu'une zone de chalandise ou pire, une "ressource". Une dépendance ou une réserve économique d'intérêt stratégique (comme il existait autrefois des *tribus garde-manger* dans certaines îles du Pacifique) au sein d'une relation qui serait celle de prédateur à proie. On voit bien à l'œuvre ce type de rapports dans le cas des grands groupes industriels ou bancaires européens littéralement rackettés[43] par l'Administration américaine sous couvert du

---

[42] Poutine a par exemple souligné que le gazoduc Nord Stream 2, en contradiction flagrante d'avec les intérêts américains, correspondait au contraire à des besoins fondamentaux pour l'Europe.

[43] BNP, Volkswagen, Deutsche Bank, Commerzbank, HSBC, Alsthom, Total, le Crédit Agricole ... Les sanctions financières pleuvent et sont devenues une manne pour la Justice américaine et un puissant instrument de domination pour les États-Unis. La banque française a ainsi écopé d'une pénalité supérieure à dix milliards de dollars (7,34 milliards d'euros) et d'une suspension temporaire de ses activités aux États-Unis, l'empêchant alors d'effectuer des transactions en dollars, cela pour des violations entre 2000 et 2010 de l'embargo américain

respect des embargos unilatéralement décrétés par le Département d'État [ibidem]. L'Europe découvre – ou feint de découvrir – que l'amitié américaine se paye au prix fort et qu'elle – la vache à lait – est de plus en plus ouvertement vouée à être traite jusqu'au sang. C'est ce que personne n'osait dire ni même penser et que Poutine vient de dire haut et fort.

17 juillet 2019

Cinquantième anniversaire de l'alunissage supposé des cow-boys américains sur Séléné.

contre Cuba, l'Iran et le Soudan. À partir du *Foreign Corrupt Practices Act* de 1977, l'Administration américaine va se doter d'un arsenal complet d'outils et d'armes juridiques pour mettre à genoux les concurrents de ses propres groupes industriels et financiers, ce seront dans les années 90 les lois *Helms-Burton* et *D'Amato*, lesquelles se trouveront à leur tour renforcées après le 11 Septembre par les lois *Patriot Act I* et *II*.

La Guerre eschatologique d'août 2019

28 juillet 2019

L a cécité de nos élites, en particulier conservatrices, ne connaît aucune limite. Elles ont les yeux embués de doxa et les pupilles dilatées à outrance par des doses massives d'atropine idéologique. Tous ou presque accusent l'Iran de multiplier les provocations dans le Golfe ! Mais enfin ce n'est pas Téhéran qui a unilatéralement dénoncé le Traité 5+1 signé à Vienne le 14 juillet 2015[44], accord relatif contrôle des activités nucléaires iraniennes, mais la Maison-Blanche. Non ? Est-ce la marine iranienne qui croise face au port de New York ou bien une armada américaine prête à en découdre qui fait des ronds de squale à l'affût dans les eaux du Golfe persique aux abords du détroit d'Ormuz ? Sont-ce les Pasdaran qui bombardent Eretz Israël où l'exact contraire, Tsahal qui n'hésite plus à frapper des positions de la République islamique d'Iran à quelque 900 km de son

---

[44]Autrement désigné comme « Plan d'action global commun » (PAGC). Le 8 mai 2018, le président Trump pour complaire aux factions ultra-sionistes israéliennes et américaines, s'en retire alors que Téhéran rempli ses engagements sans faillir.

propre territoire ? Un drone de combat israélien Harop[45] aurait visé la 52ᵉ brigade de la milice Hashd Shaabi le 19 juillet 2019 près de la ville d'Amerli, dans la province de *Salahudin* (Saladin), au nord-est de Bagdad. Quatre jours plus tard, le 24 juillet Israël, bien abrité derrière le bouclier des forces américaines et arabes, lançait plusieurs attaques contre des « positions militaires du régime syrien et de ses alliés » (comprenons des unités du Hezbollah libanais), dans la zone de Tall al-Hara et dans le gouvernorat voisin de Kouneitra, à proximité immédiate du plateau du Golan récemment annexé en totalité avec la bénédiction du président Trump[46].

Or ces attaques sournoises sont devenues monnaie courante depuis le début de la guerre de Syrie en 2011 alors qu'officiellement (même si l'état de belligérance n'a jamais cessé entre Damas et Tel-Aviv depuis 1948), l'État hébreu n'est *a priori* pas partie prenante de l'actuel conflit et de ses extensions (au Yémen par exemple). Mieux vaut effectivement faire la guerre par procuration, se déclarer en

---

[45] L'Harop est un véhicule de combat sans pilote *vagabond* (errant) développé par les industries aérospatiales israéliennes. Un missile furtif d'une portée de 1000 km pouvant errer pendant six heures avant d'atteindre sa cible.

[46] Les hauteurs du Golan occupées par Israël depuis 1967 ont été annexées par l'État hébreu en 1981. Situation « *nulle et non avenue* » aux termes de la Résolution 497 du Conseil de sécurité des Nations Unies. Le 21 mars 2010 le président américain se prononçait en faveur de la reconnaissance de la souveraineté israélienne sur le Golan : « *Après 52 ans, il est temps pour les États-Unis de reconnaître pleinement la souveraineté d'Israël sur le plateau du Golan, lequel possède une importance stratégique pour l'État d'Israël et la stabilité régionale* ».

retrait, se déclarer étranger aux flux et reflux des armes, frôler la neutralité… tout en soignant des blessés d'al-Nosra dans ses hôpitaux et en exfiltrant des combattants djihadistes par centaines via son propre territoire, et puis, à la plus petite anicroche, pousser les cris déchirants de la victime expiatoire. Mais tout ce cirque n'est que trop habituel et ne paraît gêner quiconque dans les chancelleries, les rédactions et les cabinets gouvernementaux.

Provocations à la guerre

Ces provocations israéliennes en série suggèrent deux réflexions principales : primo, Tsahal n'a aucun scrupule à jouer les picadors à l'encontre du taureau syrien parce qu'elle se sent confortée par une certaine impunité nonobstant les défenses anti-aériennes syriennes équipées de systèmes S300 apparemment tenus en réserve. Puisque que cela *marche*, pourquoi se gêner ? On peut toutefois supposer que Damas, en attendant l'heure de la revanche, fait le gros dos, ronge son frein et évite de tomber dans le panneau. Secundo, un pas de trop de la part de l'Armée arabe syrienne et le prétexte serait tout trouvé pour lancer des frappes destructrices massives. Or Damas doit panser ses plaies à l'issue d'une terrible guerre de huit ans… laquelle n'est toujours pas complètement achevée, des métastases terroristes diffuses sur l'ensemble du territoire rendant aléatoire l'état sécuritaire. Et puis la situation économique du pays n'est pas très brillante – singulièrement au regard de pénuries d'énergies – parce que la guerre internationale n'a évidemment jamais cessé sur ce plan-là.

En multipliant les provocations, l'État hébreu en espère bien pousser le camp alaouite et chiite à la faute afin que l'irréparable soit finalement commis. Sachant que toutes les conditions sont actuellement réunies pour un embrasement à grande échelle avec pour résultat la mise au pas d'un Iran décidément irrédentiste, l'éradication du régime honni de Damas soit éradiqué et le renvoi des Russes dans leurs steppes d'où ils n'auraient jamais dû sortir... et leur faire perdre leur unique point d'appui et débouché maritime stratégique de Lattaquié dont l'existence fait tache sur la carte géostratégique du sud de l'Europe et obère la chasse gardée méditerranéenne de la VIe Flotte[47]. Avec, en bouquet final, le tronçonnage de l'odieux axe Téhéran/Bagdad/Damas/Beyrouth. Personne ne faisant remarquer que cet axe chiito-alaouite n'est en fin de compte que le résultat de la politique démentielle de destruction programmée de toutes souverainetés politiques (réputées menaçantes) sur le pourtour d'Israël. À commencer par l'Irak. Tout ceci est connu, archi connu mais il importe de le répéter inlassablement tant les évidences les plus éclatantes échappent à nombre d'hommes supposés intelligents... mais paresseusement conformistes et à la vue déformée par un lancinant conditionnement médiatique. L'homme est ainsi fait qu'il s'arrache très difficilement du papier tue-mouche de la doxa : il suffit que la parole tombe d'en haut et sa soumission intellectuelle est immédiate... Tout en se prévalant d'une liberté de penser qu'il n'exerce que si peu au profit de la vérité.

La guerre fait rage mais le voile de Maya embue nos regards

Au regard des fréquentes et multiples incursions de

---

[47] La Sixième flotte des États-Unis en tant qu'une unité opérationnelle assure le contrôle américain de la méditerranée. Elle se compose actuellement d'environ 40 bâtiments de guerre, de 175 aéronefs et de 21 000 personnels. Son port d'attache est Gaète en Italie.

Tsahal dans l'espace aérien syrien – et maintenant, s'enhardissant toujours plus, jusqu'aux frontières de l'Irak – il est pertinent de parler d'un conflit déjà engagé, très large, concernant des coalitions multi étatiques (en dépit des réticences actuelles de l'Union européenne à s'y associer pleinement). En raccourci, un conflit mi-chaud mi-froid, sans doute encore de *basse intensité*, mais un conflit quand même. La politique de sanctions financières, économiques et pétrolières à l'encontre de l'Iran ne pouvant pas s'interpréter autrement que comme autant d'actes de guerre au sens propre des mots, Téhéran ne voit aucune différence entre les dures sanctions économiques imposées par Washington et des hostilités ouvertes car dans les deux cas les résultats sont exactement les mêmes. Dévastateurs. Encore faut-il, pour bien apprécier et prendre l'exacte mesure de situation d'extrême tension qui se développe et prévaut entre la Méditerranée et le Golfe persique : toutes les conditions sont réunies pour l'embrasement et à force de battre le briquet, Tel-Aviv devrait bien parvenir à enflammer le poudrière… quel que soit le sang-froid – impressionnant – de la Russie dans cette occurrence.

Curieux que ce soient les mots qui dans certains cas fassent exister les choses et, en ne les nommant pas, permettre d'escamoter la réalité suffisamment pour plonger les foules dans un état de stupeur anesthésique. Il suffit que « tous » (décideurs et médiateurs) s'entendent pour ne pas franchir la ligne de démarcation entre le virtuel et le réel… Bref *nous* sommes – nous le camp occidentaliste – en guerre *chaude* et la presse ne nous le dit pas préférant détourner l'attention du public à propos des tenues bariolées de la porte-parole du gouvernement hexagonal ou de son extravagante tignasse laineuse… de même qu'à Londres tous les regards sont tournés vers le sinistre bouffon promu Premier ministre, une sorte de mixte de Cohn-Bendit et de la susdite Miss Si-Bête ! *The show must go on…* le spectacle doit se poursuivre... Tout est donc pour le mieux dans le meilleur de monde panglossien, les saltimbanques occupent la scène et occultent la *drôle de guerre* en cours contre l'Iran. Regardez ailleurs !

Coups pour coups

Bien sûr rétorquera-t-on, les Iraniens rendent les coups : super drone abattu au-dessus du Détroit, deux pétroliers britanniques arraisonnés (l'un deux a été restitué), faits au demeurant significatifs que les états-majors occidentalistes (Arabie/Qatar/Émirats/R-U/Israël/É-UA) ne prennent pas suffisamment au sérieux la dangerosité potentielle de l'Iran, sûrs qu'ils sont de l'écrasante disproportion existant entre les forces en présence. Il n'est d'ailleurs pas certain que ce raisonnement (ou cette stratégie du *fort au faible*) se révèle à terme véritablement payante parce que dans tous conflits ce ne sont pas seulement les capacités matérielles qui entrent en jeu pour décider de l'issue de la bataille... mais aussi la cohésion morale des belligérants (fussent-ils en position d'infériorité), leur détermination et leur combativité.

Le soutien matériel de l'Union soviétique et de la Chine ont sans doute fait beaucoup pour aider les Vietnamiens du Nord à renvoyer les GI's dans leurs foyers, mais cela n'aurait certainement pas suffi sans la cohésion ethnique et psychique des Tonkinois, leur discipline de fourmis légionnaires et leur impressionnant acharnement dans l'offensive[48]. De même *"la force de l'Iran ne découle pas*

---

[48] L'offensive du général du Têt le 31 janvier 1968, notamment sur la rivière des Parfums à Huê et à Saigon sera un échec, mais constituera aussi un tournant dans la guerre. Il s'agissait pour le général Giap de réitérer le coup d'éclat de Dien Bien Phu. Son plan, emprunté à la

de son arsenal de missiles balistiques et d'une flottille de vedettes de guerre difficiles à détecter, mais de sa volonté de résister, et de sa capacité à exercer des représailles contre toute agression" [AbdelBariAtwan21juil19]. C'est en effet ignorer que le sévère régime de sanctions auquel se trouve soumise la nation iranienne, loin de la dissocier, la ressoude dans et par une réaction *patriotique*. Erreur d'appréciation plus lourde encore de la part des anglo-américano-sionistes, pataugeant dans le matérialisme le plus opaque (borné), qui estiment négligeable la dimension métaphysique et même eschatologique de la culture iranienne. Le chiisme est en effet une religion basée sur la *passion* (au sens christique) de l'Imam Hussein mort en martyr lors de la bataille de Kerbala, le 10 octobre 680. Cela reste et demeure un fait central de la psyché collective iranienne… même si les jeunes générations urbanisées et occidentalisées se détournent aujourd'hui ostensiblement de la religion[49]. Les modes passent et les invariants culturels subsistent… sauf bien entendu, grand remplacement et brassage génétique des populations.

Dimension métapolitique de la guerre

Toujours est-il que la guerre possible contre l'Occident,

---

doctrine communiste chinoise et basé sur le concept d'offensive générale, était en principe destiné à sortir de l'impasse stratégique où s'enlisait la guerre à la fin de 1967 en obtenant un complet ralliement des populations à la cause communiste.

[49] D'excellents spécialistes vont jusqu'à affirmer que la fréquentation des mosquées en l'Iran chiite est inférieure à celle des salles de prières sunnites sur le sol français. Ce qui ne semble pas tout à fait absurde si l'on considère la pratique religieuse dans ce dernier cas comme un manifestation et une revendication identitaire.

revêt une très réelle dimension métapolitique dans le monde chiite, la mort au combat y étant regardée comme une authentique assomption spirituelle. Assurément les États-Unis, à coup de larges tapis de bombes devraient parvenir *in fine* à réduire ce peuple d'impénitents mystiques, reste que la chose n'est pas gagnée d'avance face à des vagues d'assaut de candidats au martyr... Cela même avec l'effet de sidération – le choc psychologique – que pourrait susciter le recours à l'arme atomique miniaturisée pour la destruction des sites de production d'uranium enrichi, des laboratoires, des arsenaux et des centres de commandement des Gardiens de la Révolution. Ajoutons que la confrontation ultime avec les forces de l'empire du mal – Armageddon pour ne pas la nommer – n'est pas une hantise ou une crainte mais une certaine forme d'espoir. Eh oui ! En clair une partie de la population et des élites iraniennes vit encore aujourd'hui dans l'attente de la fin des temps, du Messie (en l'occurrence le Christ) précurseur de l'envoyé, le Mahdî[50]. Comprenons qu'il n'est pas ici, concernant une guerre en progestation, question de *crainte*, mais d'une *attente* et d'une éventualité à laquelle tout bon croyant ne saurait se dérober.

Pour ne pas conclure en cet été de tous les dangers

En dépit de et à travers le brouillard poisseux des fantasmagories hollywoodiennes et du *rêve américain* (si souvent cauchemardesque), se discernent toujours les

---

[50] Un Hadith (parole rapportée du prophète) affirme qu' « *Il n'y a de Mahdi que Jésus fils de Marie* »... Anas Ibn Malik dans « Çunan Ibn Mâja », chapitre « Kitâb el Fiten ».

linéaments d'un monde archaïque aux profondes et fortes racines spirituelles. Nous ne devrions pas l'oublier à l'heure où les guerres d'unification du Marché planétaire font rage, se déployant sur terre, les mers, les airs et les espaces[51]... et pire encore, au cœur même de nos sociétés avec les révolutions anthropologiques, post et transhumanistes qui nous accablent et qui sont l'autre face hideuse de la guerre totale que les puissances messianiques livrent au genre humain.

Comprenons – comme déjà dit – que les guerres conventionnelles (ou non), les guerres de contrôle et d'influence territoriale ne sont que le préalable, le déblaiement du terrain pour mieux ensuite instaurer une implacable et universelle démocratie transgénique. Ce ne sont pas ici des mots ronflants mais des réalités tangibles. Depuis que l'humanité existe, aucun système, aucun régime, aucune culture aussi cannibale ait-elle été, n'a pris pour « base » le mariage d'individus du même sexe. Cela est à ce point énorme que cela obstrue tous les canaux de l'entendement humain. Il serait temps de s'en apercevoir et de tirer toutes les conséquences de ce type de mutations sociétales parfaitement tératologiques.

Bref, face à nous un seul et unique monstre, une seule et même Guerre... Globale. On en comprendra mieux les enjeux lorsque l'on admettra que dans le cas d'une confrontation armée avec l'Iran chiite, nation dotée de structures cléricales – une exception dans le monde musulman – ce sont deux eschatologies qui se défient et se font face. Cet enjeu nous dépasse et il est également et

---

[51] Nous évoquons ici, entre autres, les guerres dématérialisées du cyberespace ainsi que le renseignement et la surveillance satellitaires.

surtout un enjeu planétaire.

28 juillet 2019

Je suis juif
et je dis que
l'humanité
a cessé d'exister
à la naissance
d'Israël.

Dustin Hoffmann

Parler vrai...

La planète brûle, le G7 se congratule...

1er septembre 2019

Le Monde tel qu'il va de plus en plus de travers !

Ça crame de partout et pas seulement en Amazonie, et cela depuis des années sans que nul ne s'en soit jamais formalisé. Quand ces dernières années la Sibérie était en flammes, que la nuit régnait à Djakarta, obscurcie par les nuages de suie de la forêt incendiée pour faire place nette à l'industrie de l'huile de palme présente à tous les rayons de nos supermarchés[52], années après années,

---

[52] Septembre 1997 : "Depuis dix jours que l'on ne voit plus le soleil, la visibilité est très réduite déplore-t-on à Kuala Lumpur... Le gigantesque nuage de fumée ayant pour origine des incendies liés à la culture sur brûlis en Indonésie, particulièrement à Sumatra, s'étendait sur l'Asie du Sud-Est, recouvrant Brunei, Singapour, la Malaisie, et finissait par atteindre les régions méridionales des Philippines et de la Thaïlande" [libération.fr26sept97]. En Indonésie, 2015 aura été l'année du *grand incendie*. La troisième plus vaste forêt est aujourd'hui encore plus menacée que celle d'Amazonie. Entre 2000 et 2012 ce sont six millions d'hectares qui ont disparus du fait des industries de la pâte à papier et de l'agro-alimentaire... celles-ci utilisent la méthode de la culture sur brûlis après avoir rasé la forêt. Une pratique paraît-il multiséculaire. En quatre mois les incendies ont ravagé quelque deux millions d'hectares principalement sur Kalimantan, la partie indonésienne de l'île de

pendant des décennies l'émotion et l'information ne dépassèrent jamais quelques lignes dans la presse et quelques mots presque indistincts dans les commentaires télévisés. La routine quoi ! Félicitons-nous cependant que l'on vienne de découvrir, même bien tard, que les forêts tropicales – mais également boréales – jouent un rôle clef dans la vie de notre planète en tant que régulateur du climat, recycleur d'oxyde de carbone – nous sommes d'ailleurs à ce point tombés sur la tête que depuis quelques années des ingénieurs planchent sur des prototypes d'arbres artificiels destinés à piéger le carbone[53] – et l'une des matrices du vivant dans sa prodigieuse *diversité*.

Le monde en flammes... c'est la faute à Poutine

Or pendant que l'on braquait les projecteurs sur l'Amazonie et sur le *populiste* Bolsonaro, tête de Turc désignée du moment, l'on oubliait magistralement, qu'au mois de juillet, en Sibérie, plus de douze millions d'hectares de taïga étaient partis en fumée, l'équivalent en superficie de la Belgique. Idem en Colombie-Britannique, sur la côte pacifique du Canada, où la haute selve – celle qui n'avait pas encore été coupée à blanc par les méga-industries japonaises du bois – se consumait à l'instar d'une

---

Bornéo, et sur Sumatra, dégageant 1,6 million de tonnes d'équivalent CO_2 dans l'atmosphère, soit plus que l'archipel nippon en une année [geo.fr 22 avr 16].

[53] Lors de la grande inondation de Morlaix en 1974, la ville fut noyée sous deux mètres d'eau ? Ce phénomène était l'évidente conséquence de l'éradication du couvert végétal sur les monts d'Arrée, l'eau mettant six heures à dégringoler la pente là où il lui fallait trois semaines auparavant. La solution fut rapidement trouvée : il fallait bétonner le cours des rivières.

vulgaire Californie ou des forêts portugaises d'eucalyptus. Deux régions suffisamment septentrionales pour qu'on eût pu les croire à l'abri de telles dévastations. Au reste les satellites, témoins vigilants et muets robots, savent que l'Afrique brûle autant sinon plus que l'Amazonie : République Démocratique du Congo, Gabon, Cameroun, Centrafrique... Mais il n'y a pas là, de Poutine ou de Bolsonaro à incriminer - ni accessoirement de Donald Trump - *ces pelés, ces galeux d'où nous viendraient tout le mal* !

Pour ce qui est du président américain, comme on ne peut l'accuser de tout en même temps, on le suppose – ce qui est terriblement *tendance* – de collusion avec le duo prédateurs sexuels Weinstein et Epstein[54], les Dupont et Dupond de la pornocratie friquée judéo-américaine. Le dernier des deux, accusé par la justice américaine de *prostitution infantile*, étant trépassé à la suite d'un très opportun suicide, ne sera certes plus en mesure de marchander sa peine en échange de révélations désobligeantes... notamment pour l'ex président Bill Clinton (un abonné des vols du *Lolita Express*[55]) et le camp

---

[54] Un documentaire relatif à la vie édifiante d'Harvey Weinstein – « L'Intouchable » – réalisé par l'Américaine Ursula Macfarlane, est *sorti* au cours du mois d'août. Ce film est l'occasion – histoire de faire d'une pierre deux coups – de saupoudrer très innocemment le récit d'une série de photographies mondaines où Weinstein côtoie Donald Trump. Une manière d'*amalgamer* les deux hommes, autrement dit d'induire, plus ou moins subliminalement, une association pavlovienne entre les deux personnalités.

[55] Aéronef privé de Jeffrey Epstein dévolu aux galipettes entre ciel et terre avec des mineures – ou assimilées – apparemment consentantes. Le sieur Clinton aurait bénéficié vingt-six fois sur trois années des

Démocrate. Toutefois Epstein à l'état de cadavre se révèle encore fructueusement utile dans l'impitoyable guerre de tranchées que l'*establishment* judéo-protestant livre à son président mal aimé. Car en effet, grâce à des femmes ambitieuses comme Miss Ursula Macfarlane et notre lamentable *de cujus*, le nom de Trump a désormais sa place dans la galerie des monstres sacrés et autres prédateurs sexuels aux fortes appétences pour la chair fraîche. Ce sont d'ailleurs les mêmes grandes âmes qui dénoncent tout manquement à l'éthique politique et aux attaques *ad hominem* qui s'emploient avec ardeur à fouiller dans les poubelles et les latrines publiques (entres autres celles où se complaît une certaine presse) pour en extraire des pépites fièrement exhibées et jetées en pâture à un public devenu plus ou moins coprophile.

De fervents pyromanes

Mais il est d'autres feux que de fervents pyromanes s'acharnent à faire prendre fort heureusement avec un médiocre succès… Par exemple l'État hébreu poursuit avec constance ses campagnes de bombardement sur la Syrie. Pour le dernier en date, étaient visées des positions iraniennes. En réalité occupées par le Hezbollah libanais dont le chef charismatique, Hassan Nasrallah, a sévèrement accusé Israël pour avoir envoyé dimanche à l'aube, dans la partie sud de Beyrouth, deux drones de combat, l'un ayant explosé contre le centre de communication du *Parti de Dieu*. Nasrallah qui généralement ne parle pas pour ne rien dire, a annoncé une riposte inévitable à cette attaque et à la mort de deux combattants quelques heures auparavant au

---

services très spéciaux de cette ligne aérienne hors du commun.

sud de Damas…

Ce qu'il faut retenir de cet énième épisode de guerre semi-ouverte est sans doute le remarquable sentiment d'impunité qui habite (ou taraude) les responsables israéliens. Lesquels doivent pourtant savoir qu'il ne faut jamais aller trop loin et qu'à jouer avec le feu l'on risque, à un moment ou à un autre de se brûler les doigts. En fait les likoudniki à la tête d'Israël se flattent – pour le moment – de la réserve observée par la diplomatie russe et aussi par les forces de la Fédération présentes sur le sol syrien. Moscou entend apparemment ménager l'État hébreu – pour le moment et en faisant preuve d'une admirable patience – au sein duquel la communauté russophone, confessionnellement juive ou pas, pèse d'un grand poids démographique et politique. Mais le parapluie russe, *volens nolens*, sous lequel Tsahal accomplit ses mauvais coups, peut très bien se déchirer si le vent souffle trop fort : on se souviendra de l'affaire de l'Iliouchine 20 abattu avec ses quinze membres d'équipage le 18 septembre 2018, sans doute ou vraisemblablement par un missile français tiré depuis la frégate « Auvergne » croisant au large des côtes syriennes, mais leurré ou trompé par une manœuvre vicieuse de la chasse israélienne[56].

La réaction de Moscou avait été alors sans ambiguïté. Un sévère avertissement était envoyé à ses bons amis de Tel-

---

[56] L'appareil d'observation s'apprêtait à atterrir sur la base russe de Hmeymim à l'est de Lattaquié au moment où il fut détruit en vol. Igor Konachenkov, porte-parole du ministère de la Défense déclarait alors : « *Nous considérons comme hostile cette action de l'armée israélienne…* ». Puis un peu plus tard : « *Nous nous réservons le droit de réagir par des mesures équivalentes* ».

Aviv. Il n'empêche, les brandons de discorde que sont leurs mercenaires takfiristes de l'État islamique, ne sont pas en reste : plusieurs attentats suicides viennent d'être perpétrés dans la nuit du 7 au 8 septembre contre les points de contrôle du Hamas dans la bande de Gaza. Les précédentes provocations du même type remontaient à la mi-août 2017. Faits ou symptômes qui s'inscrivent dans une séquence et participent d'une stratégie de la tension… La subtilité du jeu consistant à battre le briquet et à allumer la mèche tout en se tenant à distance respectueuse de l'éventuelle explosion. Dans ce jeu de dupe, la victime est automatiquement désignée comme le coupable et devra le cas échéant payer les pots cassés sous forme d'amputation territoriale, d'annexions en tous genres, voire le cas échéant, de boucs émissaires traînés devant une juridiction pénale internationale ou ses juges et gardiens s'entendent pour le faire mourir en silence. Pensons à feu Milosevic.

Un G7 tout en *selfies* et en paillettes

Le G7 aura ainsi été l'occasion pour M. Macron de parader et de se gonfler d'importance comme la grenouille de la fable qui entendait concurrencer son voisin le bœuf. À très bon compte en faisant la morale écologique au président brésilien et en invitant en marge du sommet le président iranien Hassan Rohani… qu'il rencontrera brièvement et qui pour l'essentiel se sera entretenu avec le ministre français de la Défense Jean-Pierre Le Drian. Au reste, D. Trump décidément en désaccord avec les néoconservateurs qui dirigent l'Amérique, se sera déclaré prêt à une rencontre avec son homologue iranien. Toutes ces simagrées restent toutefois du théâtre et du spectacle à la mesure des impasses diplomatiques, économiques, financières actuelles… quand la bulle de l'endettement éclatera-t-elle ? Demain, jamais ?

Ce G7 dont l'inutilité était criante et à l'évidence basée sur de piteux coups médiatiques – tel la présence officielle et scandaleuse aux côtés de M. Macron d'Inna Shevchenko[57], cheftaine des Femen et membre du *Conseil consultatif pour l'égalité hommes-femmes* depuis le début de l'année, organe chargé de présenter des recommandations sur ce thème à l'occasion du G7 – aura posé les limites d'un multilatéralisme dogmatique parvenu à son terme. Le cas du *Mercosur* – le traité d'échange commercial Europe-Amérique latine – montre bien à quel degré les grands accords transcontinentaux ou transatlantiques vont à l'encontre des intérêts des États membres de l'Union européenne et de ceux de la soi-disant sauvegarde de la planète. Ce vain épisode démontre que ce G7 n'aura en tout cas pas fait avancer le schmilblick d'un iota pour ce qui regarde un dénouement de la crise aiguë opposant l'Iran et les États-Unis, situation dont ils sont les seuls et uniques responsables... Crise prenant sa source dans la dénonciation unilatérale par l'Administration Trump de l'accord relatif au contrôle du programme nucléaire persan ! Le plus cocasse dans l'affaire est que maintenant les dirigeants occidentaux – effrayés par la reprise de l'enrichissement d'uranium dans les centrales de la République islamique, matières fissiles précurseur et préalable à la confection d'une bombe atomique – s'évertuent à faire rentrer l'Iran dans le cadre d'un accord

---

[57] « *En tant que membre du Conseil Consultatif pour l'égalité, j'ai eu une unique occasion de m'adresser à Emmanuel Macron directement avant le G7 à Biarritz* », écrivait-elle le 24 août dernier sur Twitter. Celle-ci avait profité de l'attribution de l'asile politique en 2013 obtenu à la suite d'un visa touristique en 2012, pour organiser le mouvement des Femen et mener de nombreuses actions tristement spectaculaires en France....

que celui-ci avait respecté à la lettre jusqu'alors et dont l'arrogance provocatrice de la diplomatie américaine les a justement fait sortir.

Iran : impasse ou issue ?

En ce qui regarde la venue de Rohani à Biarritz, gageons qu'il n'y est pas venu comme l'on irait à Canossa. Son passage doit être interprété comme un geste de bonne volonté. Un signe de non fermeture au dialogue, mais rien de plus parce que la société iranienne reste lestée par un noyau dur, les Gardiens de la Révolution issus de la masse du peuple profondément patriote quel que soit l'appartenance ethnique des uns ou des autres[58]. L'une des raisons pour lesquelles les Iraniens, gouvernement comme masses populaires, n'en démordront pas.

Les EU ont placé l'Iran le dos au mur et, dans la diplomatie du fort au faible (au moins du point de vue l'avantage des armes et de la suprématie technique en matière de destruction de masse), Washington et les maîtres de l'État profond américain et mondialiste, pousseront les choses aussi loin que possible et peut-être plus loin que nécessaire au risque de voir dégénérer la situation en guerre totale. À l'heure actuelle, le feu couve en de multiples endroits, au Yémen, en Mésopotamie, en Syrie et bien sûr dans le Golfe. Surtout et d'autant que l'Iran, instruit par le cas de l'Irak qui a connu la guerre en 2003 puis le chaos après avoir été soumis à un dur blocus économique de huit ans. L'expérience et la peur sont bonnes conseillères et

---

[58]Arabes du Khouzistan, Azéris d'Azerbaïdjan occidental, Baloutches, etc. Voir « Iran : minorités nationales, forces centrifuges et fractures endogènes » JM Vernochet *in* « Maghreb-Machrek » 2009/3 – N°201

empêchent de se laisser séduire par les sirènes de la démocratie participative, méchant cache-sexe qui anticipe le pillage économique du pays converti à la démocratie de marché par les oligarchies prédatrices acheminées dans les fourgons des vainqueurs et du malheur.

Aussi corrompus les mollahs soient-ils pour nombre d'entre eux, le régime iranien ira jusqu'au bout des convictions politiques, théologiques qui structurent cette vieille et haute culture. Le dos au mur il ne restera pas sans réaction face à l'asphyxie de l'économie celle-ci ayant atteint les limites du supportable et de l'admissible. Il est des lignes rouges infranchissables. Washington compte là-dessus pour obtenir une reddition en rase campagne mais, semble-t-il, c'est commettre-là une mortelle erreur. Car il ne s'agit pas seulement – nous avons déjà eu maintes occasions de le dire et de l'écrire – de la simple lutte d'un régime pour sa survie, mais bel et bien de l'un des fronts de la guerre civilisationnelle opposant le Vieux monde et l'Amérique du Veau d'or.

Le Vieux monde doit être compris comme l'Europe déliquescente, décomposée par la démocratie parlementaire – les exemples du Royaume-Uni en proie à un résistible Brexit[59] et l'Italie qui, par un jeu de bonneteau politique, évince Mattéo Salvini, pourtant largement plébiscité par les foules de la Péninsule – associée à la Russie néo-orthodoxe et à la Chine populaire néo-confucianiste. Si l'Occident moderne était un peu moins ethnocentré, un peu plus curieux des vieilles cultures (le chiisme iranien

---

[59] Comme pour l'ex-Union soviétique ceux qui y sont entrés (de gré ou de force) ne peuvent en sortir. Exemples de la Démocratie populaire en action : Budapest 1956, Prague 1968.

duodécimain est un rameau ayant poussé sur le terreau mazdéen), un peu plus lucide aussi, nous apercevrions les arrières plans métaphysiques irriguant toutes les guerres modernes dans et pour lesquelles ce sont, la plupart du temps, des conceptions du monde antagonistes qui s'affrontent dans des duels à mort… Ceci a été vrai pour la destruction de l'Allemagne, et dans le cadre de la Guerre froide, pour les deux systèmes messianiques rivaux (mais sur le fond complémentaires et convergents) qui tentèrent pendant quarante ans de se neutraliser réciproquement, avant paradoxalement, de fusionner dans le mondialisme dernier avatar de l'internationalisme prolétarien.

Ceux qui parlent uniquement de pétrole, de marchés n'ont bien entendu pas complément tort, mais il n'en demeure pas moins qu'ils ont la vue courte et confondent le support matériel, les objectifs et les gains à court ou moyen terme et la nature substantielle des guerres que se livrent l'Ancien et le Meilleur des Nouveaux Mondes. Lutte de l'ordre naturel, contre un darwinisme social, politique et eschatologique qui n'est au fond qu'une forme de la lutte essentielle et existentielle pour la domination des forts et l'élimination des faibles ou des « *inutiles* »… Idée qui n'est pas si éloignée que ça des arrières pensées du président Macron[60], lequel se préoccupe davantage du commerce des

---

[60] Mi-octobre 2017, le président Macron se fait, à l'Élysée, le promoteur du livre « Homo Deus. Une brève histoire de l'avenir » de l'*historien* israélien Yuval Noah Harari… Historien du futur ? Le président fait sienne les idées de cet énième prophète de l'IA (intelligence artificielle) et de l'apocalypse quantique appeler à créer une « énorme classe de *personnes inutiles* économiquement, et intellectuellement dépassées. Symptôme prémonitoire de cette évolution, en 2017, à la veille du … tsunami de l'IA, 17% des jeunes Français, entre 15 et 29 ans, sont déjà des NEETs (young people Not in Education, Employment, or Training. En novlangue : Jeunes qui ne sont ni scolarisés, sans emploi ni en

embryons, des gamètes et des ovules que des caisses de retraite ! Ceci dans une société vieillissante, sans horizon, condamnée à la relégation du chômage après cinquante ans et pire, sans guère d'espoir de postérité autre que celle des ventres féconds du tiers et du quart-monde colonisateur à rebours et à bas-bruit. Populations victimes des *fous* et des terroristes surineurs du dimanche – Villeurbanne ! – mais aussi et surtout victimes expiatoires, outre une dénatalité galopante, de ces feux épidémiologiques que sont véritablement l'explosion des cancers, rançon de tous les pseudo conforts chimiques, mécaniques, agraires et alimentaires. Conforts mortels dont débordent les caddies de supermarchés remplis à ras bord, abondance létale dont se trouvent tissés une modernité trompeuse et un progrès involutif à contresens.

1ᵉʳ septembre 2019

Exploits de Femen

formation) » [lemonde.fr18oct17].

inna shevchenko ✓
@femeninna

Suivre ⌄

Si nous, les activistes, nous avons le pouvoir
de nous exprimer, de mettre en lumière des
problèmes et de proposer des solutions, vous
@EmmanuelMacron et autres dirigeants #G7,
vous avez le pouvoir de changer les choses et
de sauver des vies bien réelles. #BeBraveG7

02:36 - 24 août 2019

L'Agonie

16 septembre 2019

Nos sociétés n'en finissent pas d'agoniser. À l'instar de ces vieillards grabataires que plus rien ne retient à la vie hormis les prodiges d'une médecine sans âme excessivement fière de ses virtuosités techniques et chimiques. Désormais donc, la seule question qui se poserait à nous serait : « *y aura-t-il une vie après la mort des sociétés du Vieux continent ?* »… Ou bien allons-nous définitivement sombrer dans le marais putrides des civilisations déchues ? Cependant – au fond – ne vaudrait-il pas mourir une bonne fois pour toutes si nous voulons encore espérer pouvoir renaître un jour prochain? Tout plutôt que la mort lente – et pour certains, consciente – dans l'inexorable descente aux abîmes du délabrement et de la décomposition.

Pensez donc à nos médias, avec en tête les chaînes et stations dites de Service public, cosmopolistes par essence, vocation et mission (leurs homologues privés étant incités à un peu plus de prudence compte tenu des *audimats* eu égard à leurs commanditaires commerciaux) dont la descente aux enfers de l'intelligence, de la décence et de la morale raisonnable ne semble jamais devoir s'arrêter. Ainsi France Culture diffusait-elle ce dimanche 15 à 12h45, un édifiant entretien avec Emma Becker, petit personnage ayant passé deux années et demie à se prostituer

volontairement dans des maisons closes berlinoises [61] :
« J'étais fascinée par les prostituées, par cette évidence avec laquelle elles se tiennent là, splendides, sanglées dans leur corset, objectivement faites pour être louées par des hommes, par cette forme de toute-puissance. J'avais besoin de les faire descendre du piédestal sur lequel je les avais mises, et au travers de ma propre expérience, soit de m'élever à leur niveau soit de les rabaisser au mien... Je suis entrée au bordel comme on entre au couvent » ! Tout un programme. En tout cas le Service public de l'audiovisuel nous donne aujourd'hui le *privilège* inouï de visiter et de connaître les culs de basses fosses septiques de l'humanité. Grâce lui en soit rendue.

Des médias sans vergogne aucune

Médias sans vergogne qui exultent parce que l'île de Lampedusa – après l'éviction politicarde et assez peu démocratique le 5 septembre dernier du vice-président du Conseil et ministre de l'Intérieur catholique Matteo Salvini – est maintenant rouverte au trafic de migrants... Trafics qui enrichissent les passeurs institutionnels et réputés légaux que sont les organisations non gouvernementales à buts humanitariens tout autant que les passeurs, authentiques pirates et modernes marchands d'esclaves, mais jamais dénoncés comme tels. Après tout un an de fermeture de l'Italie aux vagues de faux réfugiés et vrai lumpenprolétariat destinés aux cuisines de nos restaurants et à toutes les basses besognes sous rémunérées... Un an

---

[61] https://www.franceculture.fr/emissions/signes-des-temps/emma-becker-pour-une-femme-la-jouissance-est-politique-et-cest-un-combat-passionnant

d'odieux populisme ça suffisait comme ça, non ?

Retour à la normale en Italie et à l'Europe sans frontières, Union surendettée au bord du krach financier mais adulant les migrations sans restriction et la liberté du commerce surtout s'il est planétaire... Pourquoi en effet produire de bonnes grosses gousses d'ail bien *d'cheu nous* plutôt que de les faire venir de Chine pop, bourrées d'inoffensifs pesticides et si bon marché ? Une *économie* et des gains à très courts termes qui se soldent et se traduisent ultimement par le suicide de nos derniers paysans (nous ne parlons pas ici des agro-entrepreneurs cultivant la manne bruxelloise d'un meilleur rapport que les choux de même origine). Un phénomène de nature différente mais qui serait peut-être à rapprocher de la tendance marquée à l'autolyse dans la gent policière de tous grades : quarante-huit morts depuis le début de l'année 2019, ce qui n'est pas rien tout en ne suscitant que très peu d'indignation... à croire que ces personnels ne sont ou ne seraient que des parias ?

Pourquoi s'en faire ?

Au reste pourquoi s'en faire ? À Paris, vendredi 13 septembre 2019, la Bourse a "clôturé à 5655 avec une hausse de 19,55% par rapport au 1er janvier. Wall Street est également au plus haut apparemment rassuré par les intentions fracassantes du directeur de la Banque centrale européenne Mario Draghi, ancien de Goldman Sachs (de 2002 à 2005, le meilleur des tremplins), lequel entend relancer avant son départ le 31 septembre les économies de l'Euroland en abaissant le taux négatif de dépôt des banques à la BCE (de -0,4% à -0,5%)... Ceci – en principe – pour inciter les banques à prêter de préférence aux entreprises et aux ménages. Il annonçait simultanément la reprise par la

BCE, à partir du 1er novembre, d'achats d'obligations[62] de dette publique et privée à hauteur de vingt milliards d'euros mensuels"… « *aussi longtemps que nécessaire* » [Cf. MarcRousset/bvoltaire.fr14sept19]. Le tout assorti de prêts *ab libitum* aux banques en grandes difficultés (lire *quasi-faillite*) et elles sont nombreuses en Europe… à commencer par la Deutsche Bank très exposée au risque italien ! [Voir : Olivier Delamarche youtube.com/watch?v=mAH8jrQFCJQ]

Rappelons que ce train de mesures – au demeurant contesté par dix des vingt-cinq gouverneurs de Banque centrale de la Zone euro – intervient précisément avant le passage de relais entre Mario Draghi – à l'issue de huit années d'assez mauvais et déloyaux services – et son successeur, Mme Christine Lagarde, transfuge du Fonds monétaire international (où elle avait succédé au simili Epstein hexagonal, à savoir D. Strauss-Kahn) et experte en délire (ou pseudo délire) numérologique. Se reporter à cette courte vidéo [63] aussi éclairante qu'intrigante d'une intervention à Washington le 15 janvier 2014 devant le *National Press club* …

La dite Dame parviendra-t-elle à éviter l'éclatement en cascade des bulles financières, boursières et immobilières, qui grossissent démesurément ici et là au sein de l'Union (et ailleurs) ou n'est-elle qu'une élégante potiche maîtrisant à merveille le *Wall Street English*. Un effondrement général

---

[62] Les précédents achats d'obligations se sont montés de mars 2015 et décembre 2018 à quelque 2600 milliards d'euros destinés en principe à la *relance* de l'activité.

[63] youtube.com/watch?v=ao6fvykXJI0

de type 1929 que certains prédisent avec beaucoup d'assiduité (et ce parmi beaucoup d'autres hypothèses cataclysmiques, rien n'étant moins sûr que le pire)... Avec pour perspective dernière la spoliation de l'épargne[64] à commencer par celle des assurances vie, une hyperinflation sur le modèle de la République social-démocrate de Weimar ! Toutefois ces mesures semblent devoir assurer – pour le moment – la survie d'États semi zombies tels la France et l'Italie vivant sous l'épée de Damoclès d'une remontée des taux directeurs qui les enverrait au tapis... notons que le seul service de la dette se monte actuellement en France à quelque quarante milliards d'euros par an !

Les *bonnes nouvelles* nous viennent du Levant et de Levallois-Perret

Parmi les *bonnes nouvelles*, l'annonce, par le chef du Likoud et Premier ministre, M. Netanyahou, de l'annexion par l'État hébreu de la vallée du Jourdain (tandis que d'autres, qui en veulent toujours plus, exigent et annoncent une nouvelle guerre contre la bande de Gaza, au demeurant régulièrement bombardée). Une appétissante carotte visant à rallier lors des législatives anticipées du mardi 17 septembre[65], un électorat peu favorable à la camarilla au

---

[64] Le lundi 16 septembre, la France des professions libérales – avocats, médecins, pilotes – s'est mise *en marche* pour protester contre l'évidente spoliation d'épargne que représente l'établissement d'un régime unique des retraites. Dispositif mettant sur le même pied les régimes publics ou semi publics (EDF, SNCF, RATP) subventionnés à hauteur de 60% par l'État et des caisses autonomes, autofinancées, autosuffisantes, non déficitaires et à ce titre et *vertueuses* et dont le capital sera remis dans le pot commun.

[65] Fixées normalement au mois de novembre 2023, ces élections interviennent en conséquence de l'échec de la formation d'un

pouvoir (mais avides de toujours plus d'annexions territoriales au détriment de la Palestine réduite désormais à une peau de chagrin). La famille Netanyahou – qui ne fait plus l'unanimité loin s'en faut – est disons-le en butte à l'hostilité de la justice israélienne pour des concussions diverses et variées… Un peu à la manière des Balkany poursuivis, condamnés pour des fraudes fiscales récurrentes et, en ce qui regarde *Patrick*, objet d'un mandat de dépôt à l'audience lors de l'audience de jugement (nous en souhaiterions autant à l'endroit de M. Benjamin, mais ne rêvons pas). Décision de saine justice qui fit évidemment scandale pour tous ceux qui n'acceptent pas que les Balkany et consorts puissent se trouver soumis comme le *vulgum pecus* – cette "vile semence de bétail" aurait dit le savant Maïmonide s'inspirant du Zohar – aux règles et au Droit commun. Des gens qui se situent au-dessus de la mêlée pour lesquels les lois de la République ne s'appliquent évidemment pas en vertu de leur statut d'intouchables… Jusqu'au jour où de sales règlements de comptes entre factions ou clans rivaux leur présentent une note… souvent salée. Plus dure sera la chute !

Pourtant il serait aussi absurde que dérisoire de croire que par un coup d'éclat inhabituel la Justice hexagonale – celle de l'échevelée Mme Belloubet ci-devant Garde des Sceaux et pareillement oublieuse dans ses déclarations de patrimoine [66] – entendrait se racheter aux yeux de

---

gouvernement de coalition après les élections organisées cinq mois plus tôt. Si le Likoud du Premier ministre sortant B. Netanyahou en sort vainqueur et pressenti pour un cinquième mandat, les députés ne parviennent cependant pas à trouver un accord gouvernemental. La Knesset est alors dissoute dans la nuit du 29 au 30 mai 2019.

[66] Mise sur la sellette par JL Mélanchon dans le JDD du dimanche 15

l'opinion ? La condamnation des Balkany – qui déjà jouent tout le répertoire victimaire à leur disposition, rien ne nous étant épargné : père rescapé d'Auschwitz [67], évocation d'une nouvelle affaire Dreyfus, double tumeur à la colonne vertébrale, médication lourde... l'*illustre* individu est interné dans une section carcérale spéciale de la prison rénovée de la Santé... quartier pour les détenus dits "vulnérables" telles les personnalités médiatiques ou des individus mis à l'ombre pour délit à caractère sexuel ! Lamento dévidé et débité par Isabelle Balkany avec, remarquons-le, un savoir-faire consommé, du grand professionnalisme sui generis... *Les sanglots longs des violons de l'automne*[68] !

---

septembre, Nicole Belloubet reconnaît avoir dû rectifier sa déclaration de patrimoine de juin 2017 à la Haute autorité pour la transparence de la vie publique. Un « oubli » de 336 000 euros portant sur une propriété de 184 mètres carrés dans l'Aveyron et de deux appartements à Paris intramuros.

[67] Patrick Balkany – la vérité si je mens – est « le fils de Gyula Balkány et de Gisèle Frucht. Son père est un immigré juif hongrois qui *a fui la Hongrie en 1937* pour la Belgique où, dès l'occupation de *son pays*, il entre en résistance *étant spécialisé dans les faux-papiers*. Gyula Balkány est arrêté en 1941 à Paris, interné à Drancy puis déporté en 1942 dans plusieurs camps dont Auschwitz. Il revient à Neuilly après-guerre ; il récupère et revend des surplus américains puis investit ses gains dans une ligne de vêtements féminins et une chaîne de magasins de prêt-à-porter de luxe, les magasins Réty dont le magasin principal est situé 54, rue du Faubourg Saint-Honoré. Sa mère est issue d'une famille de tailleurs juifs lettons et ukrainiens » [Wikipédia].

[68] Paul Verlaine « Poèmes saturniens » 1866.

Un verdict inique

Notons enfin, que comme un malheur ne vient jamais seul, ce verdict inique (Boulevard Voltaire publiait coup sur coup deux articles chicanant le traitement judiciaire du cas Balkany – dont l'un le 13 septembre, de l'homme-orchestre Goldnadel, celui-ci en tant que juriste devrait pourtant savoir que la loi prohibe formellement tout commentaire critique ou non sur un jugement rendu). Verdict qui intervient quelques semaines après l'incendie *accidentel* des halles de Levallois... Un court-circuit dans le plafond dit-on. Interrogés, les commerçants du marché – lequel ceinture dorénavant et temporairement la mairie – ont le regard fuyant. Pourquoi donc ? Bref le mauvais sort s'acharne sur des édiles modèles, les Balkany, Monsieur et Madame, l'un et l'autre Maire et premier adjoint (en presque continuité depuis mars 1983), des gens qui fleurissent si bellement les rues de leur richissime petite commune (quoiqu'endettée pour un montant de 381 millions d'euros), immédiatement périphérique et anciennement communiste.

La proximité des Balkany et des Sarkozy n'est pas non plus un mystère et l'on entrevoit quelles mafias auraient pu mettre la main sur les banlieues friquées des Hauts-de-Seine. Que les Balkany aient fait leur temps, c'est vraisemblable – encore qu'Isabelle, bien que condamnée à trois ans d'emprisonnement, parade sur le perron de sa mairie et mange ostensiblement du homard en compagnie d'une *claque* béate[69] – resterait maintenant à savoir qui

---

[69]Applaudisseurs rétribués et/ou clients affidés au parrain local. On dirait aimablement aujourd'hui des *groupies*.

guignerait un fief aussi juteux à l'occasion des élections municipales de 2020 ? Faut-il orienter nos regards vers quelque marcheur de la République bananière du même nom ? Un signe de plus apparemment que la guerre politique fait rage et se déploie sur tous les plans, de l'incendie accidentel aux actes de justice opportunistes assortis de rigueurs circonstancielles et à géométrie variable. Le 18 octobre un nouveau verdict concernant des abus de biens publics – alors que les Balkany clament haut et fort que les fraudes qui leur sont reprochées et qu'ils ont avouées avec gourmandise, ne sont que peccadilles et affaires de familles étrangères au domaine public – confirmera ou infirmera éventuellement cette analyse. Qui vivra, verra !

Un dernier mot. Samedi 14 septembre, une attaque revendiquée par les dissidents yéménites Houthis (des chiites septimains, c'est-à-dire ne reconnaissant que sept imams et non douze comme les Iraniens), sur deux installations pétrolières séoudiennes au moyen de drones de combat (décidément bien vulnérables), aura entraîné une chute de production de 50%. Sachant que l'Arabie approvisionne à hauteur de 5% le marché mondial (5,7 millions de barils/jour), le résultat immédiat a été lundi 16 un bond de dix pour cent des cours du baril sur les marchés asiatiques. Washington voit derrière cette agression la main cachée de Téhéran et la regarde comme un *casus belli*. La Maison-Blanche qui vient de se débarrasser du faucon blanchi sous le harnais, John Bolton (qui s'est illustré dans les années 80 par son soutien – sous couvert d'aide humanitaire – aux Contras nicaraguayens et qui poussa au feu en 2003 dans la guerre contre l'Irak), se déclare prête à des frappes de rétorsion… Ceci à quelques jours de l'ouverture de la Session plénière de l'Assemblée générale des Nations Unies. Faut-il voir dans ce dernier épisode une sorte de préambule avant une confrontation ouverte ? Ou une mise en condition, une montée d'enchère avant négociations dans les coulisses de la maison de verre new-yorkaise ? Là encore l'avenir nous le dira.

16 septembre 2019

De quoi Greta Thunberg est-elle le nom ?

23 septembre 2019

De quoi Greta Thunberg est-elle le nom ? Elle est bêtement le nom du NOM, alias Nouvel Ordre Mondial. Qui est-elle exactement ? Une prophétesse de l'apocalypse en petit format, légèrement exophtalmique et vaguement mongoloïde, porteuse d'un message d'alerte pour le genre humain ? Ou bien une mutante venue du froid pour mieux nous faire la leçon à nous autres pauvres demeurés ? Tout et rien à la fois ! Parce que Greta – qui copine avec l'ex président Obama à coup de *fist bump* façon Bronx, un Nobel de la paix *recordman* toutes catégories des frappes ciblées par drones tueurs et briseur du barrage libyen contre les vagues invasives du D-Day sud-saharien – n'est rien, rien qu'une sorte d'hologramme à la manière du démagogue Mélenchon tenant meeting simultanément en plusieurs coins de l'hexagone. Qui en vérité se laisse réellement prendre à ce spectacle fabriqué de A à Z sous un chapiteau de cirque dressé tout spécialement pour cette jeune personne âgée de seize ans, affectée, paraît-il, du syndrome d'Asperger (une forme d'autisme singulièrement volubile dans son cas) ?

Comprenons, ce dont beaucoup se doutent, que *sainte*

Greta n'est que le porte-parole du Veau d'or, plus fort que jamais, repeint en vert cru pour la circonstance et aux moirures écolos, très chatoyantes et dorées sur tranche ! Un *porte-parolat* aux allures de poupée de ventriloque arrivé au Siège newyorkais de l'ONU, à point nommé au *Sommet de la jeunesse pour le climat*, le jour de l'équinoxe d'automne, le 21 septembre... en préliminaire à l'ouverture du Sommet relatif à l'*urgence climatique* ce lundi 23 septembre et de la 74ᵉ Assemblée générale des Nations Unies. Formidable prétexte pour placer peu à peu les peuples sous la tutelle de super taxes carbone et pour brider leur économie... Et partant, tenir en lisière la puissance industrielle résiduelle des sociétés occidentales (Amérique comprise, le marché chinois étant un cas à part). Ceci en leur tordant les bras en vue de leur conversion à l'économie dématérialisée (l'éolien n'étant que du vent participe de la même arnaque globale), au tout numérique, monde des incorporels sur lequel régneront de nouvelles féodalités, anonymes et nomades, accompagnées ou précédées de leurs fidèles algorithmes. Et *in fine* faire accepter sans broncher à ces sociétés moribondes, la disparition formelle de leurs frontières assortie de l'accueil de flux humains extra occidentaux toujours grossissant[70]. Reste que tout cela, me direz-vous, relève des délires paranoïaques habituels chez les complotistes *largués* dans et par un monde dont ils se

---

[70] Le 19 septembre, à Rome, la France et l'Italie ont adopté un « *mécanisme automatique* » de répartition des migrants (bientôt et déjà des réfugiés climatiques eu égard à notre supposée impéritie énergétique). Le président Macron et le chef du gouvernement italien, Conte, main dans la main, se sont entendus sur un dispositif de répartition qui à terme devrait s'imposer à tous les pays de l'Union sous peine de « pénalités financières ». Au moins les choses sont claires, les récalcitrants seront punis et pénalisés et les décisions européennes se prennent en comité restreint.

sont a priori exclus. Des *Gilets Jaunes*, des laissés pour comptes de la modernité, *désocialisés* et condamnés à tourner perpétuellement sur les ronds-points de leur pensée « datée »[71].

Greta Thunberg dernier avatar du messianisme social-démocrate

Maintenant cherchons plus précisément les exécutants

---

[71] Qualificatif discrètement méprisant utilisé par le ministre de la Santé, Mme Buzyn, pour tancer l'avis officiel émis le 21 septembre par l'Académie de médecine quant à l'extension de la PMA (procréation médicalement assistée) à toutes les femmes, notamment homosexuelles, et à ses conséquences sur la construction psychologique des adolescents. Le collège de médecins juge en effet que « *la conception délibérée d'un enfant privé de père constitue une rupture anthropologique majeure qui n'est pas sans risques pour le développement psychologique et l'épanouissement de l'enfant* ». Or le ministre se montre être un dangereux négativiste en niant le rôle et l'importance du père dans le passage à l'âge adulte : « *Considérer qu'il y a un lien direct entre défaut de construction de l'enfant et famille monoparentale est faux* » AFP 22 sept 19.

(les commanditaires invisibles, eux, *se planquent* évidemment dans leurs châteaux et autres citadelles, loin des regards et de la rumeur des foules), ceux qui parlent par la bouche aux lèvres pincées de Mlle Thunberg... cette petite mécanique sachant à merveille débiter l'annuaire du *Groupe d'experts intergouvernemental sur l'évolution du climat* [GIEC] ! Or, en première ligne, derrière elle, se trouve sans aucune surprise les avatars suédois postmodernes des tenants et inventeurs en Allemagne, à la fin du XIXe siècle, de la Social-démocratie prônant la voie du réformisme[72] (en langage actuel *soft power*) plutôt que celle de la *tabula rasa* immédiate, celle du nihiliste Serge Netchaïev mise en pratique par son disciple et suiveur, le *terroriste* Vladimir Ilitch Lénine, lequel instaurera sa politique de terreur deux mois à peine après son coup d'État d'octobre 1917.

Au reste réformistes socio-démocrates et communistes ont toujours poursuivi exactement les mêmes buts, même si ce fut en suivant des voies distinctes, révolutionnaires ou parlementaires. Pour finir par se conjoindre, à l'arrivée (nous y sommes !), avec l'ultralibéralisme globalisant. Dont les grands *manitous* financèrent d'ailleurs assidûment les premiers (les tenants du collectivisme et/ou les étatistes spoliateurs) partout et toujours puisque ces gens – nous

---

[72] La social-démocratie naît en 1863 avec l'Association générale des travailleurs allemands de Ferdinand Lassalle, théoricien socialiste de confession juive selon Wikipédia. Celui-ci militait en faveur d'un socialisme d'État en principe instauré sans violence (August Bebel, Wilhelm Liebknecht...) On voit ce qu'il en est de nos jours avec la progression galopante de la casse sociale. Par la suite des hommes tels Édouard Bernstein, tous porteurs d'un même messianisme poursuivront une œuvre prétendument de justice sociale s'étendant toujours plus loin vers les confins sans limites du Tiers et du Quart-monde.

parlons des acteurs de premier plan, les grands initiés – ne visent, les uns et les autres, qu'à la domination et à l'établissement d'un pouvoir hégémonique sur une humanité réduite à l'état de termitière. Bref, l'hypercapitalisme (et son actuelle version social-libérale) est la seconde mâchoire de la tenaille à broyer les peuples… d'un côté les diverses variantes du socialisme, de l'autre les oligarchies et l'hyperclasse mondialiste.

L'idée – qui pouvait encore il y a peu paraître saugrenue, est en fait inscrite en lettres de feu et à chaque instant de l'histoire récente, dans les faits et les événements – précisément celle de République universelle (autrement dit la Gouvernance mondiale), projet datant de la Révolution française *libérale* en son essence. Elle naît dans la cervelle féconde d'Anacharsis Cloots (1755/1794), mais en vérité elle chemine depuis au moins vingt-cinq siècles après avoir quitté son berceau mésopotamien, à la fin de l'*Exil*. Ne nous leurrons pas, telle est l'intention non cachée, avouée par les gourous théorisant le Nouvel ordre international. Nous en avons un à domicile, en Hexagonie, et de la plus belle eau, en la personne du Sieur Attali. Il suffit de lire ses pénibles écrits, plus ou moins bâclés par des *collaborateurs* (le mot nègre, même de plume, étant désormais banni du vocabulaire autorisé), pour être pleinement édifié. Le plus troublant et le plus inquiétant est le succès – au moins apparent et médiatique – que rencontre ce genre d'individu dont nul ne songe à remettre en question le magistère… cela fait penser aux toiles hideuses de Picasso devant lesquels tous se pâment, se prosternent et crient au chef d'œuvre.

Le masque hideux de la social-libérale-démocratie

Tant que nous serons sidérés ou fascinés à ce point par la monstruosité, les escrocs intellectuels en tous genres (et les réseaux mercantis qui les promeuvent : presse, éditeurs, galeristes, services publics devenus des agences commerciales ayant pour vocation de rentabiliser à tout prix et par tous moyens l'art et le patrimoine... le musée du Louvre exporté sous forme de succursale à Dubaï en est un exemple !) auront encore de beaux jours en perspective. Or, il ne faut jamais perdre de vue la Troisième voie, celle de la convergence entre l'anarcho-capitalisme et le socialisme pur jus, rampant et sournois, qui imbibe nos sociétés atteintes de diverses pathologies dégénératives... Après tout la Suède social-démocrate et libérale, patrie de Greta Thunberg, n'est-elle pas le pays membre de l'Union où l'immigration est la plus massive (et où subséquemment la délinquance sexuelle a explosé)... Et où, dès l'école maternelle, les jeunes suédois sont conditionnés à considérer que les différences biologiques entre garçons et filles ne sont que des préjugés, au mieux des constructions sociales qu'il convient de dynamiter afin d'instaurer avec le règne de la libre fantaisie, le droit de chacun à choisir son sexe comme l'on peut choisir sa secte politique (dans une partie restreinte du spectre politiquement correct, il va sans dire), idéologique ou de croyance. Tout se vaut et tout est indifférencié, sauf le changement climatique qui nous concerne tous, s'impose à tous sans exception. Nouvelle et impérieuse religion planétaire qui *étrangement* se marie habilement avec le monothéisme du marché et les exigences des grandes mutations techno-économiques, plus ou moins artificielles et indésirables, en cours.

Une jolie légende s'est donc tissée autour de la jeune passionaria climatique aussi surdouée que le fut certainement à son époque, dans les années 50. Mais Marc Le Menn, un banal iconoclaste briseur de rêves, s'est employé *à remettre* sur Boulevard Voltaire quelque peu *les pendules à l'heure*. Ne voilà-t-il pas qu'il est allé fouiller dans les archives et les poubelles de la *presse à scandales* (le scandale étant d'appeler un chat un chat et Greta une aimable fabrication), en citant une tribune de l'ancienne députée écologiste Isabelle Attard publiée sur *Reporterre* ainsi qu'une série d'articles de Cory Morningstar parus dans le bulletin de l'association Entelekheia. Ce serait en fait, Ingmar Rentzhog, un professionnel suédois de la communication, qui aurait inventé et mis en scène le personnage de la jouvencelle madone climatique. En tout cas la mayonnaise a bien pris et, à n'en pas douter, avec la complicité intéressée et proactive de tous les acteurs concernés, politiques associés à de méga intérêts privés ainsi qu'à de grandioses appétits de puissance.

Le journaliste d'investigation Andreas Henriksson, révélait en outre le 11 décembre 2018, sur le blog de Rebecca Weidmo Uvell, que Rentzhog, un proche des Thunberg, est le cofondateur de la *start-up* « We Don't Have Time » (WDHT[73] *Nous n'avons pas le temps !*), créée en 2016. Les photos qui ont circulé dans la presse où l'on voit Greta assise devant le Parlement de Suède en séchant l'école, sont bien entendu des produits *vintage* WDTH. Ajoutons que l'ambitieux Rentzhog emporté par son élan déclare vouloir à présent tisser un réseau social de quelques 100 millions de membres à partir des comptes Twitter et Instagram créés pour sa petite Greta. Toutes actions totalement désintéressées il va sans dire, en vue d'influencer politiques et industriels pour les rallier à la bonne cause du sauvetage de la planète. Notons que

---

[73] Au conseil consultatif de WDHT, on remarque Daniela Rogosic, responsable de la communication du groupe transnational IKEA, et à son conseil d'administration, trois membres dirigeants du programme *Climate Reality* d'Al Gore, ancien vice-président des États-Unis et gros investisseur dans quatorze sociétés dites « vertes » qui l'ont considérablement enrichi [MarcLeMenn/bdvoltaire.fr 19 juil 19].

d'écologie véritable, la défense pourtant urgentissime de la biodiversité, il n'est point question. À chacun ses priorités : assurément les extinctions massives d'espèces sont moins commercialement attrayantes que les champs d'éoliennes.

Greta ou la belle morale du gros argent en action

Olivier Piacentini écrivait également le 20 septembre 2019, toujours sur Boulevard Voltaire, « Greta n'a aucune légitimité officielle, elle ne représente qu'elle-même, mais se permet de venir aux États-Unis faire la morale à Trump, qui représente plus de trois cents millions d'Américains ou à Bolsonaro, élu par près de cinquante-huit millions de Brésiliens. Elle leur intime l'ordre de se soumettre à ce que prétend la science... disons, plutôt, à ce que prétendent certains scientifiques. Peuples, nations, démocraties, souverainetés, présidents, élections, institutions, tout cela ne pèse plus rien face à l'apocalypse qui point à l'horizon. Une apocalypse qui surgira de nos propres habitudes, de nos modes de vie, de nos égoïsmes individuels et nationaux et de la confiance que nous plaçons dans nos nations et nos dirigeants, incapables de voir la vérité en face. Nations, démocraties doivent disparaître car elles nous conduisent au fond du gouffre ».

En fin de compte le morale de la saga Greta Thunberg, se résumerait à ceci : « *l'avenir est à la concorde mondiale, l'unification du monde, sous l'empire de la science pour combattre les démons qui siègent en chacun de nous et nous mènent dans l'abîme. Immigration, identité, insécurité, récession ne sont que vaines préoccupations, seule la préservation de l'environnement vaut la peine de se battre* ». Qu'on se le dise ! Surtout en relisant ce discret génie de la littérature populaire que fut Pierre Boulle (19121/1994). Celui-ci, dans son roman « Les jeux de l'esprit »[74] paru en 1971 (deux ans avant « Le camp des Saints » de jean Raspail), décrit l'instauration au XXIe siècle d'un gouvernement mondial de savants et de titulaires du prix Nobel. Ce qui n'est évidemment pas très rassurant quand l'on sait sur quels critères extra objectifs sont de nos jours attribués les dits prix. « La « *Conspiration des Nobel* », comme on la nomme, vient au bon moment, ses propositions sont immédiatement acceptées par tous les gouvernements du monde. La communauté scientifique, qui a toujours été internationale, abolit aussitôt les nations. Elle élit le président et les ministres de ce gouvernement mondial. Elle délaisse le jeu politique pour un rationalisme égalitaire qui met un terme à la faim dans le monde, à la surpopulation et permet de limiter le temps de travail de chacun à deux heures quotidiennes. Le pari des savants semble gagné ». Jusqu'au jour où ! Conclusion méfions-nous grandement des scientistes et de la science sans conscience... ni vraiment de raison.

---

[74] https://livresdemalone03.blogspot.com/2014/01/science-fiction-pierre-boulle-les-jeux.html

Chirac Superdupont

29 septembre 2019

En globish corrézien : We need you !

Une vraie-fausse biographie

Nous savons maintenant – pour le cas où nous l'eussions ignoré – qu'un super héros à la française, un Superdupont[75] bien chez nous, corrézien d'adoption de surcroît, vient de

---

[75] Selon le site *comicvine.gamespot* « Superdupont est le fils du Soldat inconnu gisant sous l'Arc de Triomphe. De quelle manière il acquit ses superpouvoirs et quel est son véritable nom, n'a pas encore été dévoilé. Ce que nous pouvons dire est qu'il est un fervent du patriotisme économique, fume des Gauloises, boit du pichtegorne, est amateur de fromages, spécialement du *calendos* et refuse d'être portraituré à l'encre de Chine. Il combat âprement un organisation maléfique appelée Anti-France, groupe terroriste voulant la mort de l'Hexagonie. Il est expert de la Savate (la boxe française) et enfin, il peut voler *comicvine.gamespot.com/superdupont/4005-31694/*

s'éteindre dans la consternation générale. Larmes, pleureuses et grandes orgues. Et qui ne voit que la caricature franchouillarde créée par le tandem Gotlib & Lob en septembre 1972 colle presque parfaitement au personnage de Chirac élevé par l'opinion fabriqué post mortem – déjà à travers cette parodie de la sous-culture américaine – au rang de défenseur suprême de la francitude ? Nous n'insisterons pas sur ce que le succès de cette *bd* a pu, dès l'origine, révéler d'ethnomasochisme, d'appauvrissement intellectuel et de déculturation dans la partie de la jeunesse qui en fit ses délices et la prospérité de ses éditeurs.

Quelques remarques nécessaires quant aux similitudes frappantes entre la caricature anticipatrice de cet acteur majeur de la vie publique que deviendra le *Grand jacques* après sa prise *à la hussarde* de l'UDR (Union des démocrates pour la République) semi moribond en 1976 et dans la foulée, après la fondation du Rassemblement pour la République (RPR). Chirac ne deviendra le Premier ministre de Giscard d'Estaing qu'en mai 1974, soit deux années après la création de Superdupont. Néanmoins, notamment en ce qui concerne le physique du personnage, semble bien s'être s'inspiré du futur chef d'État dès le début de son ascension politique, celui – *iste* aurait dit Cicéron à propos de Catilina – dont les médias servilement hagiographiques font aujourd'hui une indécente louange posthume, surdimensionnée par rapport aux œuvres et au personnage lui-même, pour ne pas dire excessivement outrancière. Mais à cela les raisons sont multiples et rarement des meilleures.

Chirac calque de Superdupont

Outre le fait de ridiculiser la France de papa – Superdupont est affublé de *caleçons longs*, ces sous-vêtements fort apprécié de nos anciens quand des hivers rigoureux faisaient geler l'eau dans les canalisations des appartements des quartiers populaires de Paris – celle du *béret,* de la *baguette* et du *biniou,* honnie et méprisée des grands intellocrates à la Bernard-Henry Lévi[76]. De ce point de vue la bande dessinée est assurément idéologiquement proactive et même corrosive. À peine cachée derrière le divertissement, se trouve l'endoctrinement sous couvert d'*humour,* de dérision mordante, autrement dit le formatage des générations montantes à la haine de l'héritage culturel et des racines sociologiques et historiques de leur pays. Conditionnement préparant ainsi – par un discret travail de sape – le terrain de l'imaginaire collectif à l'arrivée de la Gauche aux Affaires neuf plus tard et à ses politiques de déconstruction sociétale systématique… Car tout cela n'est évidemment ni neutre ni anodin, pas plus que le rap aujourd'hui véhicule d'une haine viscérale de l'aborigène de souche non sanctionnée par les tribunaux de la République Une et Indivisible.

---

[76] Bernard-Henri Lévy « *Je suis un cosmopolite résolu. J'aime le métissage et je déteste le nationalisme. Je ne vibre pas à la Marseillaise »…* Le Nouvel Observateur 4 octobre 2007. *In* « Globe » éditorial 1985… « *Bien sûr nous sommes résolument cosmopolites. Bien sûr, tout ce qui est terroir, béret, bourrées, biniou, bref tout "franchouillard" ou cocardier, nous est étranger voire odieux ».* Il serait intéressant de savoir qui est ce « nous » auquel se réfère ce digne représentant de l'élite cosmopolitiste sachant que dans un discours fameux tenu à Benghazi le 2 avril 2011 après la chute de la Jamahiriya libyenne, il se vantait d'avoir œuvré (en poussant les feux de la guerre) pour sa "tribu". Trois jours plus tard, lors de la convention nationale du Conseil représentatif des institutions juives de France, il déclarait à nouveau s'être engagé en raison de sa » *fidélité au sionisme et à Israël »* revendiquant d'avoir « *participé à cette aventure politique… en tant que juif ».* Curieuses contradictions : cosmopolitisme et métissage d'un côté, engagement tribal intransigeant de l'autre !

Au demeurant saluons la préscience des auteurs Lob & Gotlib (ce dernier né Marcel Mordekhaï Gottlieb), lesquels avaient en quelque sorte anticipé le chiraquisme en sa quintessence… Rappelons que lorsque nos deux *humoristes* démolisseurs commencent à tourner en ridicule la France profonde (pour la plus grande joie des adolescents post soixante-huitard), Chirac vient tout juste, le 8 juillet précédent, d'être nommé ministre de l'Agriculture. Ce *jeune loup aux dents raclant le plancher* aux féroces ambitions affectait alors de porter des costumes usagés pour *faire peuple* afin que les ruraux puissent se sentir en confiance et en familiarité avec cet amateur affiché de bière et de tête de veau. Chirac dans les salons, concours et autres comices agricoles, se vantait d'ailleurs fièrement de « *serrer deux mille mains par jour* ». Et quoiqu'en disent aujourd'hui ses vils thuriféraires journalistiques, Chirac fut à ce titre, non pas un homme d'État mais un *homme de main*… Là réside certainement sa vraie nature, celle d'un homme qui ne répugna en aucunes circonstances de manger à tous les râteliers – jusqu'à de surprenants conciliabules en coulisses avec le président du Front national[77] – et le secret de sa popularité de façade. Ne dit-on pas qu'il fut le président préféré des Français ? Tout comme il est dit que Jean-Jacques Goldman (demi-frère de l'assassin Pierre Goldman) est la personnalité la plus adulée des mêmes

---

[77] Le président du Front national, Jean-Marie Le Pen, a révélé qu'en 1988 il avait rencontré le Premier ministre Jacques Chirac, à deux reprises, avant et entre les deux tours de l'élection présidentielle [nouvelobs.com 24 janv 02]. Entretiens ayant eu en principe lieu selon M. Le Pen « *parce que Jacques Chirac ayant trahi le programme de la plateforme RPR-UDF de 1986 relative à l'immigration et à la réforme du code de nationalité, je souhaitais savoir si, candidat à la présidence de la République, il entendait maintenir cette ligne-là, ou au contraire revenir à une ligne plus nationale*". Naïveté ou complicité ?

Gaulois supposés *réfractaires*, mais si peu cartésiens (de nos jours 2+2 font 5 n'est-ce pas ?). Mais en fin de compte qui sonde et qui décide ce que doit être l'opinion, je vous le demande un peu ?

Logique idéologique et programmation du sens de l'histoire

Nos prospectivistes Lob et Gotlib – en vérité de peu de mérite parce que le devenir de nos sociétés était gravé en lettres de feu et depuis des lustres dans les écrits freudo-marxistes de l'École de Francfort, nos scénaristes ne faisant qu'illustrer qu'un grossier programme de déconstruction de nos sociétés... mais *plus c'est gros, plus ça marche !* – étaient à l'évidence animés par la logique idéologique à présent dominante. Celle qui commence par le dénigrement et se poursuit par l'arasement de toutes les représentations substancielles de l'ancien monde. Superdupont annonce en ce sens l'actuelle offensive contre la *figure* du père et l'exaltation du matriarcat primordiale dans les cultures du désert, le règne de la Shekhinah[78]. Implacable logique qui se traduit dans les institutions et nous soumet *de facto* par « *la force injuste de la Loi* »[79] et les lois scélérates que

---

[78] Selon Israël Shahak, la tradition ésotérique cabalistique veut que « *le peuple juif ait été créé pour arranger la rupture provoquée par Adam et Ève, ce qui se réalise l'espace d'un instant sur le Mont Sinaï, où le Fils divin, incarné dans Moïse, s'unit avec la déesse Shekhinah. Hélas, l'idolâtrie du Veau d'Or provoque une nouvelle désunion entre les jeunes divinités...* » in « Histoire juive, religion juive », Omnia Veritas Ltd, www.omnia-veritas.com

[79] Dénoncée par F. Mitterrand, tête de file de la Gauche, en 1979 [lefigaro.fr15oct07].

Chirac cautionnera et couvrira de son autorité présidentielle : la loi Lellouche par exemple promulguée le 3 février 2003[80] ; celle-ci durcit la loi Fabius-Gayssot et institue un délit d'opinion élargi limitant de façon draconienne la liberté, d'expression et le droit le plus fondamentalement élémentaires à l'information et à la recherche historique. Du passé non formaté, non réécrit de façon *ad hoc*, faisons table rase.

Nous voyons donc Lob & Gotlib, baliser – en compagnie de l'écrasant majorité de l'intelligentsia dans cette période – le chemin de l'impérieuse bien-pensance désormais imposée à nos politiques sous peine de mort sociale, en dénonçant les anti-valeurs franchouillardes et les Dupont-Lajoie (le *mâle* blanc quinquagénaire sempiternel prédateur sexuel – film d'Yves Boisset réalisé en 1974). Cela commence par la stigmatisation sans appel de la xénophobie dénoncée comme un sport national, ce *Mal français* auquel leur modèle de référence, Jacques Chirac, n'échappa pas tout à fait… tant il est difficile d'échapper au réel quelle que soit la force de dénégation qui vous anime.

À Orléans le 20 juin 1991[81], à l'occasion d'un banquet de militants du RPR, sans doute électrisé par la salle et la chaude ambiance, Chirac se laisse aller et trouve des accents à la Georges Marchais (ancien du STO et ci-devant

---

[80] Loi n° 2003-88 du 3 février 2003 visant à aggraver les peines punissant les infractions à caractère raciste, antisémite ou xénophobe. Un texte fourre-tout ouvrant la possibilité de pénaliser les mauvaises intentions idéologiques (loi du soupçon) et ouvrant la voie au crime orwellien contre pensée politiquement correcte.

[81] https://www.youtube.com/watch?v=RBBksJsKaIo

secrétaire général du Parti communiste français de 1972 à 1994). Il s'emporte et se lance dans une défense et illustration de la condition ouvrière dans les banlieues extraterritorialisées : « *l'ouvrier français qui gagne 15.000 francs* [approximativement 2900 euros] *et voit sur le palier de son HLM un immigré nanti de trois ou quatre femmes, d'une vingtaine de gosses, qui touche plus de 50.000 francs* [7600 euros] *d'allocations diverses et qui ne travaille pas; si vous ajoutez le bruit, et l'odeur, le travailleur français devient fou* ».

Quelle lucidité de la part de Chirac ! Celle-ci ne sera cependant pas plus suivie d'effet que le « karcher » de M. Sarkozy. *Paroles, paroles...* Mais encore, quelle démagogie : parce que c'est le même homme qui en juillet 1974, chef du gouvernement, avait instauré (le décret d'application n'est pris qu'en avril 1976), le fatal regroupement familial. Le 10 novembre 1977, le nouveau premier ministre, Raymond Barre, suspendra à bon escient et pour trois ans cette disposition contre-nationale. Las, le 8 décembre 1978 le Conseil d'État annule cette décision et consacre le « Droit » au *regroupement*. Autant dire institue et légalise la submersion du territoire... Ce fut là l'acte fondateur du passage d'une *immigration de travail* à une *immigration de colonisation*.

DDR. Superdupont tient à la main le masque à gaz qui le protège des mauvaises odeurs exhalées par une immigration envahissante et menaçante pour l'industrie du *calendos*, symbole de l'identité nationale

Ajoutons que si Jacques Chirac fut un grand aficionado de Sumo (lutte exotique entre individus atteints de forte surcharge pondérale), par contre, à la différence de son alter ego sur papier glacé, Jacques Chirac ne pratiqua jamais la boxe française pas plus qu'il ne marqua un goût prononcé pour le gros-rouge-qui-tache lui préférant ostensiblement les bocks à faux-col. Plus sérieusement, comment ne pas reconnaître *a fortiori* le Chirac en devenir, celui de l'Appel de Cochin dans sa dénonciation du Parti de l'Étranger, visage plus ou moins anonyme de l'Anti-France[82], âme du

---

[82] Pour l'historien Raoul Girardet (1917/2013), l'expression Anti-France serait apparue à la fin du XIXe siècle dans le contexte de la dénonciation du complot judéo-maçonnique : « *Juifs et francs-maçons*

combat de Superdupont ? En décembre 1978, Jacques Chirac, hospitalisé pour un accident d'automobile, lance son fameux Appel de Cochin qui fera *pschitt*, comme la plupart de ces sortes de pétitions de principe plus ou moins fracassantes…

Sans doute dans la perspective des élections européennes de 1979, il y dénonce vertement le « *Parti de l'étranger* », visant implicitement le président Giscard d'Estaing… reste que son propos va à l'évidence beaucoup plus loin : « *Comme toujours quand il s'agit de l'abaissement de la France, le Parti de l'étranger est à l'œuvre avec sa voix paisible et rassurante. Français, ne l'écoutez pas. C'est l'engourdissement qui précède la paix de la mort* ». Beaucoup ont vu à ce propos la marque des *faiseurs de roi*, Marie-France Garaud et Pierre Juillet… mais également la patte du *gaulliste de gauche*, Philippe de St Robert, chantre de la politique arabe de la France.

Fils de personne

Superdupont serait, suivant ses géniteurs humoristes (au fond des gens se démarquant assez peu des tâcherons en pornographie mondaine de Charlie Hebdo), le fils du Soldat inconnu gisant sous l'Arc de Triomphe (voir supra note 1). Ici la fiction rejoint la réalité parce qu'une rumeur tenace

---

représentent le "parti de l'étranger", *l'incarnation de ce qui va être désigné comme l'Anti-France* ». Terminologie reprise par Léon Daudet en 1918 dans son ouvrage « L'avant-guerre : études et documents sur l'espionnage juif-allemand en France depuis l'affaire Dreyfus » dans lequel il écrit : « *Il faut qu'on le dise : l'affaire du traître Dreyfus a eu comme premier résultat une première invasion, la formation chez nous d'une anti-France* » (p.6).

voudrait que Chirac ne soit pas né Chirac mais soit en réalité un enfant adopté. Laissons la parole à cet organe au-dessus de tout soupçon en matière de *peopelâtrie* qu'est le magazine « Gala » du 3 octobre 2017[83]... Nous y lisons que le journaliste Arnaud Ardoin dans son livre « *Président, la nuit vient de tomber* » (2017) évoque le mystère des origines de Jacques Chirac... Une dizaine d'années avant la naissance de Jacques, ses parents [putatifs] eurent une petite Jacqueline. Elle meurt deux ans plus tard. Marie-Louise Chirac ne pouvant plus avoir d'enfant à la suite d'une septicémie, l'auteur conclut en l'impossibilité que Jacques puisse être le rejeton du couple Chirac. Thèse reprise plus tard dans un roman à clef d'Éric Zemmour « L'autre ».

En fait la question avait été posée dès 2001 par Henri de Fersan dans son essai « L'Imposture antiraciste » où l'on pouvait lire que Jacques Chirac « n'est pas le fils d'Abel et Marie-Louise Chirac et n'est pas né le 29 novembre 1932 à Paris... La réalité est [aurait été] connue depuis 1975 et a révélée par la *Gaceta Illustrada*, une revue madrilène : Jacques Chirac s'appelle[rait] en réalité Santiago Cordero Marin, il est [serait] né en Espagne le 6 septembre 1934 dans le village d'Albana, dans la province des Asturies. Ce qui explique[rait] qu'il ait accordé la carte d'ancien combattant aux volontaires communistes des Brigades Internationales [un *must*]. Proche du parti communiste (signataire de l'Appel de Stockholm), il *passa à droite* lors de l'hyménée gaulo-communiste de 1962 ». Ce point obscur, mais non négligeable, de la biographie de Chirac ne pouvait être omis de citation. Vérifié et exact il constituerait

---

[83] Article repris et commenté par *Medias-Presse.Info* le 16 oct. 2017 – https://www.medias-presse.info/naissance-de-jacques-chirac-le-pretendu-scoop-de-gala/81123/

un extraordinaire marqueur quant à la très cynique capacité de mensonge par omission et falsification, d'absence aussi de professionnalisme (pourtant revendiqué à outrance) de la presse au XXIe siècle.

Il y aurait évidemment très, trop long à dire sur ce personnage trouble que la France est aujourd'hui censée pleurer. On se reportera utilement au texte publié d'Emmanuel Ratier (Facta 1995) « Le Vrai visage de Jacques Chirac ». Le dossier est par conséquent loin d'être clos, nous y reviendrons le cas échéant. Ajoutons pour ne pas conclure que les funérailles quasi nationales du *de cujus* sont tombées du ciel – une sorte de *deus ex machina !* – à point nommé au moment du vote sur la « procréation médicalement assistée » (beaucoup plus importante pour le gouvernement que les cinq millions d'immigrés, clandestins ou non, qui se seront installés en France à la fin du quinquennat)... ou des négociations relatives à l'uniformisation des régimes de retraites, question lancinante pour l'heure mise en épochè (en suspension philosophique). Merci Chirac pour cet ultime service rendu à la République.

Et puis, *last but not least*, le gigantesque incendie de l'usine Lubrizol, propriété du multimilliardaire américain Warren Buffet, survenu le jeudi 26 septembre à Rouen, lequel reste un mystère, tout comme les origines réelles de Jacques Chirac... dont le parrain fut étonnamment, rappelons-le, l'industriel Marcel Bloch-Dassault ! L'incendie de l'usine chimique aurait pris de façon extravagante près d'une clôture[84] avant de se propager aux

---

[84] Frédéric Henry, PDG de Lubrizol, sur « Paris Normandie » s'exprime sur les causes possibles de l'incendie : « Je n'écarte aucune hypothèse », précisant que les normes de sécurité auraient dû empêcher

installations elles-mêmes – ce qui semble assez improbable – tant et si bien que certains n'hésitent pas à émettre une hypothèse quant à la possible origine criminelle de ce sinistre d'ampleur majeure[85]... Lequel risque de poser à terme autant de questions que dans la tragédie d'AZF du 21 septembre 2001 et de ses trente et une victimes... Des témoins singulièrement crédibles affirment en effet avoir vu un *missile* filant vers l'usine. Il existe quantité de sortes de missiles, des plus petits aux plus gros...!

29 septembre 2019

---

le sinistre... » *L'incendie s'est déclaré aux alentours de 2 h du matin dans un endroit où rien ne bouge. Il n'y a pas d'activité, c'est un entrepôt... Si quelque chose commence à s'enflammer, le système le noie instantanément et cela s'arrête aussitôt ».*

[85] Du conspirationnisme cohérent par Crick Nerwald : Lubrizol vu sous l'angle de représailles israéliennes après l'invitation du président iranien Rohani au GT de Biarritz ? La question s'est également posée dans des termes quasi identiques lors de l'incendie de Notre-Dame de Paris.
https://www.youtube.com/watch?v=PbDrKXF09nk&feature=em-uploademail

Post-modernisme sociétal...
Enfer et damnation

6 octobre 2019

C'est toujours la même chose, l'on cherche sempiternellement des explications pour justifier – *comprendre* dit-on – l'évidence, l'explicable en soi, chaque fois qu'un allumé (ou illuminé) surine allégement des passants. Le 4 octobre 2019 ce sont des collègues de travail, mais d'autres fois ce sont des passants innocents… dans des transports en commun, ou des jeunes femmes attendant devant la gare St Charles à Marseille, des soldats en faction, un prêtre âgé officiant dans son église, bref n'importe qui, n'importe quand. Et toujours la même histoire et le même éteignoir. Le même sordide déni de réalité de la part de l'autorité publique. Affaire classée sans suite, direction l'hôpital psychiatrique d'où l'assassin ressortira au bout de six mois blanc comme neige, déclaré rétabli et ayant coupé aux Assises (certes une économie pour le budget de la Justice, que le citoyen lambda paiera néanmoins par un impôt de sang).

Les Romains jugeaient des actes bruts et non des intentions. Il est aussi vrai que nos lois (imprégnées de christianisme), distinguent avec plus de mansuétude l'acte fortuit, accidentel ou passionnel (perpétré sur le *coup de la colère*), par rapport au forfait mûri et prémédité. La question des circonstances atténuantes fut dès lors introduite à bon escient. Cela fut bel et bon mais une brèche était ouverte par laquelle s'engouffra à l'époque contemporaine, de façon catastrophique, toutes les dérives imaginables. Plus encore après l'avènement de ces lèpres de l'esprit que furent le marxisme, le freudisme puis le freudo-marxisme qui introduisirent après la lutte des classes, la guerre des races et des sexes jusqu'au pandémonium actuel avec pour conséquence peu visible – en accompagnement – la destruction de toute logique du réel qui s'est traduite notamment par la dislocation du droit.

Déchéance intellectuelle des pseudos élites

La déchéance intellectuelle de nos classes dirigeantes est affligeante au-delà de toute expression. Elle serait au fond plutôt comique si elle n'était à ce point tragique. On en veut pour exemple les propos du garde des Sceaux, l'échelée Mme Nicole Belloubet, statuant que « *ce n'est pas l'accouchement qui fait la filiation...* [celle-ci étant] *fondée sur un acte de volonté et un projet parental...[et] déconnectée de la vraisemblance biologique, pour les couples de femmes* ». Cet éminent ministre devrait au demeurant nous dire ce qu'elle entend par « *vraisemblance idéologique* ». Il faut se reporter au débat sur la "procréation médicalement assistée" (et le duo d'anthologie Buzyn-Belloubet [86]) pour bien prendre la mesure des lourdes pathologies mentales (sous forme de délires objectifs ou d'extravagants dénis de réalité) des débattants quant aux

---

[86] Cf. facebook.com/ridiculeTV/ – Voir
https://www.facebook.com/ridiculeTV/videos/726518277775808/

droits à l'insémination artificielle des transgenres.

Dans Byzance assiégée par Mehmet II en 1453, l'on débattait encore, dit-on du sexe des anges. Aujourd'hui alors que nos usines chimiques brûlent à l'instar et à la suite de la cathédrale Notre-Dame de Paris, il n'est rien de plus urgent que de faire passer des lois bouleversant l'ordre social, créant des ruptures anthropologiques dont nous n'avons pas fini d'absorber (si tant faire se peut) les traumatismes et retombées de tous ordres. Au nom d'un soi-disant bonheur ces gens s'acharnent à faire notre malheur car... si l'on touche un bout de la charpente, c'est à terme, tout l'édifice qui s'écroule [87]. C'est également la voie

---

[87] On en jugera à travers cette sotie déjà immédiatement envisageable, la réalité dépassant désormais l'imagination... « En terre d'Absurdie anoméenne (négation/abolition des lois issues de l'ordre naturel) après le vote sur la PMA, antichambre de la *gestation pour autrui*, quoique l'*On* clame à tout-va qu'il s'agirait en ce cas d'espèce d'un tabou, une limite intransgressible. La PMA serait une aubaine pour *Charlotte* (adoptée par un couple d'hommes mariés via cet autre formidable progrès égalitariste que fut le *mariage pour tous*) à l'heure de sa maturité sexuelle, cette heureuse enfant se trouvant titulaire d'un père adoptif *Jean* et d'une mère adoptive *Pierre*. Or grâce à l'œuvre immense du bon docteur Freud et de son émule Wilhelm Reich, elle se trouve, par la grâce de ces géants, dépourvue de toute inhibition, trouble ou culpabilité (soit la cohorte de névroses véhiculées par l'éducation chrétienne), quant à l'attirance ressenti pour l'un et pour l'autre des parents, légalement et respectivement père et mère quoique pourvus d'organes reproducteurs identiques. Il arriva ce qui devait arriver : Charlotte mit au jour un garçon de son père *Jean* (sans que l'on puisse évidemment parler d'inceste), puis une fille conçue avec sa mère adoptive, *Pierre*. Devinette, objet des débats policés Buzin/Belloubet : quel doit être le statut exact de la *mère* de Charlotte vis-à-vis de l'enfant conçu avec son mari, père d'icelle ? Au demeurant, la loi permettra aux enfants de Charlotte, s'il s'agit d'une fille et d'un garçon, de se marier ensemble ». *Elle est pas belle la vie ?*

choisie par le piteux démagogue « Insoumis », Jean-Luc Mélenchon, crachant dans le sens du vent et voyant dans la PMA – "dans un discours vibrant relatif à la portée philosophique du texte"!? [lesinrocks.com26sept19] – *« une révolution du principe de la filiation qui proclame que le patriarcat est fini...Autrement dit : que la propriété des hommes sur le corps des femmes ou sur celui de leurs enfants, qui a prévalu pendant des millénaires est terminé ».* Bravo. Insistant lourdement sur le caractère » *social et culturel de la filiation et non pas sur son caractère biologique »...» Oui c'est la fin du patriarcat. Des femmes mettront au monde des enfants sans l'autorisation des hommes. Pour ma part, je me suis toujours opposé à ce qu'on proclame d'une façon ou d'une autre une vérité biologique... Il n'y a pas de vérité biologique, il n'y a qu'une vérité sociale et culturelle ».* Or si c'est M. Mélenchon qui le dit, c'est que cela doit être vrai, n'est-ce pas[88] ?

Avec et après la drogue (feu Jacques Chirac en fut un formidable exemple [89]), l'addiction sexuelle et la pornographie, le *satanisme* bcbg – très silencieusement présent hélas depuis des lustres – est aujourd'hui ouvertement revendiquée par Marlène Schiappa, *secrétaire d'État à l'Égalité entre les femmes et les hommes et à la lutte contre les discriminations* depuis mai 2017 (elle-même auteur de romans obscènes, prélude au début de sa rapide

---

[88] On se reportera utilement en ce qui concerne le *débat philosophique* à « La Pornocratie » (1875), œuvre inachevée de Joseph Proudhon, grand défenseur de la famille dans sa dimension transcendantale.

[89]Voir le témoignage accablant de Gérard Fauré « Dealer du tout Paris » octobre 2018.

ascension politique avant d'être fondatrice du blog "Maman travaille" !). Ceci dans le magazine phare de la mode féminine « Elle », numéro sorti également ce 4 octobre. Or çà, si le satanisme s'invite subrepticement (mais de moins en moins discrètement) à la remorque l'écolâtrie en tant que religion dominante parmi les méchants apôtres du mondialisme, il sera/serait intéressant d'examiner le rôle que ledit satanisme peut y jouer comme rite d'admission, sa profession scellant, dans la transgression partagée, l'appartenance aux différents degrés d'initiation et aux grades correspondant de l'hyperclasse rectrice du destin de l'humanité.

Le terrorisme une fatalité !

Au gouvernement, l'on s'est très hâtivement essayé à minimiser, à relativiser l'aimable tuerie préfectorale entre collègues. Une fois de plus les bards de service – Castaner entre autres – ont dû se déjuger en urgence parce qu'il a été rapidement impossible d'affirmer que le fonctionnaire de police, né à Fort de France, boucher d'occasion au couteau de céramique, était un déséquilibré... en dépit des dires de son épouse qui, recourant au plan de sortie convenu, s'était appliqué à le faire passer derechef pour schizophrène : « *il m'a réveillée la nuit précédente parce qu'il entendait des voix* »[90]!

---

[90] Michaël Harpon, le bien nommé, 45 ans, employé depuis 20 ans au service informatique de la *Direction du renseignement de la préfecture de police* « *a pété un plomb et a tué quatre collègues à l'arme blanche* ». Converti à l'islam depuis 18 mois (en vérité depuis 2008), aux dires d'un psychiatre expert « *en général, lorsqu'on a des gestes brusques d'une telle violence, ils ont extrêmement rares et surviennent sous couvert de formes très particulières de schizophrénie* ». Et comme

La méchante combine et les gros mensonges gouvernementaux n'ont cependant pas tenu longtemps au vu des messages textuels échangés entre époux, complices dans la préméditation et l'action. D'ailleurs de qui se moque-t-on : habilité *secret défense*, l'homme était converti depuis une dizaine d'années (2008) et non depuis dix-huit mois comme l'ont seriné les médias et tout ce temps, collègues et services de sécurité internes n'y ont vu que du feu ! Ils seraient aujourd'hui très précisément 38 fonctionnaires ou assimilés présentant des risques sérieux de radicalisation, enkystés dans des services sensibles. N'est-ce pas 38 de trop ? Ne faudrait-il pas revoir alors, en priorité, la politique autoritairement volontariste de recrutement visant à créer une mixité obligée, raciale, ethnique, confessionnelle, notamment dans les administrations publiques avec passage facilité dans les filières d'accès aux grandes écoles et aux grands corps de l'État pour les individus issus de la diversité ? Cela au nom d'une prétendue *discrimination positive*, ce qu'annonçait le 17 décembre 2008 avec une certaine brutalité, le sieur Sarkozy dans son discours fondateur de Palaiseau « Égalité des chances et diversité » [91] . Au demeurant, la *discrimination*, qu'elle soit positive ou non, reste une discrimination en transgression absolue des principes

---

il est devenu impossible de gommer la dimension confessionnelle de ce passage à l'acte, on la met « *en parts égales avec la psychopathologie de la personne* ». Nul ne parle évidemment de *fanatisme religieux,* une notion trop concrète et… pas assez scientifique.

[91] Seule la version audio est fidèle, la transcription écrite officielle ayant éliminé les passages où le président parle de conduire cette politique par la contrainte.
Extrait : https://www.youtube.com/watch?v=1XIhTG6JyW0

constituants de la République, non ?

On voit ce que cela donne dans nos services de police, dans l'armée (n'a-t-on pas parlé de mutinerie sur le porte-avions Charles de Gaulle ?). L'inculture étant à présent ce qu'elle est, et les cadres compétents de l'armée et de la haute administration ayant été envoyés prématurément au rencart (ou épurés comme en 2004 à l'occasion de l'Affaire dite "Pétrole contre nourriture" engagée à l'initiative du Trésor américain, laquelle permit d'éliminer la vieille garde du Quai d'Orsay et de laminer ce qui demeurait encore de la *politique arabe de la France*). D'abord certes en raison du renouvellement des générations, mais aussi par la modification des critères de sélection et de recrutement (diversité et correction politique obligent, à Sciences Po et à l'ENA), jusqu'à obtention de l'effet souhaité à savoir l'arasement de la mémoire institutionnelle et historique. État de fait qui a permis au président Macron de parler impunément de supposés crimes contre l'humanité perpétrés par la France en Algérie et ce sans que quiconque ait songé à rappeler que nombre d'officiers et de sous-officiers de *l'Armée de libération nationale* algérienne (ALN) avaient été formés par la France, avaient servi en Indochine où ils purent acquérir une science des armes qu'ils retournèrent ensuite contre la Métropole et les départements français d'Algérie. On ferait bien de s'en souvenir parce que nous sommes en train de reproduire la même criminelle erreur. Ce dont se fichent bien les adeptes dogmatiques ou laxistes (et leurs comparses, commensaux et acolytes), partisans du métissage à tout crin, de l'effacement des frontières et du grand remplacement à tous les échelons au sein des Services de l'État.

Demeure un point très noir : le dossier de la tuerie a été juridiquement ouvert sous la qualification « *d'assassinats et tentatives d'assassinat sur personnes dépositaires de l'autorité publique en relation avec une entreprise terroriste et association de malfaiteurs terroriste criminelle ».* Est-ce à dire que le tueur aurait pu ne pas agir de son seul chef ? Michaël Harpon était-il une taupe islamiste pouvant avoir transmis à des réseaux takfiristes certains fichiers ou bases de données de la DRPP ? Les Services étrangers et Interpol doivent être ravis... Voilà où conduit l'amour immodéré de la *société plurielle* et du brassage interculturel... mais aussi d'une haine à peine masquée pour la franchouillardise. Au total, les services de l'État sont désormais à l'image de la nation, c'est-à-dire en passe d'être dévorés par les conséquences mortifères d'idéologies férocement anti-nationales. Et conséquemment, infiltrés, noyautés par des activistes ennemis, lesquels, à l'arrivée, pas n'ont besoin d'être une multitude pour être d'une extrême nocivité.

Bref, l'administration française (au même titre que ses homologues européennes), otage de la dogmatique officielle, est de cette façon peu à peu gangrenée par une politique devant se lire et s'analyser dans le contexte général d'une sournoise éviction des populations autochtones. Ce qu'il est convenu d'appeler le *Grand remplacement*, ceci au grand dam des Commissaires politiques et idéologiques qui sévissent sur tous les plateaux des grandes chaînes d'information (CNews/BFM/LCI/FranceInfo/France24/EuroNews/etc.) ... Substitution de population que ceux-ci qualifient avec un mépris non dissimulé de « mythe » ou de « phantasme », nous expliquant benoîtement et doctement que le terrorisme n'est en fin de compte qu'une *fatalité* inhérente à la modernité et que nous devrions finalement faire avec.

Ces ténors de la doxa surinformés, si éclairés, n'ont de toute évidence pas dû prendre le métro depuis au moins une trentaine d'années, à qui il ne viendrait jamais à l'idée (tous n'étant pas absolument pervers) que le monde a changé sous leurs pieds. Des gens qui devraient normalement être placés dans la catégorie des *minus habens* (voire des oligophrènes) parce qu'incapables de saisir que les frontières devraient être fermées de toute urgence à l'immigration légale (à commencer par le regroupement familial) et *a fortiori* illégales, frontières qui d'ailleurs n'eussent jamais dues être ouvertes... Quand s'achèvera le quinquennat en cours ce sont quelque cinq millions de migrants qui seront entrés et se seront installés, en grand partie à la charge d'un pays pourtant en voie de désindustrialisation et de paupérisation rapide !

L'Éducation nationale, Lampedusa bis

La rentrée s'est bien passée ! Nos enseignants préparent la "France" de demain avant de se suicider[92] à l'instar de nos 51 policiers morts depuis janvier dernier et de nos paysans, un tous les deux ou trois jours. Cent femmes ont été tuées par leur conjoint ces neufs derniers mois. Toutefois, dans ce dernier cas, personne ne songe (ou ne réclame) que soit rendue publique l'appartenance culturelle, confessionnelle, l'origine ethnique des meurtriers. Si par extraordinaire c'était le cas nous risquerions d'avoir de belles surprises. Mais cela n'arrivera pas, la divulgation de ce genre d'information tombe sous le

---

[92]Christine Renon, directrice de l'école maternelle Méhul de la ville de Pantin, dans l'académie de Créteil, parvenu au bout de l'épuisement moral a été retrouvé morte le 24 septembre 2019. Le même jour, Frédéric Boulé, professeur au lycée international de Valbonne dans les Alpes-Maritimes, en finissait également avec la géhenne qu'est devenue l'Éducation nationale tombées aux mains de soi-disant pédagogues confits en idéologie mortifère.

coup de la loi (on voit bien ici que l'antiracisme est une forme aiguë d'*antifrancisme*). Ces jours-ci de vidéos circulaient donnant à voir de choquantes agressions dans des écoles de la République contre des maîtres. Ces actes se multiplient aujourd'hui à la vitesse grand V. On assassine (vendredi 4 octobre dans le Val d'Oise un adolescent est poignardé) et l'on rackette aux abords des établissements scolaires. ... « *Combien – d'enseignants –* nous dit Claude Bourrinet [bdvoltaire.fr5oct10] – *ont-ils vu leur idéal brisé par la démagogie de pédagogues irresponsables, par une administration tatillonne et aveugle, par l'indifférence du système aux épreuves qu'ils subissent pour tenter de délivrer leur savoir à des populations de plus en plus déséquilibrées, déstabilisées par une sous-culture mortifère, hostiles à la culture, à l'effort intellectuel, au livre, au savoir scientifique, historique ? La peste de l'inculture agressive frappe tout le monde, y compris les enfants* de souche. *C'est une pandémie barbare, que les idéologues ne veulent pas voir, quand ils ne la cautionnent pas par des préceptes égalitaristes, laxistes et* bienveillants, *ineptes* ».

Le 30 septembre, dans le Val d'Oise à Sarcelles, au lycée de la Tourelle, un *jeune* majeur âgé de 19 ans s'est attaqué avec une rare violence à son *prof de gym* après avoir refusé de retirer sa casquette, signe identitaire s'il en est. Il est complaisamment filmé par ses petits copains. La chose serait anecdotique si elle n'était parfaitement emblématique de l'état de décomposition avancée de l'institution éducative... relais, s'il en est, de la pire politique anti-française. La comparution immédiate du voyou – quand même ! – nous a appris que le dénommé Dio est arrivé clandestinement en France en 2013 ; qu'il a été condamné à huit mois de prison, dont quatre avec sursis et qu'il n'a, évidemment, jamais été expulsé. En un mot il s'agit d'une super *chance pour la France*... Autrement dit un parasite destiné à vivre *ad vitam æternam* au crochet de la vache à lait hexagonale. Pour mémoire, nos établissements publics, avec la complicité du ministère de l'Éducation nationale (et d'une nuée d'associations subventionnées), accueillent des milliers de sans-papiers et qu'il est assez souvent recommandé aux enseignants de falsifier des résultats scolaires ou autres documents administratifs afin que « *le jeune* » ne rencontre pas de difficultés… avec pour contrepartie les graves problèmes de discipline et de sécurité que l'on déplore de nos jours. L'Éducation nationale, havre d'accueil pour les migrants est ainsi devenue une quasi zone de non-droit… avec la complicité de certains enseignants eux-mêmes… avant qu'éventuellement ils n'en deviennent eux-mêmes les pitoyables victimes.

La Maison brûle

En temps de crise, la multiplication à l'infini des événements dramatiques ou tragiques grave dans l'opinion l'idée que le pouvoir s'est engagé dans une mortelle impasse et qu'il s'avère incapable de gérer avec le minimum d'efficacité et de résultats, les effets négatifs (collatéraux) de ses errements. Un sentiment qui s'est manifesté très nettement avec l'affaire Lubrizol où la seule question qui mériterait **ores** une réponse aussi rapide que nette : pourquoi un tel sinistre s'est-il déclaré *à proximité* d'installations protégées par des dispositifs de sécurité optimaux ? Question qui continue à se poser en outre à propos de l'incendie de Notre-Dame et l'hallucinante vitesse de propagation du feu dans la charpente.

Un arbre ne devant jamais cacher la totalité de la forêt, rappelons – nous y reviendrons – que le terrible sinistre rouannais, fait suite à une impressionnante série d'incendies, tout aussi gravissimes, ayant détruits des sites industriels de nature similaire… tels l'incendie du 3 juillet dernier sur le site classé « *Seveso seuil haut* » dans les Yvelines, au sein du périmètre de l'usine « Seine Aval » du *Syndicat interdépartemental pour l'assainissement de l'agglomération parisienne* (SIAAP) implantée dans la plaine d'Achères. "Une installation stratégique, soit la plus grande station d'épuration des eaux usées d'Europe – s'étendant sur 600 ha, elle traite 60% des eaux usées de 9 millions de Franciens[93] – anéantie en totalité par le feu et ce, à seulement trente kilomètres de la capitale. Il faudra entre trois et cinq ans pour la reconstruire, au prix, dans l'intervalle, d'une pollution gravissime de la Seine. Qui en parle ? Ce site n'a en fait cessé d'enregistrer des sinistres de plus en plus graves depuis plusieurs années. Sa gestion est entachée par des dévoiements sans précédent en matière de marchés publics avec en arrière-plan un théâtre de concussion et corruption ! Un désastre absolu, qui ne suscite qu'une fort inquiétante indifférence [cf. MarcLaimé/mondediplo.net27sept19]. Cela reste bien entendu à inscrire au bilan de Mme Hidalgo, maire de Paris, *intuitu personnæ*, membre du conseil d'administration de ladite entreprise d'intérêt vital pour la capitale et sa région.

6 octobre 2019

---

[93] Les Franciens, habitants de la Francie, sont ce que l'on nomme aujourd'hui assez sottement les Franciliens.

La débâcle

13 octobre 2019

L a débâcle est totale. Mais elle n'est pas seulement sociétale, économique, elle est aussi profondément politique. Le cas Castaner – que son patron ne parvient pas à limoger ; vous avez bien lu *"ne parvient pas"* [94] et non *"ne se décide pas à..."* – lequel constitue en soi un scandale dans le scandale, le premier étant celui de la tuerie islamiste dans le saint des saints de la Préfecture de police de Paris, le second le maintien du ministre de l'Intérieur dans ses fonctions.

Pauvre monsieur Castaner qui enfile bourde sur bourde, qui s'essaye avec si peu de succès à raconter des craques aussitôt démenties par les faits. Pour rappel... des Gilets Jaunes *attaquant* le service de réanimation de l'hôpital de

---

[94] Il ne s'agit pas simplement de perdre la face, le fiasco de la désignation de Sylvie Goulard au poste de commissaire européen y a largement suffi, mais de savoir par qui le remplacer. Il avait déjà fallu trois semaines pleines pour dénicher ce M. Castaner et le faire succéder au démissionnaire Gérard Collomb. Pensons en outre à cette bécasse, Nathalie Loiseau, tête de liste de la République en marche aux élections européennes. En réalité Macron évolue au milieu d'un vide humain sidéral.

la Pitié-Salpêtrière [95] le 1er mai dernier. *Infox* immédiatement relayée par les grands professionnels de la presse donneuse sempiternelle de leçons, jusqu'à ce *pauvre garçon* brocardé par ses collègues en raison de son déficit auditif. En vérité un fonctionnaire modèle depuis deux décennies, âgé de quarante-cinq ans, père de deux enfants, habilité "secret défense" (ce qui n'est pas rien) et « *très apprécié de ses collègues... Il faisait partie des murs* » [leparisien.fr3oct19] qui cependant aurait *pété les plombs* ce fatal jeudi à la Préfecture de Police et trucidé au couteau de cuisine quatre de ses collègues dont deux à l'intérieur des locaux de la Direction du renseignement... et dans des conditions peu claires, chaque bureau étant en principe isolé des autres par des portes closes avec code d'accès.

M. Castaner qui – prenant le céfran de base pour plus bovinisé qu'il n'est – nie grossièrement l'évidence et joue la surprise, déclare froidement que le surineur « *n'avait jamais manifesté de difficultés comportementales, ni le moindre signe d'alerte* »... la faute à pas de chance en quelque sorte ! Toujours aussi bien inspiré, le ministre ira froidement jusqu'à évoquer un « *dysfonctionnement* » des Services qui n'auraient pas les outils nécessaires pour identifier « *les signaux faibles* » annonciateurs du grand raptus... Difficile néanmoins de faire mieux dans l'euphémisme édulcorant ! Quelques jours plus tard, gonflant le jabot, M. Castaner fera interdire, *in extremis* – la veille – la très indécente manifestation qu'un citoyen 2.0 avait organisé pour la réhabilitation du tueur, victime de discrimination en raison de sa surdité ... Après que le préfet

---

[95]Revue complète de l'emballement médiatique dans les commentaires et vidéos de la sortie de route de l'Intérieur
https://www.youtube.com/watch?v=d8Ne6MF0A6o

du Val-d'Oise eut lui-même autorisé le rassemblement déclarant être dans l'incapacité juridique de l'interdire[96]. Magnifique État de droit !

Dysfonctionnements en pagaille ou anarchie structurelle ?

Dysfonctionnements structuraux à mettre au regard de la situation de cet imam de Gonesse qui aurait formé le converti et djihadiste néophyte Mickaël Harpon… mais jure n'avoir « *jamais parlé* » avec lui. Un fiché S qui pourtant n'avait pas échappé au radar de la détection des individus potentiellement dangereux ayant fait l'objet en 2015 – il y a donc quatre années ! – d'une mesure d'obligation de quitter le territoire français, procédure diligentée par la DGSI, la Direction Générale de la Sécurité Intérieure. Mesure évidemment jamais appliquée. Or le passage à l'acte de Mickaël Harpon, même s'il était une "action isolée", ne peut a priori pas être extraite du contexte politique, démographique et géopolitique…

---

[96] Hadama Traoré, militant *indigéniste* d'Aulnay-sous-Bois dans le Val d'Oise [à ne pas confondre avec Adama Traoré décédé en juillet 2016 dans la cour de la gendarmerie de Persan], tête de liste lors des élections européennes de mai 2019 du parti « Démocratie représentative », se proposait, aux fins de réhabiliter le tueur Mickaël Harpon, de rassembler le 10 octobre 2019 la foule de leurs semblables devant la mairie de Gonesse avec la bénédiction de la préfecture. Sur les réseaux sociaux, M. Traoré ne se gênait pas pour annoncer la couleur : « *J'ai la haine. La personne qui ose dire que Mickaël Harpon est un terroriste animé de revendications religieuses, je lui traite sa mère et je lui crache à la gueule… On a le bras long ! Toutes les communautés persécutées, on va faire la guerre ensemble, aux politiques et aux médias. Et on commence ce jeudi* » [cf. leparisien.fr9oct19].

Il est incontestable que ce drame est intervenu alors qu'Ankara préparait une offensive destinée à scinder en deux la région frontalière du Nord de la Syrie tenue par les supplétifs kurdes des forces américaines. À l'heure actuelle les camps où étaient regroupés les familles des takfiristes de Daech, abandonnés pour leurs gardiens, se vident. On parle de huit cents femmes et enfants évaporés dans la nature. Question : combien de temps ces réfugiés mettront-ils pour accoster dans nos ports et nos aéroports ? Gageons que nous (les autorités publiques) trouverons d'excellentes raisons pour les accueillir... Si M. Erdogan ne nous les renvoie pas lui-même illico presto avec 3 autres millions et demi de déplacés Syriens ainsi qu'il en a menacé l'Union européenne pour le cas où nos grandes consciences ne mettraient pas un bémol à leurs indignations vitupérantes.

Gageons encore que, par la suite, nos belles et bonnes grandes âmes exigeront pour les maris (pour la circonstance combattants *repentis,* cela va de soi) un nécessaire regroupement familial. Les petits *daechiens* ayant un droit irréfragable à un père aimant et protecteur... *A contrario* des petits céfrans désormais débarrassés par la force contraignante de la loi d'un « père » devenu – eu égard aux avancées de la science moderne – parfaitement superfétatoire (ou surnuméraire comme l'on voudra). Nous faisons bien entendu référence à la loi sur la Procréation médicalement assistée et aux époustouflantes déclarations de nos ministresses merveilleusement postées à la pointe d'un progressisme échevelé[97] (à l'instar de notre mirifique

---

[97] On se reportera allègrement aux réponses surréalistes de Mme Buzyn, ministre des Solidarités et de la Santé, à ce propos sur la chaîne parlementaire LCP.Q. : Un père, étant une fonction purement symbolique, peut-il être une femme ? R. d'A.B: » *Cela peut être une femme, évidemment. Cela peut être une altérité qui est trouvée ailleurs*

et ébouriffante garde des Sceaux !).

Le feu islamiste couve sous la cendre

Retour au feu islamiste qui couve sous la cendre de nos institutions aux trois-quarts carbonisées à l'image de la charpente octo-centenaire de Notre-Dame. Rappelons-nous ce que disait au magazine Paris Match, le 30 septembre 2015, Marc Trévidic (alors juge d'instruction au pôle anti-terrorisme de Paris – aujourd'hui président de chambre à la Cour d'appel de Versailles) déclarant que le pire était encore à venir en matière d'attentats djihadistes, la France étant alors la cible prioritaire de l'État islamique. Le 13 novembre suivant nous eûmes effectivement le carnage du Bataclan… *« La vraie guerre que l'EI entend porter sur notre sol n'a pas encore commencé… La France est, de fait, confrontée à une double menace : les "scuds" humains du djihad individuel, ces hommes qui passent à l'action sans grande formation ni préparation, agissant seuls, avec plus*

---

dans la famille, on le voit, cela peut être des oncles »… Q. Une grand-mère ? « Oui, une grand-mère… ». La dislocation de la société suivant celle de la pensée et celle-ci, la destruction du langage et du sens des mots. Jean-Louis Touraine, rapporteur de la mission d'information sur la révision de la loi relative à la bioéthique, réclame pour sa part l'extension de la future loi [PMA] aux transgenres. Cléo Carastro, chercheur à l'EHESS, elle-même transgenre, précise : » *Outre la possibilité de faire appel à un don, deux hommes peuvent engendrer en mobilisant leurs seules forces procréatrices, et deux femmes le peuvent également. Ces hommes seront des pères, même si l'un d'eux aura accouché, et ces femmes seront des mères, même si l'une d'entre elles aura fourni des gamètes mâles. Le droit de filiation devrait ainsi être établi non pas en fonction de la gestation ou des gamètes, mais des relations de parenté que les géniteurs entendent établir avec leur progéniture, et sans qu'il y ait besoin de passer par l'adoption ».* Oh *Brave New World.*

ou moins de réussite, comme on a pu le voir ces derniers temps. Et celle, sans commune mesure, que je redoute : des actions d'envergure que prépare sans aucun doute l'EI, comme celles menées par Al-Qaïda, qui se sont soldées parfois par des carnages effroyables... les juges, les policiers de la DGSI, les hommes de terrain, sont complètement débordés... Nous risquons d'aller dans le mur ». Le même magistrat n'exclut pas à présent la possibilité – pas si extravagante que cela – de la présence, au sein de l'appareil judiciaire, de juges radicalisés ! Belle envolée, mais que ne dénonce-t-il pas du même souffle la partialité d'une magistrature convertie à la maçonnerie opérative et à tous les dogmes déjantés d'un libéralisme universaliste, *gendérisé* et magmatique ?

En tout cas, Marc Trévidic ne s'était pas trompé en prévoyant les bains de sang à venir, et pour nous, quant au présent, craignons les spasmes qui déchirent à nouveau la Syrie et devraient crever les dernières poches de pus djihadistes. À la suite de la Turquie, les forces de la République arabe syrienne (soutenues par la Fédération de Russie) sont également et depuis quelques heures entrées dans la danse. Or nous serons nécessairement ou plutôt, nous allons, à un moment ou à un autre, nous trouver peu ou prou confrontés aux conséquences de ce *nettoyage* qui, s'il nous navre à tout point de vue, en réjouit certains... Toujours les mêmes ! Ce retour de flamme n'est en effet, a fortiori, pas pour déplaire à tout le monde... Si l'on en croit l'active presse francophone du Levant : *« En d'autres termes, l'action de Trump, qui a conduit à celle d'Erdoğan, a ravivé la guerre civile syrienne et le tourbillon qui entraîne la violence arabe dans toute la région. Et cela, en ce qui concerne Israël, est une très bonne chose ».*

Comme quoi à toute chose malheur peut-être bon[98] ! Le plus grave, est en fin de compte que la nation française est d'ores et déjà désespérément plombée par la pire classe politique qui soit, saoule qu'elle est d'idéologie cosmopolitiste et humanitarienne... et pétante de vanité dopée à la cocaïne ! Élite issue de la Cour des miracles dont la seule préoccupation est de remplir les cahiers des charges que leur ont remis les puissances messianiques (les *Illuminati* dirait-on, sans pour autant se tromper de beaucoup) en leur confiant le temps d'un mandat les clefs des palais républicains et de leurs ors scintillants.

La vengeance a sonné

Alors faut-il s'alarmer – et pourquoi pas ? – de la transmission, le mercredi 9 octobre, à l'occasion d'un appel téléphonique reçu dans un commissariat de police de la région parisienne, du chant takfiriste en français « La vengeance a sonné »[99] ? Celui-là même qui serait apparu sur notre scène médiatique le 5 juillet 2016, soit neuf jours avant le très sanglant attentat au camion fou du 14 Juillet suivant à Nice[100]. Or, tandis que ce sinistre signal résonnait dans le combiné du policier de garde, presque au même

---

[98] https://infos-israel.news/expert-israelien-du-moyen-orient-la-demarche-des-etats-unis-suivie-de-lincursion-turque-sert-les-interets-de-la-securite-israelienne/

[99] https://www.youtube.com/watch?time_continue=1&v=8DZKtG-on_s

[100] Le 14 oct. 2014, l'État islamique diffusait pour la première fois en Hexagonie la vidéo d'un combattant français exaltant la geste du *dealer* et *indic* Mohamed Merah, séquence appelant à la multiplication d'actes de terrorisme sur le sol français.

moment, au petit matin, dans les locaux du tribunal de Bobigny, un cinquante-troisième policier mettait fin à ses jours avec son arme de service [101] ... La France de M. Macron est, n'en doutons plus, profondément malade, atteinte qu'elle est dans ses œuvres vives ! Et puis, répétons-le, *bis repetita placent*, notre pays, cette France en déshérence, possède toutes les caractéristiques voulues pour devenir la chambre d'écho d'un interminable conflit syrien que l'entrée des troupes turques sur son territoire vient de relancer.

13 octobre 2019

---

[101] Pour remédier à cette épidémie d'autolyses, l'inénarrable M. Castaner n'a rien trouvé de mieux que d'annoncer la mise en place d'un *deuxième* numéro vert à l'attention des policiers. Un service » *anonyme, confidentiel et gratuit* » permettant aux personnels de se confier « vingt-quatre heures sur vingt-quatre et sept jours sur sept aux psychologues de la plateforme ».

Feux et contre-feux

Non fluctuat et mergitur

21 octobre 2019

Il n'y a pas que les gigantesques feux de forêts d'Indonésie, d'Amazonie, de Sibérie – et à nouveau, ces jours-ci, en Californie – qui ont embrasé l'été dernier l'horizon obscurcissant au-dessus de nos têtes les cieux de suie couleur d'encre. Les guerres, ces plaies ouvertes, continuent à déverser également dans l'azur, à jet continu, leur contingent de particules de plomb et d'uranium appauvri, leurs poussières de cuivre et de soufre… Le *bilan carbone* au nord de la Syrie est de ce point de vue assez catastrophique nonobstant le doigté diplomatique de Vladimir Poutine habile à réfréner les appétits d'ogre du sultan Erdogan. Pour la mauvaise part, le Yémen oublié succombe – passé par pertes et profits de la mondialisation heureuse – sous les décombres calcinés de ses villes et de ses villages ravagés par des bombes wahhabites… généreusement fournies par une Occidentalie parangon des plus belles vertus démocratiques.

Au-delà, ce sont maintenant les peuples qui s'embrasent à leur tour. Des mouvements sociaux éruptifs, plus ou moins spontanés, plus ou moins manipulés [102], se multiplient en effet et se propagent à travers toute la planète comme feux de brousse... Chili, Argentine, Venezuela, Uruguay, Colombie, c'est un continent entier, l'Amérique latine qui semble en cours d'effondrement politique et social. S'y ajoutent le Liban, la Libye et l'Irak où le chômage et la corruption mobilisent dans ce dernier les foules et où les morts de la répression se dénombrent par centaines... Sans compter tant d'autres abcès purulents même si moins sanglants... Algérie, Hong Kong,

---

[102] Pour la Catalogne, on se reportera par exemple à Javier Portella [19oct19] : "La Guardia Civil espagnole a interpellé à Barcelone, neuf terroristes appartenant aux CDR, les Comités de défense de la République catalane, branche armée du CUP, le parti indépendantiste de la gauche radicale. On a trouvé dans le local perquisitionné assez d'explosifs pour faire sauter plusieurs bâtiments au moment où serait publié le jugement du Tribunal Supremo à l'encontre des putschistes du coup d'État sécessionniste de 2017". https://www.bvoltaire.fr/la-catalogne-brule-la-generalitat-encourage-lincendie/

... Ou à Thierry Meyssan présent à Beyrouth [voltairenet.org21oct19] : "La révolte a débuté le 17 octobre 2019 or contrairement à ce que prétend la presse internationale, elle a été planifiée : l'armée, qui avait été prévenue, s'était déployée la veille sur tout le territoire ; les émeutiers qui ont dressé des barrages de poubelles partout dans le pays étaient, et sont toujours, reliés par téléphone à un ordonnateur central. Sur de nombreuses barricades, ils sont contenus par la police, mais dans d'autres endroits ils sont au contraire aidés par les policiers favorables à l'Arabie saoudite. Seule, pour le moment, l'armée reste neutre. Très vite, les émeutes de quelques-uns ont laissé la place à une révolte généralisée de toutes les communautés et de toutes les classes sociales, comme si les Libanais n'attendaient que cette occasion pour s'exprimer. Les manifestants réclament la démission des trois présidents : celui de la République (chrétien), le général Michel Aoun, celui du gouvernement (sunnite), Saad Hariri, et celui du parlement (chiite), Nabih Berry.

Catalogne, pour ne citer que quelques cas parmi les plus remarquables.

Constatons, sans creuser bien loin, que ces *soulèvements* populaires – indépendamment des forces qui sont à l'œuvre pour tenter de les récupérer ou de les orienter à leur guise – se déclenchent tous, comme en France avec les Gilets Jaunes, à partir d'un rien : la goutte d'eau qui fait déborder le vase. Ici, en Hexagonie, ce fut une stupide limitation de vitesse et le prix du gasoil ; au Chili, le prix du billet de métro ; au Liban, la taxation des appels via WhatsApp.

Cependant tout se passe comme si les peuples du monde, surtaxés, accablés de frustrations et d'humiliations, ne demandaient qu'à entrer en révolte contre le système consumériste (tout est marchandise désormais comme le prouve le marché de la reproduction humaine en train de se mettre en place[103]), lequel se développe au sein de sociétés postmodernes réputées « *liquides* » (de l'inventeur messianique du concept, Zygmunt Bauman, à son metteur en scène Emmanuel Macron) et s'accompagne ou se traduit par le surendettement des individus (ainsi la prodigieuse dette des étudiants[104] aux États-Unis !), des ménages… ou

---

[103] En décembre 2012, Pierre Bergé, président du Sidaction et fondateur du magazine Têtu, gourou et mentor du couturier Yves St Laurent, définissait le débat sur la GPA, la Gestation pour autrui, en ces termes [lefigaro.fr16dec] : » *Nous ne pouvons pas faire de distinction dans les droits, que ce soit la PMA, la GPA ou l'adoption. Moi je suis pour toutes les libertés. Louer son ventre pour faire un enfant ou louer ses bras pour travailler à l'usine, quelle différence ? C'est faire un distinguo qui est choquant* ».

[104] Avec un montant de 1500 milliards de dollars en 2018, la dette étudiante en inquiète plus d'un (l'année universitaire à Harvard revient à 70.000 dollars). Annuellement, environ un million d'Américains ne

des États dont les montants pharamineux dépasse l'imagination. Notons au passage que la « cartographie » du mépris pratiquée sans retenue par les oligarchies médiatico-marchandes libérales-libertaires paraît avoir été tracée avec une certaine justesse dans un film – *Joker*[105] – qui fait actuellement un tabac sur les écrans internationaux… ou comment les laissés-pour-compte du paradis mondialiste montrent les babines et mordent les mains qui leur dénient le pain quotidien.

Le « Joker »… Fait social global

La cartographie de toutes les frustrations et humiliations des petites gens

Indépendamment des bas calculs des chefs syndicalistes, observe Pascal Célérier, « *ce qui s'est passé à la SNCF* [parlant de l'exercice par les cheminots – le vendredi 18, la

---

peuvent rembourser leurs emprunts [sputniknews.com29août18]. La dette publique cumulée à la dette privée des États-Unis s'élève au total à 73.000 milliards de dollars, soit plus de trois fois le PIB américain.

[105] « Jocker » de Todd Philipps. Août 2019. Actuellement sur les écrans.

veille des départs pour les congés de la Toussaint – d'un *droit au retrait* – autrement dit *des grèves sauvages* – ayant fait suite à l'accident du TER Charleville-Mézières/Reims qui avait percuté le 16 octobre un convoi routier exceptionnel bloqué sur un passage à niveau] *est en tous points semblable à l'explosion du mouvement des Gilets Jaunes ou de la grève des correcteurs du bac. Des professions ou des groupes humiliés, qui accumulent les rancœurs et qui, patients et dociles, donnent le change longtemps au point que les technocrates aveugles croient maîtriser la situation. Et puis vient l'étincelle, la mesure de trop. Le mépris de trop. Ou l'agression de trop. Parfois les trois en même temps*» [bdvoltaire.fr 25oct19].

Retour sur le plancher des vaches hexagonal

Et comment les choses pourraient-elles s'arranger quand on voit le tissu industriel national partir en fumée de façon aussi accidentelle que répétitive ? Ceci dans l'indifférence générale [106] … sauf quand ce sont les 5250 tonnes de produits chimiques de l'usine Lubrizol qui recouvrent la ville de Rouen d'un épais nuage visqueux. Chez nous, terre des *Céfrans* réfractaires – mais vrais *cochons de payants* – la colère sociale et fiscale flambe tout aussi ardemment qu'à Santiago, Bagdad ou Beyrouth. On y voit les soldats du feu, las d'être caillassés par d'impudentes racailles, prendre le relais des Gilets Jaunes et se faire traiter d'idoine façon :

---

[106] Toutes causes confondues, ce sont chaque année en France 350 000 incendies qui sont déclarés aux assurances dont 4% concernent des établissements industriels, soit un incendie toutes les deux minutes, 10 000 victimes et 800 décès. Après l'usine classée "Sevezo seuil haut" d'Achères le 3 juillet, un établissement de la Guerche-sous-l'Aubois (Berry) partait en fumée le 11 octobre 2019.

matraqués et noyés dans d'opalescents nuages de gaz lacrymogène.

Situation surréaliste, les forces de l'ordre chargent avec violence les pompiers tandis qu'a contrario les maigres troupes d'*Extinction Rebellion*[107] ont été libres à Paris pendant trois jours, de bloquer la place du Châtelet... sans évidemment émouvoir oncques parmi les édiles responsables de la libre circulation et de sa fluidité au cœur de la capitale (de ce seul point de vue les habitants de la capitale sont extrêmement gâtés avec quelques 7000 chantiers paralysants). Bref le pouvoir traite ses fonctionnaires comme il n'a jamais (su ou) voulu traiter les casseurs encagoulés, Antifas et Black Blocs... si utiles à briser les vitrines et piller en marge des cortèges de Gilets Jaunes pour mieux déconsidérer leur mouvement aux yeux myopes du citoyen lambda.

Un épisode inédit et inouï donc le mardi 15 octobre 2019, dans le sillage des levées en masse de tous les futurs spoliés de la *"réforme des retraites"*, ci-devant majoritairement membres de ces strates économiques moyennes-supérieures en voie de déclassement. Toute l'Hexagonie et l'Union *brexiteuse*, prétendument européenne, partent ainsi à vau l'eau, nefs ivres et rougeoyantes des braises de la colère populaire. *Non*

---

[107] Quand la chienlit s'installe place du Châtelet, à Paris ou à Londres, George Soros et les armées de la salvation messianique, ne sont jamais bien loin : « Le rabbin Jeffrey Newman, rabbin émérite de la synagogue réformée Finchley, située dans le nord de Londres, a été arrêté lundi dans le centre de Londres lors d'une manifestation d'*Extinction Rebellion* à laquelle il participait avec 30 militants juifs » [infos-israel.news18oct19].

fluctuat et mergitur ! Sans parler *in fine* des *dérisoires* quatre ou cinq cent mille opposants à la loi dite *de bioéthique* relative à la "procréation médicalement assistée pour *toutes*". Des batteurs de pavé qui n'obtinrent charitablement qu'une fugace mention au menu des journaux télévisés menteurs patentés par omission, entre la poire *futballistique* et le fromage *people trash* !

Lubrizol

Reste que certains incendies peuvent constituer plus ou moins, dans les faits, de précieux contre-feux récupérables à usage politique et médiatique. On l'a vu pendant la crise des Gilets Jaunes lorsque telle boulangerie explosa le samedi du 12 janvier 2019 rue de Trévise – à quelques encablures du siège du Grand Orient de France, et à quelques heures de l'Acte neuf des Gilets Jaunes alors que 5000 personnels des forces de l'ordre étaient sur le pied de guerre dans Paris *intra muros*, et à trois jours de l'ouverture du Grand débat National – causant plusieurs morts (dont deux pompiers) et une cinquantaine de blessés, déflagration due, selon M. Castaner, ministre de l'Intérieur, « *à une fuite de gaz* »… une cause certes plus crédible que le "*mégot*" de Notre-Dame !

Autre fait, mardi 5 février 2019, on ne peut plus opportun qui détourna l'attention de la "grève générale" du lendemain à l'appel des syndicats : un incendie criminel peu banal se déclarait peu après minuit dans le XVIe arrondissement de Paris, (allumé comme presque toujours par une déséquilibrée en mal de vengeance) faisant dix morts et une trentaine de blessés... Au total, nous eûmes en cette période de crise, un étrange chapelet de coïncidences (la *loi des séries* ?), mais avec à chaque fois des effets identiques : gommer, effacer l'actualité nationale immédiate, politique et sociétale, au profit d'un drame ayant sur l'opinion un fort potentiel spectaculaire de sidération.

Notons, même si les cas de figure peuvent paraître différents, que l'incendie de l'usine Lubrizol à Rouen le 26 septembre, n'aurait jamais dû avoir lieu en raison d'un systèmes de protection optimal. Qui connaît d'ailleurs à cet instant et avec certitude l'origine réelle du sinistre ? Gageons qu'en cherchant un peu l'on découvrirait un impressionnant mille-feuille d'ébouriffantes causalités pouvant avoir concouru à un accident si choquant qu'il mobilisait encore toute l'attention de la presse au moment où le président Macron subissait un très sévère revers en matière de politique européenne : l'humiliant retoquage – prévisible pour ne pas dire attendu – le 10 octobre 2012 (par 82 voix contre 29 et une abstention) de la candidature – présentée par l'Élysée[108] – de Mme Sylvie Goulard au poste de Commissaire européen au marché intérieur.

Sylvie Goulard

Ceci au motif substantiel d'une procédure judiciaire non close dans le cadre d'une affaire d'emplois fictifs liée au Modem (Parti de l'épais M. Bayrou), instruction à charge qui avait déjà entraîné sa démission le 21 juin 2017 du ministère de la Défense au sein du gouvernement d'Édouard Philippe, après seulement un petit mois d'exercice. Entendue et malmenée une première fois le 3

---

[108] M. Macron a élégamment aussitôt rejeté la responsabilité de cet échec sur la présidente de la nouvelle Commission, Mme Ursula Von der Leyen : » *Je me suis battu pour un portefeuille, j'ai soumis trois noms. On m'a dit* "votre choix est formidable, on le prend" *et puis on me dit finalement* "on n'en veut plus". *Il faut qu'on m'explique* » !

octobre (une semaine après l'incendie de Rouen), ce fiasco passe presque inaperçu au milieu des retombées toxiques de Lubrizol. Événement étrangement survenu à la suite d'un premier incendie (un essai manqué ?) dans un autre établissement du même groupe (appartenant au super milliardaire américain Warren Buffet), à Oudalle, dans le voisinage du Havre, le 3 septembre précédent. Dans l'impossibilité de tirer la moindre conclusion pertinente de faits au final passablement troublants, nous nous contenterons de penser que certains hasards calendaires sont parfois singulièrement concordants au regard de circonstances annexes, notamment politiques, économiques ou financières. On songera ici à la combustion de Notre-Dame.

L'Arlésienne Dupont de Ligonnès

Pour illustrer ce dernier propos, mentionnons un autre épisode plus probant... Le carnage à la petite semaine de la préfecture de police de Paris intervient le jeudi 3 octobre. La veille, le mercredi 2 octobre 2019 une impressionnante mobilisation rassemble plusieurs dizaines de milliers de policiers (22 000 à 14 h) dans une » *marche de la colère* ». Le malaise institutionnel est tangible chez les fonctionnaires de police avec en toile de fond une grosse cinquantaine de suicides et des retraites réduites à la portion congrue. Que dire, que penser dans ces conditions de cette inopinée tuerie au couteau (quatre morts : trois policiers et un agent administratif, et deux blessés) l'exact lendemain, le jeudi 3 octobre, dans l'enceinte même de la préfecture de police de Paris ? Une extraordinaire coïncidence ? Après coup, la « colère » des agents de la force publique aura été soufflée comme une bougie par ce sinistre fait divers – en outre, alors que la colère couve dans les services de police, toutes les inquisitions administratives deviennent *de facto* permises, islam ou pas islam, c'est-à-dire contre toutes les voix dissonantes !

Les fausses notes ne s'arrêtent pas là. Alors que la polémique bat son plein à propos de la responsabilité des autorités de la République dans un attentat trop évidemment islamiste, une semaine plus tard la presse annonce compulsivement l'arrestation d'un présumé assassin fantôme, Xavier Dupont de Ligonnès[109] en fuite depuis huit ans, retrouvé par miracle et arrêté à l'aéroport écossais de Glasgow. Le vendredi 11 au soir, des indiscrétions calculées émanant de l'autorité judiciaire française, informaient plusieurs médias – dont l'AFP – que les forces de l'ordre écossaises avaient procédé à l'interpellation de Dupont de Ligonnès à son arrivée à Glasgow en provenance de Paris, ceci sur la base d'une *dénonciation anonyme*.

Vérification faite de son ADN, l'homme était en réalité un certain Joao Guillaume, résidant à Limay. Cependant, la presse ayant été alertée précisément par le biais de "sources policières", le procureur de Nantes, Pierre Sennès, ouvrait sans délai une enquête[110] relatives aux fuites intempestives ayant déclenché la mise en branle des grandes orgues médiatiques… Et servi, du même coup d'éteignoir au débat faisant rage sur l'infiltration des Services de l'État – dans

---

[109] Soupçonné d'avoir exterminé sa famille, sa femme et ses quatre enfants au printemps 2011 à Nantes. Les cinq corps seront retrouvés enterrés dans le jardin familial le 21 avril 2011.

[110] Enquête confiée à l'Inspection générale de police nationale. Quelques heures après l'arrestation du supposé suspect, des "sources policières" hexagonales s'étaient empressées d'alerter la presse. Or la police écossaise dément avoir « *jamais confirmé* », même en privé, l'interpellation de Dupont de Ligonnès, alors que la partie française affirme avoir reçu quatre confirmations « *orales* ».

des secteurs aussi sensibles que le renseignement et la sécurité intérieure – par des musulmans fanatisés… tandis que des voix s'élevaient toujours plus haut pour exiger la démission d'un ministre de l'Intérieur trop souvent verbalement incontinent !

Cadavres exquis

Une série noire pour le pouvoir et une cascade d'embarras voire d'humiliantes déconvenues pour l'hôte de l'Élysée. Car tous ces couacs et ces *cadavres* si peu *exquis*, font infiniment désordre… Des cafouillages et des ratés que le coup d'éclat à propos de l'insaisissable Ligonnès n'est pas parvenu à effacer. Bref, un coup de *pub* qui ressemble à s'y méprendre à un *coup tordu*, autrement dit au lancement d'une *fausse nouvelle* en vue de leurrer l'opinion (avec l'active complicité des initiés manœuvrant la sphère médiatique) pour mieux détourner l'attention du public… Parce qu'il fallait d'urgence faire passer au second plan le scandale majeur que constituait l'attentat perpétré à la préfecture. Gardons en mémoire qu'initialement tout a été fait pour minorer l'événement et le mettre sur le compte d'un dérapage *isolé* et d'une détresse psychologique pour mieux évacuer d'entrée de jeu l'hypothèse terroriste.

Une ficelle un peu grosse à laquelle les Castaner et consorts pensaient pouvoir recourir une fois de plus. Mais *tant va la cruche à l'eau*… Simultanément il fallait à tout prix tenter d'exonérer l'État et le gouvernement de ce drame (*responsable* peut-être un tout petit peu d'exceptionnels *dysfonctionnements*, mais surtout pas *coupable*), non seulement afin de ne pas apporter de l'eau au moulin de l'opposition souverainiste anti-immigrationniste et *islamo-sceptique*, mais – regardant par-delà les hommes et les Partis – pour éviter qu'une telle péripétie contribue à remettre en question le dogme *philosophique* de La

République en Marche. En apportant par exemple un cinglant démenti au paradigme (nauséabond) du *vivre ensemble*, du pluralisme confessionnel, de la richesse nationale (!) produit de la diversité et finalement du métissage... si nécessaire à casser définitivement la matrice ethnoculturelle de la France aborigène.

Le foldingue agité du landernau macronien

À ce sujet, signalons que certains ténors de l'anti-pensée dominante ne se fatiguent plus à cacher leur jeu, déclarant sans ambages une guerre ouverte à ce qui pourrait encore subsister du Pays réel, de la France du bon sens et de l'enracinement... Le 4 octobre, l'agité foldingue proche du président Macron (dont il a été le parrain pour le lancement de sa carrière financière et politique), Jacques Attali, publiait un tweet assimilant le souverainisme au racisme à l'égard des musulmans et des juifs... « *Le souverainisme n'est que le nouveau nom de l'antisémitisme* » invitant ses suiveurs à consulter un texte intitulé « *Derrière le souverainisme, se cache trop souvent la haine des musulmans* »...Par conséquent « *juifs et musulmans, menacés tous les deux par* [le souverainisme], *doivent s'unir face aux fantasmes du grand remplacement* ». Ah mais ! La guerre est déclarée... sans fard.

D'une pierre trois coups : l'islam serait une victime au même titre que l'immémoriale judéité (sans que l'on sache très bien – qui le sait au demeurant ? – s'il s'agit en fin de compte d'une religion tribale ou d'un communautarisme ethnoculturel ?). Tertio, assener (et stigmatiser) le désir (légitime) de vouloir rester maître chez soi (*charbonnier maître en sa demeure* : tout homme, tout peuple n'a-t-il pas le droit absolu, irrévocable, de posséder un foyer national, pour lui et les siens ?)... Revendiquer peut-être en sus, l'exigence exorbitante d'avoir des enfants à sa semblance, de vivre parmi d'autres hommes parlant un même idiome et partageant l'héritage commun d'une longue mémoire ! Et bien non tout cela serait, d'après M. Attali, condamnable et méprisable, voué aux foudres de la loi érigée en juge suprême d'une morale invertie, autolytique et sortie on ne sait d'où... Qui ne peut être en tout état de cause, et ne sera jamais, la nôtre. Heureux M. Attali qui nage et folâtre comme un poisson dans le vaste bocal du cosmopolitisme déjanté le plus glauque. Gageons que lui non plus n'a pas pris le métro depuis quarante ou cinquante ans et qu'il ne s'aventure jamais, ô grand jamais, dans les zones de non-droit, là où pompiers[111] et policiers se font assaillir... et où de pauvres gamins issus de l'immigration se font eux-mêmes battre, et parfois trucider, à la sortie de leur école !

Pantalonnade au conseil régional de Bourgogne-Franche-Comté

Les retrouvailles manquées avec Dupont de Ligonnès relèvent bien entendu de la tartarinade... qu'elles ont été à n'en pas douter *un bête truc* précisément destiné à détourner les regards trop centrés sur les sales affaires de La République en Marche. Par le truchement de médias tout autant avides d'audimat que soumis à la nécessité d'apporter leur soutien inconditionnel à un pouvoir chancelant sous le poids de ses terrifiantes erreurs d'appréciation... En vérité, un État vecteur d'une idéologie intenable parce que destinée à se fracasser sur le dur roc du

---

[111] Pour la seule ville de Paris en 2018, 300 agressions soit une hausse de 60% par rapport à 2017. Chiffres révélés par France Info le 4 février 2019, trois fois plus que dix ans auparavant. En 2017, les soldats du feu ont eu à déplorer – selon l'AFP – 2 813 victimes (sur 4,7 millions d'interventions).

réel. *A fortiori* la pseudo affaire du Conseil régional de Bourgogne-Franche-Comté, après qu'un élu du Rassemblement national, Julien Odoul, eut demandé – le vendredi 11 octobre, huit jours après la boucherie préfectorale – à la présidente de faire retirer son accoutrement islamique à une accompagnatrice de groupe scolaire présente dans la tribune des spectateurs, est une manipulation patente.

Demande plutôt anodine aussitôt qualifiée d'*invective* par *Le Parisien* que l'on a connu mieux inspiré, c'est-à-dire avant qu'il ne dégringole dans les sentines du traficotage informationnel politiquement correct. Exhibition islamiste au demeurant de fort mauvais goût étant une évidente une provocation et l'atroce révélateur de la stupidité, de la veulerie et de la lâcheté de notre classe politique dans sa grande majorité. Dans une vidéo enregistrée sur les lieux, la *mère de famille* se montre réjouie et fière de son coup... De toute évidence, même si elle ne l'a pas fait dans cet unique but, elle est parfaitement consciente que ses simagrées de « *maman* » outragée vont faire passer à la trappe le petit carnage islamiste entre collègues de la Préfecture. Et la chose, dans son outrance, pourrait être du plus haut comique, si elle n'était à ce point consternante... la fragile et douce Fatima, cette *alma mater dolorosa*, ne sort plus, maintenant elle » *a peur de tout* ».

Pire, suivant *Le Parisien*, cette histoire » a détruit [sa] *vie* ». En conséquence de quoi, Fatima, la victime éplorée, a doublement porté plainte : à Dijon, pour » *violences en réunion à caractère racial* », l'autre, à Paris, pour » *incitation à la haine raciale* ». Le *Collectif contre l'islamophobie en France* – assurément grassement subventionné par nos deniers – s'est emparé bille en tête de l'affaire... L'avocat de la susdite, Mme Sana Ben Hadj, ne se gênant pas pour déclarer le 16 octobre : « *Ce n'est pas qu'une question de laïcité mais de racisme. On tente d'exclure les musulmans de la République... Ma cliente a été humiliée, son image a été diffusée partout, elle est très marquée et son fils voit un psychologue ».* Rien que ça ! Ce qui donne néanmoins la mesure de la guerre des mots, de la guerre psychologique et morale que nous livre désormais à ciel ouvert, des communautés conquérantes de l'espace public et qui entendent bien, à court terme, tenir le haut du pavé.

Place de la République à Paris ? Comme l'avait si bien dit M. Mitterrand, ces personnes sont *chez elles, chez nous...*

Le pouvoir panique : Le Drian va à Canossa et à Bagdad

Les islamistes ont vite compris l'intérêt (pour imposer le voile islamique autrement interdit par les textes), d'occuper le créneau de l'accompagnement scolaire laissé vacant par les Françaises suroccupées par leur travail... Activité professionnelle *libératrice* (du joug marital/patriarcal) et si utile via l'impôt, à l'entretien de toutes les populations assistées et subventionnées présentes sur le territoire national. Au reste 66% des Français consultés (sondage *Le Figaro* publié le 14 octobre 2019) se déclarent favorables à l'interdiction du voile lors de ces mêmes sorties collectives. Quant à l'université cairote d'Al-Azhar (référence en matière de doctrine islamique), elle statuait une fois pour toutes en 2017, à l'absence d'obligation stricte quant au port du voile islamique se référant au verset 31 de la sourate XXIV, strophe relative à la préservation de la pudeur des femmes musulmanes. Mais la raison ne viendra évidemment pas à bout du déchaînement des fanatismes, des dogmatismes et des sectarismes. La gent médiatique en a parfaitement conscience et, par extraordinaire, avait laissé son habituelle langue de bois au vestiaire quand il est apparu que l'offensive turque au nord de la Syrie était en passe de rendre leur liberté aux quelques dizaines de milliers de combattants djihadistes détenus dans les camps des forces kurdes abandonnées de la Grande Amérique.

On pouvait apercevoir, défilant sur les pupilles fiévreuses de nos journalistes et commentateurs, les images pourpres des nouveaux *Bataclan* à venir. Une peur panique, pour l'occasion non feinte, s'était installée dans les rédactions. Aussitôt, M. Le Drian, ministre de l'Europe et des Affaires étrangères depuis 2017, auparavant ministre de la Défense de 2012 à 2017, prenant son bâton de pèlerin, s'en est allé ce jeudi 17 octobre, à Canossa et à Bagdad… pour y négocier le transfert (on peut le supposer en contrepartie d'un gros paquet de millions) de "nos" takfiristes *français*… resterait à savoir si des gens qui déclarent la guerre au pays dont ils sont censés ressortir, en possèdent véritablement – ou légitimement – la citoyenneté ?

M. Le Drian aura demandé pour la forme à ses interlocuteurs que soient respectées les valeurs humanitariennes prévalant en France et dans l'Union, sachant pertinemment que sur les rives du Tigre la justice, dans un pays qui n'est pas encore sorti de trente années de guerre, y peut être singulièrement expéditive. Cachez ces potences que nous saurions voir ! En fin de compte, l'important n'est-il pas que les apparences soient sauves ?

21 octobre 2019

Une apocalypse
de moins en moins lente

4 novembre 2019

M. Yassine Belattar[112], histrion médiatique de son état, nous la baille belle... le 27 octobre, lors d'un rassemblement parisien contre l'islamophobie, le ci-devant, dans une envolée d'une arrogance nickel-chrome, nous avertit : « *Nous ne sommes pas dans un projet d'assimilation... La France doit s'habituer au fait que nous restons* [sic]... *Mon grand-père a défendu ce pays, mon père l'a bâti et moi je le revendique... Ils ne se rendent pas compte de ce que nous avons préparé, c'est-à-dire nos enfants* ». Si l'on comprend bien, nous autres céfrans arriérés, nous devons nous faire à l'idée que ces ouvriers de la 25ᵉ heure (dont beaucoup sont au vrai inscrits sur les rôles du *Revenu de solidarité active*),

---

112 Homme-orchestre, Wiki le présente comme un humoriste, un producteur radio et un patron de bar. Ses *affinités électives* nous disent tout sur le personnage... Ainsi en novembre 2011, il anime à Strasbourg le Festival du Changement aux côtés de François Hollande, d'Emmanuel Zemmour (Unef et ultérieurement conseiller d'Anne Hidalgo à la mairie de Paris) et de Guillaume Ayné directeur général de SOS Racisme fondé par deux fieffés communautaristes : Harlem Désir et Julien Dray.

« *sont chez eux chez nous* » comme l'avait très tranquillement déclaré avec sa proverbiale *"force tranquille"*, M. Mitterrand dès son accession au trône républicain. D'ailleurs, joignant aussitôt le geste à la parole, celui-ci prenait le contre-pied des politiques suivies par ses prédécesseurs et régularisait derechef 130.000 étrangers en *situation irrégulière*... Or si nous comprenons bien le sieur Belattar, c'est *nous* qui sommes désormais *chez eux*... aujourd'hui tolérés, demain parqués dans des bantoustans voire carrément expulsés et jetés sur les routes de l'exil ! Irons-nous alors recoloniser l'Afrique ? Madagascar ou la Cochinchine ? Le Canada nous acceptera-t-il notre arrivée en masse comme nous le fîmes pour le million et demi de pieds-noirs qui avaient eu à choisir *entre la valise et le cercueil* ?

Ajoutons que ces gens si arrogants, si sûrs d'eux et dominateurs, ne sont plus seulement installés avec les deux pieds sur la table devant leurs hôtes consternés et penauds (pensons : nous avons été si indifférents et si ingrats envers ces braves *soldats* de la République, ces formidables *bâtisseurs* de la France contemporaine première cause de sa prospérité, mais, à bien entendre ce magistral malotru, les indésirables, pour finir, ce seraient nous autres... Nous les regimbants et non ses petits et ses grands frères qui viennent de cramer dans la nuit du 31 octobre 2019 une école et un collège à Béziers [113] comme au bon vieux temps des

---

[113] Dans la nuit du jeudi 31 octobre, une école primaire, un collège et plusieurs véhicules ont été incendiés dans le quartier de la Devèze. Un quartier où l'État a beaucoup investi, en vingt ans près de 300 millions d'euros. Aucun autre quartier de Béziers n'a bénéficié d'autant d'argent. « *C'est un échec. L'intégration et tout ce qui tourne autour de la politique de la ville sont un échec. Ils nous ont déjà brûlé des aires de jeux. Une aire de jeux, proche de cette école, a été brûlée 15 fois* » Robert Ménard maire de la dite ville... Quinze fois ! Chiffre qui laisse

émeutes de 2005 dans la Grande couronne ? Ou mieux encore, ont incendié à Chanteloup-les-Vignes (Yvelines), dans la nuit du samedi 2 au dimanche 3 novembre, le chapiteau d'un "centre des arts de la scène et du cirque" inauguré en juin 2018 après avoir tendu une embuscade aux forces de police et aux pompiers, au cours de ce que la presse qualifie pudiquement de *nuit de violences urbaines*... Caillassages, tirs de mortiers pyrotechniques, les forces de l'ordre étaient attendues par vingt à trente individus munis de bâtons et bien décidés à en découdre. Ne nous aveuglons pas : ce que nous nommions les *territoires perdus de la République* sont en fait devenus d'authentiques zones d'interdiction où islamistes et narcotrafiquants réalisent une *convergence des luttes*, des causes et des intérêts que nos malheureux concitoyens insoumis, segmentés dans leur revendications, sont bien incapables de réaliser.

Le droit leur appartient

Au reste n'ont-ils pas tous les droits en tant que force nouvelle et prolifique ? De même que *la terre appartient à ceux qui la cultivent*, la France appartient dorénavant à ceux qui la mettent en coupe réglée, ce pays laissé en déshérence par ses anciens occupants frappés de caducité et pour beaucoup tombés dans la dépendance du grand âge, ce pays ne leur revient-il pas de droit ? Les migrants ne sont-ils pas de ce point de vue, parfaitement dignes d'éloges pour fournir les gros bataillons d'*auxiliaires de vie* procédant à la toilette de personnes hors d'âge que le grand philanthrope

---

rêveur lorsqu'on nous bassine avec la pauvreté de ces soi-disant quartiers-ghettos pour *pauvres* grassement subventionnés.

Jacques Attali préconisait d'euthanasier passée la soixantaine en raison de leur coût social ? Le grand-père puis le père de M. Belattar – *bis repetita placent* – n'ont-ils pas, sans discussion possible, *défendu* et *bâti* ce pays ? Ce qui sous-entend que rien (ou pas grand-chose) n'existait avant eux. Qu'ils l'ont en quelque sorte *inventé* et qu'en vertu du principe de causalité, ils en sont à présent les seuls véritables légitimes propriétaires. Qu'en conséquence, ils sont libres, en application d'un postulat du droit romain *"usus et abusus"*, d'en faire ce que bon leur semble... Brûler les écoles, les bagnoles, les églises (par exception Notre-Dame serait une chasse gardée de Services très spéciaux jouissant d'un monopole quant à l'exercice de la vengeance divine dévolue à certains titulaires héréditaires de cette charge séculière), abattre les croix dans les cimetières, considérer nos dodues oies-blanches et nos chères bécasses comme un gibier chassable, tirable et plumable à toute heure et en toutes saisons... Dernier épisode remarquable, le pillage du trésor inestimable de la cathédrale d'Oloron-Sainte-Marie (inscrite au patrimoine mondial) et située dans les Pyrénées Atlantiques sur les chemins de Saint-Jacques-de-Compostelle. Attaquée par un commando, ceux-ci ont utilisé une voiture-bélier pour briser l'une des portes latérale de la cathédrale dans la nuit du 4 novembre. Un vase et une statue vandalisés ont été retrouvés abandonnés sur le parvis de la cathédrale.

Toutes choses impensables ou impossibles si le *Gaulois*, trop peu réfractaire à *la racaille d'en bas*, n'était aussi bien cornaqué et ahuri par *la canaille d'en haut*, laquelle regarde nos *sauvageons* (expression datée de 1999, due à M. JP Chevènement alors ministre de l'Intérieur de M. Jospin ayant fait scandale) avec les yeux de Chimène et la couvre d'une prodigieuse manne pécuniaire tirée directement de nos escarcelles. À la décharge des *fromages* (variante argotique de céfrans, gwers et autres babtous[114]), rappelons que les leucodermes hexagonaux ont été infestés par de terrifiants parasites idéologiques (égalitarisme, universalisme, relativisme, subjectivisme, egolâtrie, etc.) qui les ont privé de tout libre arbitre, de toute véritable autonomie du consentement, de toute raison critique.

Dans un tel cadre, on comprend comment, sous couvert de laïcité, l'islam fournit d'inépuisables troupes d'assaut utiles à éliminer – ou à réduire à la portion très congrue – ce qui subsistait encore d'identité spirituelle de la France d'hier. Outre le métissage, promoteur de la destruction de l'identité génétique des populations autochtones, l'islam est une imparable machine de guerre contre l'Église, l'Ecclésia, autrement dit contre une communauté des croyants millénaire et jusqu'ici spirituellement homogène... résultat du prix fort payé à l'occasion des guerres de religion, commençant en 1562 pour ne prendre véritablement fin qu'en 1598 avec l'édit de Nantes. Pour ne pas conclure M. Bellatar dans une belle envolée lyrique nous dit en fin de compte ce qui nous attends... sans coup férir (en douceur mais sûrement) : « *ce que nous avons préparé, c'est-à-dire nos enfants* » ne disant ni plus ni moins que le président algérien, Houari Boumediene, annonçant en 1974, deux ans après l'indépendance, qu'» *un jour, des millions d'hommes quitteront l'hémisphère sud*

---

[114] » *À cette heure-ci il n'y a qu'une petite babtou fraîche de base, assez folle pour venir me love dans la marge* » Despo Rutti, Les Sirènes du charbon, 2006 – « *J'suis pas un sale babtou gars, garde ta bouche à poucave... Quand j'étais petit je voulais kicker les grands me disaient : dommage que tu sois blanc* » Guizmo, « Sales Babtous d'négros feat. Nekfeu & Alpha Wann » Normal 2011 – « *Les gwères sont toutes des putes ouais d'puis qu'Maïté t'a quitté* » Abdallah, "Attentat 2 – Boutique de Morsay" 2012 [cf.dictionnairedelazone.fr].

pour aller dans l'hémisphère nord. Et ils n'iront pas en tant qu'amis. Ils iront là-bas pour le conquérir, et ils le conquerront en le peuplant avec leurs fils. C'est le ventre de nos femmes qui nous donnera la victoire »... Et en effet le ventre toujours fécond de l'Orient est en passe – si ce n'est déjà fait – d'avoir opéré une colonisation à front renversé... Sans combat si ce n'est celui du messianisme des droits de l'homme, régnant sans partage depuis 1945, qui depuis soixante-quinze ans conduit une guerre inexpiable, culturelle et spirituelle, semant en Europe un extraordinaire chaos intellectuel et moral... dont les effets pourraient bien se traduire par des fleuves de sang et d'épouvantables misères... Songeons au sort des chrétientés d'orient qui n'ont cessé de fondre et de se dissoudre depuis un siècle.

Car pendant que le pouvoir amuse la galerie avec la *procréation médicalement assistée*, l'avortement ayant été érigé en Droit fondamental et sacré (ce qui en dit long sur le degré d'inversion mentale aujourd'hui atteint), qu'arrive le débat sur le droit à mourir dans la dignité (*l'euthanasie pour tous*) et bien les migrants nantis d'un authentique esprit de conquête prosélyte, ne pratiquent pas le *coïtus interruptus,* les céfranes se sont, elles, converties à *l'interruption volontaire de grossesse,* au carriérisme et au vagabondage sexuel, ceci pour ne pas être en reste sur une gent masculine préférant de nos jours résolument la *teuf* au *taf*[115].

La valise, la conversion ou le cercueil

---

[115] wiktionary.org/wiki/taf

Tout cela est bel et bon, mais si l'on tourne les regards vers le Septentrion, là où la social-démocratie a pris de l'avance sur les pays latins, les populations dans l'incapacité de faire bouger le monolithe idéologique qui les écrase, préfèrent, plutôt que de supporter les nuisances qui accompagnent les transferts de populations, tailler la route, changer de zones ou carrément de pays... un peu comme ces fermiers afrikaners, plutôt que de se faire assassiner à domicile (ce à quoi les expose une politique prévoyant des expropriations de terres agricoles sans indemnité) émigrant en Géorgie, en Nouvelle Zélande ou en Australie. La Suède de Greta Thunberg nous offre un avant-goût des comportements qu'il nous faudra adopter d'ici peu. Finies les marches blanches pour les filles violées et assassinées bestialement, finis les oursons en peluche déposés sur les trottoirs entre deux pisses de chien et des chandelles rouges à la flamme vacillante, il deviendra préférable de prendre la tangente et de pratiquer la fuite salvatrice.

Mi-octobre la télévision suédoise diffusait un reportage relatif à la crise « existentielle et financière » que traverse Filipstad, ville forte de dix mille âmes. Jim Frölander, responsable de l'intégration au sein de l'administration municipale déclarait sans ambages : « nous vivons un changement de population. Pensez ce que vous voulez ... Mais tel est le constat, c'est ce que nous vivons et c'est ce à quoi nous devons faire face ». En effet, entre 2012 et 2018, 640 Suédois *de souche* ont quitté Filipstad tandis que 963 allochtones venaient s'y installer. Les partants appartenant aux classes d'âge comprises entre 20 et 64 ans, étaient bien entendu en capacité d'exercer des métiers productifs (d'où une perte nette de recettes fiscales pour une ville devant faire face à une lourde pénurie budgétaire). Pour compléter le tableau, écoutons ce qu'en dit lui-même le maire de Filipstad, Claes Hultgren : « À Filipstad, nous avons environ 750 adultes originaires de Syrie, de Somalie, d'Érythrée, d'Afghanistan et d'Irak ... Dans ce groupe de population, le chômage est très élevé, le niveau d'éducation très bas et personne ne peut vivre sans recourir à l'aide sociale. Ces personnes vivent à l'écart du reste de la société et risquent de ne jamais sortir de l'exclusion qui est la leur aujourd'hui. Leur exclusion impacte par ailleurs, lourdement l'économie locale ».

En un mot, *la plupart des nouveaux arrivants ne possèdent pas les qualifications minimales pour accéder au marché du travail* ou ils n'y accéderont que très difficilement et dans tous les cas seront à la charge, en partie ou en totalité de la communauté. Dans ce cas de figure, parfaitement emblématique du projet totalitaire européen, seule l'idéologie messianique du métissage l'emporte... Périssent les peuples et les économies, et pour la Suède le fruit de deux siècles de développement (auparavant, avant la révolution industrielle du XIXe siècle – à partir de 1850 – basée sur la sidérurgie et le charbon, elle était un pays agraire d'une grande pauvreté), pourvu que les racines et le terreau vital du « nationalisme » honni soient extirpés, à savoir l'homogénéité ethnique, culturelle et confessionnelle. Mais, rétorqueront les chantres du nouvel Eden cosmopolitiste, un migrant est un humain comme les autres et dispose des mêmes droits que tout un chacun, qu'ils soit productif ou non, c'est un « humain » et rien que cela. Face à la tyrannie des *universaux* négativiste de toutes spécificités et singularités, nous n'avons qu'à rendre les armes et laisser le champ libre aux incapables majeurs, aux parasites et aux assistés à perpétuité.

L'avenir radieux des Nations arc-en-ciel

Nous ferions bien de méditer l'exemple sud-africain. Une terre quasiment vierge défrichée par des laboureurs hollandais. Aujourd'hui ces mêmes fermiers, assassinés et persécutés, en sont réduits à fuir le pays de leurs pères. Au cours des années 90, les autorités ont recensé quelque 250 000 afrikaners assassinés. Les données d'Interpol pour l'Afrique du Sud établissent actuellement le nombre d'homicides et de tentatives d'homicide à 48 000 par an, pour 56 millions d'habitants contre 2000 lorsque la police de l'apartheid était à l'œuvre pour s'interposer entre combattants Xhosas et Zoulous (à titre de comparaison 700 meurtres annuels en France pour 67 millions d'habitants). Deux meurtres sur cinq visent des blancs, soit 40% des victimes et depuis 1994 ce sont 70 000 Blancs qui ont été lâchement assassinés. La démocratie raciale est à cet égard un indéniable franc succès. Un clou chasse l'autre. On comprend alors pourquoi Brandon Huntley, âgé de 31 ans, est allé jusqu'à demander officiellement l'asile au Canada après avoir été attaqué la bagatelle de sept fois dans sa ferme en raison de la couleur de sa peau.

Au demeurant se faire traiter au quotidien de "chien blanc" est chez nous d'une grande banalité… Hélas cela commence par des gros mots et finit souvent par des coups. L'*Institut sud-africain des relations raciales*, le "South african institue of Race relations" (notons que les races existent officiellement en RAS, même si chez nous, pays des Lumières, le mot a été supprimé de la Constitution) révélait en 2018 qu'entre 1995 à 2005 ce sont 800 000 sud-africains blancs âgés de 25 à 35 ans, qui ont quitté leur pays. Chiffres impressionnants si on les rapporte à la population sud-africaine dont seulement 10% des 49 millions de Sud-africains sont de race blanche. Nous savons ce qui nous guette au terme du processus d'expropriation maintenant déjà très engagé. À bon entendeur salut !

4 novembre 2019

L'extinction des chrétientés d'Orient

10 novembre 2019

Le 28 janvier 2016, le patriarche syro-catholique Ignace Joseph III Younan dénonçait à Rome le « *cauchemar* » vécu par les chrétiens d'Irak et de Syrie et « *l'indifférence* » de l'Occident à leur égard exprimant la crainte que « *ces pays ne suivent la voie de la Turquie où l'on ne peut pratiquement plus parler d'une présence chrétienne* ». Évoquant la ville chrétienne de Karakoch, jusqu'en 2014 le dernier grand fief, des catholiques assyro-chaldéens à soixante kilomètres de Mossoul dans la plaine de Ninive, avant de tomber aux mains de l'État islamique. Ajoutant : « *que le nombre des chrétiens a également dramatiquement diminué en Syrie. Dans les années 50, les chrétiens étaient environ 19% et ils sont aujourd'hui à peine 5% !* »… « *Notre cauchemar, notre plus grande angoisse, c'est qu'il puisse se produire en Irak et en Syrie ce qui s'est déjà produit en Turquie* » dont les dernières communautés d'Anatolie orientale ont été démantelées sous couvert et sous prétexte de lutte contre les marxistes kurdes du PKK… à l'époque où Mme Daniel Mitterrand s'étant entichée d'eux militait ardemment pour leur cause ! Comprenons que derrière un humanisme bêlant se situaient aussi et surtout des intérêts géopolitiques, à savoir ceux que présentaient une riche enclave pétrolière enfoncée dans le flanc d'une Turquie post-kémaliste en pleine réislamisation et naguère reliée par un oléoduc au terminal de Haïfa au temps de l'IPC, *l'Irak Petroleum Compagny...* Bien avant que ces mêmes infrastructures portuaires ne servent au transit du brut extrait en Syrie par l'État islamique.

Avec le traité de Lausanne signé le 24 juillet 1923 qui mettait fin à la Grande guerre sur le front oriental et consacrait l'assomption de l'athéiste Kemal Pacha, les grandes communautés chrétiennes de la façade méditerranéenne furent expulsées lors d'un « transfert » massif de population au coût humain exorbitant. Il fut officiellement question de cinq cent mille morts chez les Grecs d'Asie mineure. Chiffre terrifiant auquel s'ajoute celui des quelque sept cent mille syriaques exterminés à la suite des grands massacres génocidaires (un million et demi de victimes) perpétrés entre 1915 et 1916 à l'encontre des Arméniens par le pouvoir Jeune Turc... composé d'hommes pour la plupart formés à Paris, Londres ou Genève aux vertus ineffables de la démocratie participative ! Pour mémoire, Kemal Pacha, dit le Père des Turcs, Atatürk, initié Franc-maçon, fut l'un des fers de lance de la révolution Jeunes Turcs... dont l'islamiste Erdogan se réclame aujourd'hui paradoxalement haut et fort.

Toffee VEHA-Gorillha

Huit jours avant la déclaration du patriarche Joseph Younan à Rome, l'Agence France Presse relatait l'arrestation le 20 janvier 2016 à Jérusalem d'un voyou âgé de seize ans qui s'était rendu coupable d'inscriptions ignominieuses sur les murs de l'Abbaye de la Dormition. Le fait serait anecdotique s'il ne s'inscrivait dans une longue série d'incendies d'édifices chrétiens, de profanation de symboles sacrés, qui depuis lors n'ont cessé de se multiplier. Depuis de années des fanatiques religieux

– mais pas seulement, pensons à cette émission de la télévision israélienne dans l'émission Toffee VEHA-Gorillha du 6 janvier 2013 au cours de laquelle Jésus sous l'effigie d'un singe en peluche, était crucifié pour la plus grande joie du public – se livrent en Eretz Israël et dans les Territoires palestiniens, sous l'appellation » *Le prix à payer* », à des agressions et des actes de vandalisme contre les non juifs leurs églises et leurs mosquées. Pour ceux qui l'ignoreraient une détestable habitude – hélas bien ancrée – veut également que dans ruelles de la vieille ville de Jérusalem, les hassidiques crachassent sur les prêtres et les religieux chrétiens. Régulièrement les tribunaux ont à connaître de telles affaires, mais c'est évidemment peine perdue. La presse équitable parle à ce propos de « guerre des crachats » oubliant que ceux-ci sont à sens unique et que les victimes supportent, subissent sans mot dire !

The Israeli Children TV show "Toffee VeHa-Gorillah" a Girl in Bikini makes fun with a monkey of how Jesus Christ was Crucified and how all Christians are Evil.

Située sur le Mont Sion à Jérusalem-Est, à l'extérieur des murailles de la ville sainte, là où se déroula la *Cène*, le dernier repas de Jésus avec ses apôtres au cours duquel fut dévoilé le mystère de l'Eucharistie, l'abbaye de la Dormition – au demeurant annexée par l'État hébreu – avait déjà été visée par diverses exactions : ainsi en mai 2014, le mobilier et des croix avaient brûlé au cours d'un incendie criminel. Allant crescendo en janvier 2016 dans l'insulte et la menace, l'on pouvait lire sur son portail : « *Que le nom de Jésus soit effacé* », » M*ort aux mécréants chrétiens, ennemis d'Israël* », « *Les chrétiens en enfer* » ou encore « *Nous devons massacrer les païens* ». Un dessin figurant un sabre ensanglanté portait la mention : « *La vengeance du peuple d'Israël viendra* »… Un appel au meurtre sans aucune ambigüité qui – peut-être – s'est accompli à Notre-Dame de Paris le 15 avril 2019 sachant que sous le règne de St Louis, il y a tout juste 777 ans, eu lieu devant la cathédrale sur la place de Grève, l'autodafé d'exemplaires manuscrits du talmud… acte de justice décidé à l'issue d'une controverse – *disputatio* – ayant opposés des clercs catholiques à ceux de la synagogue.

Israël veut-il faire disparaître les chrétiens palestiniens ?

Le rédacteur en chef de "Palestine Chronicle", Ramzy Baroud tire la sonnette d'alarme à propos des chrétiens palestiniens – la plus ancienne des communautés chrétiennes – dont les effectifs fondent à un rythme alarmant, préférant l'émigration plutôt que de subir les avanies et vexations de tous ordres dues au gouvernement israélien pour lequel ils ne sont le plus souvent que des « *animaux à deux pattes* ». Une formule peu amène rencontrée fréquemment dans la grande presse hébraïque et que bien des responsables politiques n'ont pas répugnée à employer. Or, le 15 octobre dernier des représentants chrétiens de divers horizons se retrouvaient à Johannesburg pour débattre sur le thème de « *La Terre sainte : une perspective chrétienne palestinienne* ». Inutile de dire que ces perspectives sont aujourd'hui fort sombres !

S'appuyant sur les estimations du nombre de chrétiens palestiniens vivant en Terre sainte avant 1948 la guerre israélo-arabe et la Nakba (la *grande catastrophe*), il appert que le nombre d'habitants chrétiens a quasiment été divisé par dix au cours des soixante-dix dernières années. Un recensement effectué en 2017 par le *Bureau central des statistiques de Palestine* est arrivé au chiffre effarant de 2% de la population palestinienne, soit 47 000 chrétiens vivant encore en Cisjordanie occupée (principalement à Ramallah, Bethléem, Jérusalem-Est) et dans la bande de Gaza – vaste *camp de concentration à ciel ouvert* où les chrétiens se voient refuser jusqu'à la faculté d'assister à la messe de Noël à Bethléem – où subsiste une micro communauté chrétienne résiduelle de onze cents âmes... En 1967, on en dénombrait encore 2 300 ! En séparant les chrétiens les uns des autres et de leurs lieux sacrés, le pouvoir israélien s'emploie à l'évidence, délibérément, à affaiblir les liens sociaux, spirituels et personnels unissant les éléments de leur communauté nationale et détruisant par-là même, chez eux, le sentiment identité collective. Or désormais les choses vont vite, très vite... !

[palestinechronicle.com30oct19].

Il y a 70 ans, Bethléem, lieu de la Nativité, était encore chrétien à 86%. Or après juin 1967 et la Guerre dite des Six jours sanctionnée par l'occupation israélienne de la Cisjordanie, la composition confessionnelle de la cité changea du tout au tout... Situation qui ne cesse de s'aggraver depuis 2002 et la progression de la construction du « Mur » destiné à isoler Jérusalem, nouvelle capitale de l'État juif (depuis que Washington a avalisé une situation de fait) du reste de la Cisjordanie. Territoire de moins en moins palestinien et de plus en plus dévorée par les trois cent mille colons juifs qui s'y sont installés et le grignotent années après années avec la complicité silencieuse des médias du *Monde libre.*

Une recherche menée par l'Université Dar al-Kalima à Beit Jala en Cisjordanie, publiée en décembre 2017, est parvenue à la conclusion que « *la pression de l'occupation israélienne, les contraintes permanentes, les politiques discriminatoires, les arrestations arbitraires, la confiscation des terres ajoutaient au sentiment général de désespoir des chrétiens palestiniens* » créant « *une situation dans laquelle ceux-ci n'entrevoient plus le moindre avenir pour leurs enfants ou pour eux-mêmes* ». Au demeurant, prenant le contre-pied des affirmations selon lesquelles des chrétiens palestiniens partiraient en raison de tensions intercommunautaires et interconfessionnelles (musulmans contre chrétiens), Ramzy Baroud soutien que celles-ci n'ont aucun fondement. Rappelons à ce sujet qu'à l'origine de la résistance palestinienne à l'occupation, se trouve un fort contingent de chrétiens. Deux chrétiens grecs orthodoxes, Georges Habache et Constantin Zureik, tous deux les créateurs, en 1967, du FPLP, le *Front populaire de libération de la Palestine*, autrefois bête noire de l'occupant sioniste.

Il est clair que la stratégie d'éviction des chrétiens de Palestine s'inscrit dans un projet plus vaste, celui de réaliser un État juif aussi ethniquement homogène que possible en repoussant les Palestiniens au-delà de frontière israéliennes vers la Jordanie… suivant à la lettre le plan Oded Ynon révélé en 1982 dans la revue Kivounim, projet de Grand Israël du Nil à l'Euphrate… dont les agents d'influence hébreux – universitaires, médiacrates et diplomates – n'ont pas cessé depuis sa première publication d'en nier l'authenticité. Admettons l'évidence les conflits au Levant sont essentiellement des guerres ethno-confessionnelles voire eschatologiques, les concurrences géoénergétiques, certes très réelles, servant d'écran à cette authentique *ultima ratio*.

La fin des chrétiens d'Irak

Parallèlement à Ramzy Baroud, le journaliste de France Inter, Aurélien Colly découvrait – mais mieux vaut tard que jamais – le 28 octobre 2019 que l'Irak, avant la chute du régime baasiste et de Saddam Hussein, était l'un des pays qui comptait le plus de chrétiens au Proche-Orient. Je me souviens personnellement qu'avant 2003 à Washington, d'éminents stratèges se préoccupaient grandement des Kurdes ignorant l'existence des 400 ou 500 000 chrétiens, majoritairement catholiques assyro-chaldéens, qui peuplaient encore l'Irak à cette époque. L'embargo, la guerre américano-sioniste, puis Daech firent le reste.

Écoutons l'aimable Aurélien Colly, découvreur de midi à la dix-septième heure… « À Karakoch [voir supra] le clocher de l'église est effondré. Les chrétiens en Irak étaient environ 1,5 million en 2003 [ignorance et manque de rigueur caractéristique chez la plupart des journalistes], ils sont aujourd'hui moins de 500 000 [évidemment beaucoup moins]. Pour les chrétiens d'Irak, l'exode a commencé après la chute du régime de Saddam Hussein, mais a pris des proportions inédites avec la proclamation du khalifat. Tombée aux mains de Daech en 2014, Karakoch (Bakhdida) la plus grande ville chrétienne d'Irak, a été libérée en 2017. Le père Amer Yaco raconte… *Je n'ai pas les chiffres exacts, mais ce que je sais par des officiels ou par les recensements de l'Église, qu'il y avait près de 50 000 chrétiens à Karakoch. Aujourd'hui, il y a environ 5000 familles, à peu près 21 000 personnes, soit 45% des familles de la ville ont quitté l'Irak avec Daech ».* Daech avait alors donné trois options aux chrétiens : se convertir, partir ou mourir. Mieux il est vrai, un choix plus riche, que « *la valise ou le cercueil* » du FLN offert en Algérie (1962) à nos compatriotes. Si Daech est officiellement décapitée avec l'élimination physique d'Al Baghdadi, la désespérance est cependant toujours de mise... au micro d'Aurélien Colly un habitant témoigne : « *Ça fait 4 ans que j'ai fait une demande d'immigration, via l'OIM, pour quitter l'Irak, mais j'attends la réponse. On n'a pas grand espoir car nous n'avons pas beaucoup de droits et nous sommes encerclés de toute part. Certes Daesh est parti, mais ils sont toujours là et leur idéologie perdure et nous sommes des mécréants pour eux* »...

« Les chrétiens irakiens sont donc partis, certains au Kurdistan irakien d'où une large partie a ensuite trouvé refuge en Australie, en Europe, au Canada ou aux États-Unis. D'autres sont revenus... mais la plupart ont quitté la Mésopotamie sans désir ni espoir d'y revenir un jour ». À Mossoul un archevêque a pourtant été nommé, mais pour qui pourquoi ? Au cœur de Mossoul gît effondrée, la Tour de l'Horloge édifiée en 1870 par les pères dominicains et abritant les cadrans d'un mécanisme offert par l'impératrice Eugénie en retour de la clepsydre envoyée en présent par le khalife Haroun al-Rachid à Charlemagne, empereur de l'Occident. Un archevêque donc pour une communauté à bout de souffle expirant au milieu des décombres qu'un État central s'avère incapable de relever depuis Bagdad ? Cité où déferle maintenant une colère populaire grandissante. Les Gilets Jaunes à la puissance dix qui, près de la place Tahrir – la place des Martyrs si bien nommée – ont déjà laissé au moins deux cents des leurs sur le carreau.

Finalement nous ferions bien de méditer ce qui se passe depuis trente ans, 1990 et la chute du Mur de Berlin, au Proche-Orient, en Mésopotamie, dans le Golfe persique, au Levant et dans la Péninsule arabique. Comprendre la logique des événements qui continue de dévaster l'Irak, la Syrie, le Yémen… et la Palestine devrait peut-être, si nous en sommes encore capables, nous permettre de prévenir d'amers déboires qui s'annoncent infiniment prévisibles. Pensons à la montée des communautarismes en France et aux djihadistes que le président Erdogan a annoncé vouloir mordicus nous renvoyer. Ah les beaux jours à venir quand ceux que nous avons si généreusement et stupidement accueillis au nom d'un post rousseauisme aussi pathologique que débridé, nous demanderons à leur tour de nous soumettre ou de nous démettre.

10 novembre 2019

5 décembre « Le » choc ?

24 novembre 2019

L'Élysée se barricade à l'approche de la tornade sociale annoncée pour le 5 décembre, coup d'envoi d'une contestation XL (*extra large*). Les conseillers de M. Macron font grise mine sous les ors de lambris pâlissant dans le crépuscule présidentiel, cela sent « La chute » ! Eh oui, nous sommes loin de la bacchanale *trans* de la fête de la Musique du 21 juin 2018. L'heure n'est plus à la joie mais à la *pétoche*[116]. Maintenant le président *branché* serre les fesses, plaignons-le ! À tel point qu'il prévoit d'annuler ou d'écourter ses déplacements à l'étranger, à telle enseigne qu'il ne se rendra pas en Espagne en décembre pour la conférence climatique mondiale dite COP 25… Mais il ne manquera pas d'assister à Jérusalem en janvier prochain, nonobstant le chaos politique régnant en Eretz Israël[117], aux côtés d'une poignée de dirigeants –

---

[116] « *Brigitte a les pétoches… On est gouverné par la peur :* le couple Macron redoute une insurrection » [gala.fr16nov19]

[117] Après treize années d'exercice sans partage du pouvoir et alors que l'impasse politique est totale, M. Benjamin Netanyahou, ex premier ministre israélien se démène comme un beau diable afin d'empêcher la constitution d'un gouvernement excluant sa précieuse personne. Il doit prochainement – ce qui lui pendait au bout du nez depuis fort longtemps – comparaître sous les accusations de *corruption, fraude et abus de*

parmi lesquels Vladimir Poutine, mais aussi les présidents fantoches allemand, italien, autrichien Frank-Walter Steinmeier, Sergio Mattarella et Alexander Van der Bellen aux côtés d'esquisses de rois, celui d'Espagne et de Belgique – à la commémoration de l'holocauste, en principe prévue pour être « *le plus grand rassemblement de l'histoire consacré à la lutte contre l'antisémitisme* ». Bon sang ne saurait mentir ! Et puis *les dieux modernes ont soif* et M. Macron sait où est son devoir…

La *teuf* semble (enfin) finie !

My kingdom for a horse

Mon royaume pour un cheval[118]… la République en Marche est à bout de souffle et à bout de faux fuyants. Le *Grand débat* du premier semestre 2019 et ses interminables monologues, n'a pas vraiment eu le retentissement ou

_____

confiance [timeofisrael.com 21nov19].

[118] William Shakespeare « Richard III » Acte V scène 4.

l'effet désiré. N'ont été convaincus que ceux qui avaient a priori envie de l'être, en témoigne le 102ᵉ Congrès des Maires de France porte de Versailles devant lequel président Macron est venu faire la danse du ventre mais dont le discours de clôture, le 23 novembre, imprégné de pathos, en a écœuré plus d'un. Promettant une fois de plus de réformer en profondeur la fiscalité locale et d'aboutir à la suppression *progressive* de la taxe d'habitation pour 80% des Français – ce qui sera un cruel manque à gagner pour nombre de collectivités territoriales – M. Macron n'a fait que se paraphraser sans vraiment se rendre compte qu'il conduit les territoires au bord de la rupture. Ne se sentant ni écoutés, et encore moins entendus, beaucoup de maires ont d'ailleurs boycotté cette très inutile et assez coûteuse *grand-messe* (500 € *par tête de pipe*). De même que près de la moitié d'entre les 35 498 maires (dénombrement au 1er janvier 2017) hésitent encore ou renoncent à se représenter aux prochaines élections municipales. Faut-il préciser qu'à ce stade le divorce entre les territoires et le pouvoir central devient une réalité palpable ? Disons-le carrément la France profonde, celle de la province et des terroirs, est volontairement oubliée, autrement dit sacrifiée. Elle n'intéresse pas *le gratin* urbain, elle ne rapporte rien hors de certains secteurs comme l'agro-industrie… Entre 2000 et 2016, un quart des exploitations agricoles hexagonales a disparu et aujourd'hui, un quart des chefs d'exploitation est âgé de plus de 60 ans, le désert français est ainsi condamné à progresser toujours davantage chaque année. Pas étonnant dans ces conditions que les meilleures terres et les vignobles prestigieux sont de plus en plus souvent acquis par des multinationales étrangères, chinoises, nippones ou coréennes. La France des grandes périphéries est véritablement *hors courant* pour être devenue au mieux une sorte de *variable d'ajustement* et/ou une vaste jachère postindustrielle. Mais aussi… un authentique gisement de mégas revenus fiscaux au regard des juteuses taxes qui en sont extraites ; notamment vu l'importance de sa consommation en hydrocarbures divers (essence/gasoil/fuel domestique) proportionnelle à la dispersion spatiale et à l'éloignement des infrastructures et des services.

En attendant la déroute finale, le pouvoir, impuissant à gérer la *casse sociale* qu'il a délibérément laissée se développer (effet de la mondialisation de l'économie, associée au processus de fédéralisation engagé au sein de l'Union européenne et à l'intégration euro-atlantique en cours via, par exemple, le *Traité de libre-échange transatlantique* – ne sait plus sur quel pied danser face à cette France périphérique et rurale qui se sent totalement abandonnée. La Fronde des Gilets Jaunes n'aura pas été de ce point de vue – et de loin – un simple feu de paille mais, en toute logique, doit ou devrait se réembraser à la première occasion, pendant ou après le 5 décembre prochain, conjointement ou indépendamment des mouvements sociaux orchestrés par des organisations syndicales en perte de vitesse mais ayant au demeurant – peu ou prou – partie liée avec le pouvoir macronien.

Les syndicats : courroie de transmission d'un pouvoir apatride

Remarquons au passage, cette drôle d'alliance paradoxalement contre nature entre ce qui fut naguère l'essence de la Gauche, l'*internationalisme prolétarien* qui, jetant bas le masque, se révèle être ce qu'il a toujours été un cosmopolitisme débridé. La République en Marche n'est que la mise en pratique du grand métissage fusionnel dans le creuset de la termitière universelle, le but ultime de la Révolution léniniste… lequel se contrefichait du prolétariat russe (amplement massacré et déporté[119]) ne visant que la révolution mondiale (conception attribuée à tort au seul Trotski) et rien d'autre. Bref le grand rêve messianique de la Jérusalem terrestre (en réalité le *bagne pour tous* parce qu'il ne saurait y avoir de construction du socialisme sans réduction générale au statut d'esclave[120]) se trouve tout entier contenu dans le discours de Sarkozy à l'école polytechnique de Palaiseau 17 décembre 2008 et ses menaçantes envolées lyriques relatives au métissage obligatoire sous la férule de l'État : ... *Mesdames et Messieurs les ministres, Mesdames et Messieurs, La France ne serait pas la France sans la passion de la République, de ses valeurs et de ses principes. La France ne serait pas la France sans la passion de la liberté, de l'égalité et de la fraternité qui est le propre de la République...* Et du « *métissage qui n'est désormais plus un choix mais une* obligation » à laquelle il peut plus être question de se dérober. Lors de la campagne présidentielle de 2012 le candidat du *Nouveau Parti anticapitaliste* (faux-nez de la Ligue communiste révolutionnaire), Philippe Poutou (et pitre utile), confronté à des journalistes facétieux (une fois n'est pas coutume) qui lui faisaient remarquer à quel point son programme de disparition des frontières ressemblait

---

[119] Cf. « Le mythe sanglant de la révolution d'octobre 1917 ». Texte téléchargeable sur : https://www.academia.edu/35085880/Le_mythe_sanglant_de_la_Révo lution_doctobre_1917.

[120] Nous renvoyons les sceptiques à « L'archipel du goulag » (1973) d'Alexandre Soljenitsyne ou encore à l'élégant et cruel dessin animé franco-cambodgien « Funan » (2018) relatif à la réduction en esclavage du peuple khmers par les bons apôtres du collectivisme à visage inhumain. Tout est dit dans cette œuvre, tous les mécanismes de la servitude y sont décrits.

furieusement à celui de Wall Street. Interloqué celui-ci ne sut que répondre « *moi ce que je veux, c'est la liberté* ».

À propos de cette Gauche syndicale déliquescente, émanation du Parti communiste, rappelons qu'en mai 2017, le Secrétaire général de la Confédération générale du Travail (CGT), Philippe Martinez souhaitait que « Macron fasse le score le plus haut possible » [lemonde.fr5mai17]. Mais, forcée de constater la dynamique engendrée par le mouvement des Gilets Jaunes, la centrale syndicale tentait rapidement de réinvestir la vague déferlant depuis le 17 novembre après l'avoir dénoncée début octobre comme un mouvement d'extrême droite reprenant en cela la rhétorique gouvernementale. Sous la pression de sa base, la direction syndicale revenait sur sa position (alignée sur celle du ministère de l'Intérieur), prenait le train de la contestation *en marche* et diffusait le 27 novembre un tract visant explicitement à récupérer la colère populaire à son profit... et par voie de conséquence, en sous-main, subrepticement, au bénéfice d'un macronisme expression de la nouvelle gauche cosmopolitiste, déracinée, apatride, ultra libérale-libertaire. Dans ce cas récupération est assimilable à neutralisation : retenons cette manœuvre utile à sauver un peu de l'audience perdu (un reliquat de part du marché syndical) par les organisations professionnelles de Gauche et à servir paravent de protection (désamorçage et canalisation de la colère) au pouvoir. Bref, comprenons que les syndicats sont des éléments intrinsèques, des rouages, du système, ils aident et participent à son maintien, sa stabilité et à sa consolidation.

Un morceau d'anthologie : « Le mouvement des GJ exprime depuis le 17 novembre dernier, le ras-le-bol d'un peuple qui n'en peut plus d'être taxé, humilié, exploité, méprisé par un pouvoir toujours plus distant de sa réalité... Comme vous, nous vivons dans un monde que nous n'avons pas choisi, où celles et ceux qui luttent subissent au quotidien la propagande gouvernementale, la répression policière, l'utilisation politique des *"casseurs"*, les mensonges des médias... Beaucoup d'entre nous ont partagé vos mobilisations, gilets au coude à coude, même si nos *"gilets"* sont *"rouges"*... Notre objectif commun est de redonner le plus rapidement possible le pouvoir de décision au peuple, par le peuple, pour le peuple. Un pouvoir qui lui revient pleinement de droit » [syndicollectif.fr/cgt-appel-aux-gilets-jaunes 27 nov 2018].

Ici, la dénonciation des « casseurs » ne manque pas de sel, sachant, que la CGT, utilisent à l'occasion les Antifas pour faire interdire de parole telle ou telle personnalité invitée à s'exprimer dans des cercles militants... n'hésitant pas, par le biais de ses nervis, à menacer ceux qui oseraient mettre à disposition des lieux de réunion. La boucle est – provisoirement – bouclée : il n'existe pas de *solution de continuité* entre le pouvoir, la gauche et l'extrême gauche violente si utile à déconsidérer les GJ et à tarir leurs rassemblements. À l'heure actuelle, les discussions ne vont-elles pas bon train pour réunir les lambeaux épars des verts, sociaux-communistes et des *modérés*, afin de redistribuer le gâteau territorial entre les différentes factions résiduelles de la Gauche et du Centre. Les marchandages électoraux sont déjà et seront intenses pour le plus grand accomplissement de la démocratie participative, n'est-ce pas ?

Black-blocs et Antifas nervis et supplétifs

Il faut insister sur l'extrême habileté (et l'efficacité) avec lesquelles le pouvoir est parvenu à casser les GJ, à les conduire à l'épuisement ou apparemment, à la fin du printemps dernier, à la quasi extinction. Effectuons un récapitulatif sommaire des méthodes employées ... Dans les rassemblements, plutôt que de repousser les manifestants vers des issues de sortie comme cela doit se faire pour éviter les incidents, la technique vicieuse de la *nasse* (bouclage) a été systématiquement utilisée avec en sus, gazage surabondant, tirs de grenades *offensives* dites de désencerclement, matraquages, le tout combiné avec l'usage non restrictif de balles de caoutchouc… en fait, avec des munitions non initialement prévues par les *lanceurs*, qui se sont révélées très vulnérantes. Une répression à fort coût *collatéral*, mais à cause de cela à fort impact psychologique et particulièrement dissuasive: manifester son rejet de la politique gouvernementale vaut-il de perdre un œil ou une main, d'avoir la mâchoire fracassée, les côtes enfoncées ?

Chacun a pu voir cette stratégie encore à l'œuvre à Paris, place d'Italie, à l'occasion du 53ᵉ Acte, le samedi 16 novembre, jour anniversaire de l'*Insurrection civique*[121] commencé à l'automne 2018. Une nouvelle victime d'un tir de *balle de défense* – un journaliste indépendant – fut atteinte au visage. Comment ne pas penser que ces tirs sont intentionnellement destinés à blesser et à mutiler ? Qu'ils sont en l'occurrence un moyen singulièrement odieux de dissuader les citoyens de faire entendre leur ressenti face à une insupportable mal-gouvernance ? Noyée sous les fumées des incendies de poubelles et les gaz lacrymogènes, au milieu des véhicules retournés et en flammes, des abribus saccagés, le monument dédié au maréchal Juin vandalisé et partiellement détruit, la place présente dès la fin de matinée le charmant spectacle du chaos le plus achevé… Devant ces « *violences et exactions* », en début d'après-midi, la préfecture de police décide d'annuler la manifestation pourtant licite au moment précis où elle

---

[121] Voir « Gilets Jaunes l'insurrection civique » Jean-Michel Vernochet – Le Retour aux Sources, www.leretourauxsources.com

devait quitter la place d'Italie. Pontifiant, le préfet Didier Lallement[122] déclarait : « *cette manifestation rassemblait des individus ne défendant pas une cause, mais procédaient à des destructions... et à des attaques systématiques contre les forces de sécurité et contre les pompiers* ». Mais qui s'est montré incapable de filtrer l'accès à ce point de rassemblement ? Qui a autorisé cette concentration en un lieu encombré de chantiers (quelques-uns parmi les 7000 travaux publics ouverts par la mairesse de Paris, Mme Hidalgo, qui défigurent la capitale et y rendent la circulation impossible) et des matériels afférents ? Du pain béni pour les casseurs qui purent trouver sur place, à domicile, tous les projectiles et les combustibles propices à leur chienlit et à leurs violences. Alors si les autorités ne sont pas seulement laxistes, elles sont a fortiori complices.

À la panoplie réputée sublétale des moyens physiques de répression, est venu s'ajouter le recours à des instruments juridiques aussi spécieux que discutables : *participer c'est se rendre complice des vols et des exactions* commis en marge de manifestations par les *casseurs*... un terme générique qui évite de désigner nommément les Antifas et les Black-blocs, ces *supplétifs* avons-nous dit, des forces de l'ordre, jamais arrêtés ni déférés devant un tribunal de flagrant délit, mais au contraire toujours laissés la bride sur le cou sous l'œil de caméras complaisantes. Facile ensuite de brouiller l'image des GJ, apolitiques et pacifiques au départ, qui, associés (ou amalgamés) aux actes

---

[122] Interpellé par une manifestante icelui refusant de lui répondre, eut ce mot éminemment révélateur de l'actuel état d'esprit des autorités de la République en Marche : « *nous ne sommes pas du même bord !* ». Paroles emblématiques d'une guerre déclarée par le *Pays légal* au *Pays réel*...

juridiquement répréhensibles et moralement condamnables de ces bandes de nervis – au service évident de la place Beauvau – se voient durement discrédités. Dans le même ordre d'idée, le recours aux brigades anticriminalité [Bac], non formées pour les opérations de maintien de l'ordre (et dont les personnels ont parfois la même allure – à s'y méprendre : dégaine identique type *caillera* – que les bandes de casseurs), s'est avéré contre les GJ d'une certaine efficacité en contribuant à discréditer et à déconsidérer le mouvement auprès de la partie de la population la moins concernée ou la moins politisée.

Aucun doute n'est à présent plus envisageable : les Black blocks – répertoriés, fichés, suivis, noyautés et infiltrés à satiété – sont et ne sont que des auxiliaires de police utiles voire indispensables à la survie du pouvoir républicain dans ce qu'il a de plus exécrable, par conséquent, protégés et intouchables. Déplorons que certains policiers et gendarmes, mal rémunérés, mal récompensés et bien peu considérés, pourtant sans doute parfaitement conscients de cette situation, de ces manipulations et des coups tordus qui en résultent, continuent à obéir *passivement*, préférant à l'occasion le suicide (pour des causes jamais publiées) à la désobéissance… Quoique le droit de refuser de suivre un ordre immoral soit reconnu par la loi ! Il s'agirait en outre de connaître les « *règles d'engagement* » édictées par le sommet de la pyramide administrative. Qui décide et de quelles façons sont-elles interprétées aux différents échelons de la hiérarchie policière et par qui ? Depuis 1972, de nouvelles dispositions réglementaires priveraient en principe les auteurs (ou les complices) d'une action contraire aux lois et coutumes de guerre, de faits délictueux ou criminels la faculté de s'abriter derrière l'ordre reçu si celui-ci apparaissait comme illégal. Les forces de sécurité publique devraient à ce titre se rendre à l'évidence qu'elles ne protègent ni la population, ni l'ordre (soi-disant) républicain, mais essentiellement la *canaille* des palais nationaux (fidéicommis de la haute finance) et une classe dirigeante grassement prébendière, ceci avec l'aide d'une anarcho-racaille... un rôle naguère dévolu à la populace des bas-fonds, le *prolétariat en haillons*, le lumpenprolétariat de Karl Marx !

La République gère fort mal mais se défend à merveille

Les liens entre les casseurs, l'État et la Gauche néo-communiste met donc en évidence ou souligne une collusion à peine occultée entre le pouvoir, des groupes activistes et violents et des organisations politiques et syndicales chargées de récupérer le mouvement, de le canaliser pour mieux le désamorcer... en un mot pour mieux le faire rentrer dans le jeu de dupe du syndicalisme compradore. La soi-disant opposition de Gauche n'étant, vue sous cet angle, qu'une composante du système, un rouage parmi d'autres du mécanisme politique *systémique,* c'est-à-dire dont toutes les composantes – même et surtout oppositionnelles – concourent à la pérennité de l'ensemble... nous invitons sur ce point le lecteur à méditer le chef d'œuvre de George Orwell « 1984 » !

Le rejet général des violences de la part de l'opinion publique, concernant en premier lieu les atteintes perpétrées contre des symboles de la Nation tels le musée de l'Arc-de-Triomphe ou dernièrement, le monument du maréchal Juin, tout comme les incendies de commerces, de banques, suscite sans équivoque une réprobation aussi intense que spontanée. Déjà parce que ces comportements sont dissonants par rapport à l'expression d'un mécontentement populaire – certes profond – mais toutefois, dans sa vocation vécue, non encore insurrectionnel. En raison également de l'imprégnation des foules par le préjugé idéologique démocratique, selon lequel la pression populaire de la rue serait susceptible de *faire avancer les choses* et même de les transformer... même si les récents « *Printemps arabes* », leurs échecs patents ou bien d'autres événements en cours à travers le monde, montrent la vacuité d'une telle illusion.

Instinct de conservation, Gouvernance mondiale et Europe réelle

Pour ne pas conclure, la *bonne* gestion policière du mouvement grâce à une répression ne laissant aucune place aux états d'âme, laquelle se complète par un épais faisceau de techniques manipulatoires des GJ eux-mêmes et de l'opinion en général, démontre à l'envie – s'il en était encore besoin – la nature *machiavélienne* pour ne pas dire perverse d'un pouvoir qui, à défaut d'être apte à gérer intelligemment le pays dans l'intérêt de tous, met toutes ses capacités et ses forces à le mettre au pas. Constat qui doit tempérer nos espoirs immédiats (ou notre optimisme) et nous convier à toujours plus de réalisme et de détermination...

Là, dans ce hiatus interne au système, pourrait néanmoins se trouver la pierre de touche du mouvement populaire face à un pouvoir incapable de surmonter la contradiction « essentielle » d'un pouvoir réduit à quadriller le territoire national dans l'obligation qu'il est de *soumettre* le pays réel pour mieux le faire entrer dans le moule de la mondialisation (à ne pas confondre avec une *modernisation* servant de prétexte). Concrètement l'État – lequel fait preuve d'une consternante absence d'imagination quant aux voies et moyens utiles à la liquidation en douceur de la Nation [123] – s'évertue à employer mécaniquement des politiques d'austérité draconiennes (sous couvert de cahier des charges, de livre de recettes, de procédures sèchement comptables), sans le dire ouvertement et sans y parvenir vraiment (tel le nécessaire dégraissage des effectifs pléthoriques de l'état : 5 666 000 fonctionnaires et assimilés au 31 déc. 2017)... on *rabote* sur tout mais sans finesse, ni véritable discernement. On travaille à la hache et à la louche !

Nos gouvernants s'occupent d'abord du *service* de la dette (cette dernière atteint 100% du Pib ; soit environ 2 231,7 mds d'euros ; même si aujourd'hui – pour le moment – les taux d'intérêts sont asymptotiques à zéro), mais jamais de son remboursement. Le refinancement se faisant chaque année par de nouveaux emprunts sur les marchés internationaux ce qui revient à creuser sans fin et abyssalement le déficit public. Tout ceci afin de se plier au dogme ultra libéral de l'effacement des frontières et du *laisser-faire laisser passer*, de *la main invisible* et une *concurrence pure et parfaite...* Fumées opiacées de l'Utopie toujours meurtrière !

La Révolution française étant ontologiquement – dans son être intime – une révolution libérale, M. Macron, en digne héritier et continuateur, va au bout de cette logique démentielle. Retenons pour finir que l'idéologie ultra libérale (celle de l'École de Chicago et du Nobel Milton Friedman) a opéré depuis longtemps sa jonction avec l'école freudo-marxiste dite de Francfort... Or c'est bien la convergence de ces deux courants de pensée

---

[123] Cf. « *L'Imposture ou la déconstruction de l'État souverain* » JM Vernochet - Kontre Kulture 2018.

révolutionnaires qui nous conduit à l'écroulement sociétal, politique, moral et spirituel que nous connaissons à présent. Toutefois, l'arbre ne devant pas cacher la forêt, comprenons que ce qui est en cause n'est ni plus ni moins que le projet messianique de disparition des peuples et des nations en tant que communautés organiques relativement homogènes aux plans ethnique, confessionnel, historique et culturel au profit de la termitières ou du mouvement brownien des monades leibniziennes.

Et c'est bien ce contre quoi, consciemment/inconsciemment, intuitivement, se sont dressés les GJ dont la « colère » n'exprime – plus ou moins – que le refus de mourir, en un mot une authentique manifestation de l'instinct de conservation… Raison pour laquelle, quelle que soit la forme que cette insurrection civique prendra, les GJ ne sont pas morts et ne sont certainement pas prêts de s'effacer du paysage. Même s'il paraît à première vue, aux yeux de nos pseudo élites déracinées et nomades (elles prennent l'avion comme la France profonde prend sa voiture pour aller acheter son pain… ce qui est d'ailleurs à déplorer) plus facile de diriger un magma humain (ou une mosaïque constituée d'éléments étrangers les uns aux autres, culturellement, confessionnellement, ethniquement) qu'une communauté pensant et réagissant majoritairement à l'unisson.

Au demeurant ne nous serine-t-on pas tous les jours que Dieu fait, que le *nationalisme c'est la guerre,* tout comme l'Union fédérale européenne serait « La paix » ! Tout comme pour le sieur Attali « *le souverainisme, c'est la haine, le racisme* » et même – fallait-il l'oser ? – « *de l'antisémitisme* »… Première et apparemment unique préoccupation de nos élites ! Diviser pour régner est devenu aujourd'hui une devise et une règle universelle, la gouvernance par le chaos sociétal… La théorie du genre, la guerre des sexes, l'islamophilie et la haine de soi, l'ethnomasochisme et au bout la confusion universelle. Comprenons alors l'insurmontable contradiction à laquelle se trouvent confrontés les larbins du mondialisme anoméen, anarcho-libéral, qui doivent à la fois conduire cette *Grande transformation* et procéder dans l'urgence des agendas planétariens, à la dissolution des États-Nations et à la destruction des peuples nés dans la matrice des temps historiques.

Cruelle contradiction que M. Macron essaie vainement ces derniers jours de dépasser en nous bassinant et en tentant de nous endormir avec de quotas d'immigration sachant que ce sont de quatre à cinq cent mille étrangers qui s'installent durablement chaque année en France. Reste que le brassage des peuples (principalement avec l'Afrique dont un scientisme dévoyé nous ressasse chaque jour qu'elle serait le berceau de l'humanité), est une priorité et un *impératif* auquel les dirigeants européens ne sauraient déroger... Avant que l'Europe réelle ne s'aperçoive (ou ne prenne conscience) que si elle décidait d'exister en tant que puissance organisée (sous forme d'une confédération par exemple), elle serait la première économie planétaire... et le reste avec !

À la fin de l'été, au début de l'automne nous avons vu se succéder une multitude de mouvements revendicatifs catégoriels : hospitaliers urgentistes, policiers (le 2 octobre la veille de l'attentat à la préfecture de police de Paris, ce qui a, en raison de l'émotion suscitée, a soufflé comme un bougie l'extraordinaire manifestation policière de la veille ; nous ne ferons pas plus ample commentaire sur la succession nécessairement fortuite de ces deux événements !). Puis l'on a vu défiler les professions libérales – avocats, médecins – décidés à sauver leurs caisses de retraite autonomes (et autofinancées), ainsi que les pompiers matraqués et gazés comme jamais les Blacks blocs ne le furent. Enfin la manifestation transcourant (plusieurs centaines de milliers de personnes passées sous silence et méprisées par la presse) contre la Loi sur la bioéthique (PMA ouvrant évidemment la voie à la GPA en dépit des mensonges éhontés de ses promoteurs) agrémentée des arguties et démonstrations grotesques développées par le duo de choc Buzin-Belloubet, respectivement ministre de la Santé et garde des Sceaux. La liste des protestations est bien loin d'être close et nous verrons ce qu'il en est le 5 décembre car tout laisse à penser que de nouvelles éruptions de mécontentement et de ressentiment sont à prévoir et à très court terme… Au final, malgré toute son habileté à manier le verbiage et à rouler les gogos dans la farine, la question se pose désormais de savoir si, réellement, M. Macron parviendra bien au bout de son mandat. Pari tenu ?

24 novembre 2019

L'épée de Damoclès

9 décembre 2019

Laissons Hong-Kong de côté, le cas est à part, six mois de "mobilisation pour la démocratie", certes une épine dans le pied agaçante pour le nouvel Empire du Milieu, mais rien de comparable aux révoltes des peuples contre la corruption et l'impéritie de leurs gouvernements grondant aux quatre coins de la planète. Idem pour l'Iran qui est aussi un cas particulier étant à l'heure actuelle une cuve de fermentation soumise aux rigueurs d'un asphyxiant embargo. Mais en Perse, nous ne sommes ni en Ukraine sur le Maïdan ni a fortiori en Colombie, à Bogota où l'agitation – peut-être bien *made in America* – a contraint le président Evo Morales à plier bagages pour trouver refuge au Mexique[124]. En Iran, la

---

[124] Le 17 janvier 2019, une voiture piégée explosait devant l'École nationale de police de Bogota faisant 20 morts et des dizaines de blessés. Proclamé vainqueur de la présidentielle du 20 octobre, Evo Morales après avoir nationalisé les gisements de lithium, prétendait effectuer un quatrième mandat. Le 11 novembre, fuyant l'hystérie populaire (et ne voulant pas subir le sort de feu Kadhafi) il était exfiltré dans un avion militaire mexicain à destination de Cochabamba. Donald Trump en conclut que *» ces événements envoient un signal fort aux régimes illégitimes du Venezuela et du Nicaragua, que la* démocratie *et la* volonté du peuple *triompheront toujours »*. Une reprise en mains de l'Amérique latine qui n'est pas sans rappeler la mise au pas du Chili en

marge de manœuvre d'éventuels agents des révolutions colorées demeure au demeurant assez restreinte tant les Gardiens de la Révolution, les Pasdaran, veillent au grain. Maintenant accordons une mention très spéciale à l'Irak et à Bagdad avec ses dizaines de morts presque quotidiens.

Un lieu privilégié où notre générosité proverbiale nous a fait apporter la Démocratie – ce faux nez de la dictature messianique – au prix d'inouïs flots de sang tels que l'islam n'en a jamais fait couler en Occident. Sachant il est vrai que les hordes arabo-berbères et les armées de pillards armées d'une idéologie de conquête et fortes du prétexte absolutoire de la conversion à la vraie foi par le fer et le feu, ont l'excuse (pour ne pas avoir perpétrés de massacres terriblement extensifs) de n'avoir pas eu à leur disposition les moyens d'abattage industriels dont les armées modernes font un usage décomplexé[125] : bombardiers stratégiques, drones, missiles, obus à l'uranium appauvri, phosphore blanc et cætera. Soulignons qu'il n'est plus question pour nos *croisés* du XXe et XXIe siècle – a contrario de leurs grands prédécesseurs – de sécuriser les routes de pèlerinage, ce qui fut le but originel des croisades. Non, si les néo-croisés du dieu dollar guignent en priorité l'or noir (et accessoirement la *sécurité* de l'État hébreu), c'est sous le noble prétexte de diffuser le pernicieux évangile des

---

1973.

[125] Timour le Boiteux, Tamerlan, a lui aussi laissé un souvenir impérissable à Bagdad en annihilant sa population le 9 août 1401 et en faisant appeler à la prière sur des pyramides-minarets de têtes coupées. Plus tôt, en 1258, Houlagou Khan, petit-fils de Gengis Khan, ayant écrasé l'armée abbasside, en avait déjà exterminé les habitants.

Droits de l'Homme[126]. Un Alcoran autrement meurtrier et dévastateur que celui attribuable au prophète Mahomet.

Le travail de démocratisation s'est à ce titre poursuivi (après le printemps 2003 et l'éradication du régime baasiste honni), au cours des décades suivantes par le truchement de gouvernements corrompus jusqu'à la moelle, vecteurs directs ou inconscients d'une guerre civile de basse intensité. En tout cas en faisant rimer démocratie avec la destruction de ce qu'avait si habilement édifié et consolidé la dure férule du raïs Saddam Hussein[127]. Ajoutons que ce sont les dirigeants de Bagdad qui, en évacuant Mossoul en catastrophe le 10 juin 2014, vont doter le Khalifat fondé le 24 juin suivant d'armements lourds et lui ouvrir à cette occasion un boulevard pour sa conquête de la Syrie et de ses champs pétrolifères. Merci à l'Amérique innocente par définition.

L'opération s'est ensuite poursuivie avec la diffusion générale du chaos au Levant (Syrie) et dans la Péninsule arabique (Yémen). Le chaos dit *constructif* étant en vérité un moyen inappréciable de gouvernance très adapté à nos temps incertains... Situation dont profite avec délectation l'État hébreu qui, pour jeter un peu d'huile sur le feu, effectue sans discontinuer des frappes bien senties (à défaut

---

[126] La vulgate des DdH n'étant pas pour l'heure protégée par la loi, il est encore licite de la dénoncer pour ce qu'elle est.

[127] Notons que ce musulman tiède avait l'image de la Vierge près de son lit. De même le paysan qui l'avait recueilli lors de sa traque par les armées de la République universelle, était visiblement un catholique assyro-chaldéen, les images d'archives en témoignent. Cf. « Zabiba et le roi - *Par son auteur* » (Saddam Hussein 2000) - 2003 pour l'édition française.

d'être toujours bien ajustées) aux confins syro-irakiens et ailleurs, pratiquant en outre avec une maestria inégalée l'assassinat ciblé grâce à ses drones... Le 20 novembre au matin, Tsahal, fort d'une impunité putative, revendiquait des frappes de « *grande ampleur* » en Syrie, au motif et « *en réponse* » à des tirs de roquettes effectués la veille depuis le territoire syrien... Ceci après l'élimination de l'un des chefs du Jihad islamique palestinien, Abou al-Ata [timeofisrael.com12nov19]. Chacun aura parfaitement compris que l'agresseur est en réalité la pathétique victime !

Bref, Bagdad est très certainement le lieu où l'affrontement est actuellement le plus dur entre les appareils politiques compradores *suceurs de la sueur et du sang* du peuple (mille fois pardon de recourir à une terminologie inspirée de la logomachie léniniste), et doit à ce titre servir d'exemple – si ce n'est de modèle en tant que *Mère de toutes les révoltes* [128] – aux mouvements d'insurrection civique qui se multiplient, s'internationalisent et se durcissent davantage chaque jour que Dieu fait... Éthiopie, Guinée, Liban, Chili... et bien sûr l'Algérie qui vote ce 12 décembre, tout juste une semaine après la mobilisation nationale du 5 en France. Manifestations qui ont vraisemblablement regroupés un ou deux millions de grévistes à travers l'Hexagone, soit quatre ou cinq fois les estimations officielles... Mais le mensonge statistique n'est-il pas l'un des outils d'excellence et de référence dans la panoplie répressive du pouvoir ? Défilés organisés en principe pour la sauvegarde de pensions de retraite décentes *pour tous* et pas seulement pour la défense des statuts privilégiés et des intérêts ou *avantages*

---

[128] C'est à Bassora, grande ville portuaire du Chatt-el-Arab, que sont apparus pour la première fois en 2015 des manifestants en Gilet Jaune.

cyniquement corporatistes de la *Régie autonome des transports parisiens* et de l'ex *Société nationale des chemins de fer français*. Nous y reviendrons.

Algérie l'épée de Damoclès...

En Algérie le danger est aussi imminent que proportionnel à la merveilleuse discrétion des médias quant à la charge fulminante représentée par l'Algérie engendrée des œuvres du FLN (*Front de libération national*) et qui ne se maintient ou qui n'existe plus ces derniers temps qu'avec le soutien implicite de Paris... Où l'on se repaît depuis 1962 des tombereaux d'injures et de venin que déversent sur l'ancienne métropole les cliques successives au pouvoir à Alger. Sachant que ce sont cinq millions d'Algériens sur trois générations (chiffres vérifiés – cf. France Culture le 6 décembre 2019) qui se trouvent à présent détenteurs de la nationalité française et que ce sont 700 000 votants (dont 200 000 binationaux) qui sont appelés à voter aujourd'hui depuis un territoire français fortement algérianisé, on saisira la dimension du problème !

L'on sait que la décision du président Abdelaziz Bouteflika, pourtant semi grabataire, de briguer un cinquième mandat, a provoqué une vague de manifestations pacifiques à partir du 22 février. L'ampleur et la ténacité de la contestation l'ont conduit finalement à démissionner le 2 avril, néanmoins la mobilisation s'est poursuivie exigeant le départ de l'appareil politique dans son ensemble et l'engagement d'un processus de refonte constitutionnelle. Dans cette optique, l'Hirak (*le Mouvement*) rejette catégoriquement la tenue de l'élection présidentielle du 12 décembre. Les cinq candidats (dont quatre sont d'anciens ministres de Bouteflika) ayant été adoubés par l'homme fort du gouvernement transitoire, le général Gaïd Salah, les Algériens ne voient en fin de compte dans ce plébiscite qu'un moyen grossier pour le système de se maintenir et de se prolonger. Un scrutin qui a donc la folle allure d'une boîte de Pandore dont nul ne sait ce qui en ressortira… Or, si les élections ne sont pas ajournées et si la reformation de l'Algérie n'est pas au rendez-vous, craignons dans le cas d'un raidissement du pouvoir, qu'une lame de fonds migratoire – nouvel exode ou nouveau reflux – ne vienne s'abattre sur la France au ventre mou. Hypothèse en rien catastrophiste ou irréaliste, hélas bien au contraire. Dans ce cas de figure, ce ne seront plus annuellement quelques centaines de milliers de migrants hypnotisés par notre système d'assistanat social (32,1% du Pib en 2016 soit 714,5 milliards d'euros selon l'Ocde), le plus *généreux*, ou plutôt le plus suicidaire de la planète, qui débouleront et s'incrusteront sur notre sol, mais un ou deux millions d'Algériens se sentant tout à coup pénétrés d'un grand amour pour l'ancien colonisateur hier perpétrateur de *crimes contre l'humanité* aux dires de M. Macron

Abdelaziz Bouteflika et son successeur intérimaire Gaïd Salah

Rappelons que l'Insee (*Institut national de la statistique et des études économiques*) montre en dépit ou par-delà de l'interdiction légale des statistiques ethniques (*savoir* est strictement prohibé par le Système) que nous avons vingt-cinq millions de ressortissants français ayant au moins un ascendant d'origine extra européenne. Un calcul élémentaire – en partant de la population de 1945 à laquelle on appliquerait le ratio annuel des naissances – permet d'établir le chiffre approximatif des Français de souche vivant encore dans ce pays, soit entre trente et quarante millions d'âmes, certainement pas plus. De ce point de vue le grand remplacement a déjà eu lieu, même si l'on ressasse l'air mauvais qu'il s'agit d'un vilain mythe complotiste… afin de mieux nous chloroformer ! Aussi M. Macron ne se gêne-t-il pas pour pousser à la roue rabotant autant que possible les pensions de retraite des derniers *babyboomers*… Dont les enfants et petits-enfants ne bénéficieront donc désormais plus (ou beaucoup moins) des soutiens financiers et matériels que leur apportaient leurs parents et grands-parents.

En effet, pour ce qui est des largesses de l'État providence, cette manne céleste est réservée au sel de la terre et refusée d'entrée de jeu aux *souverainistes, racistes* et *antisémites*, bourreaux et persécuteurs structuraux des *juifs* et des *musulmans* dixit Jacques Attali[129]. Et puis, pour faire avaler ses réformes de force, l'État confie aux syndicats façon *Confédération générale du travail* la mission d'encadrer et de canaliser (pour mieux les dévoyer) la grogne, la colère et les révoltes spontanées, à commencer par celle des Gilets Jaunes… afin d'empêcher tout débordement et de rester dans le cadre républicain grâce auquel défiler ou voter ne servent à rien ou à pas grand-chose… Par "débordement" entendons *in fine* la convergence, non pas des luttes, mais de quatre cents ou cinq cent mille manifestants vers le palais de l'Élysée, le

---

[129] Le 4 novembre 2019 sur *attali.com* le site qui ne se mouche pas avec le pied.

palais Bourbon ou les studios de TF1… *Horresco referens !* Une évocation faisant frémir…

Des syndicats trop heureux de se donner le beau rôle et de sortir du néant politique où ils avaient sombré tout en espérant monnayer au printemps prochain ce regain d'influence obtenu en chevauchant le tigre de la fronde populaire, en échanges de quelques juteuses mairies. De l'autre côté, sur le pavé, ce sont les Black-blocs alias Antifas qui cassent les défilés par leurs exactions et délégitiment les manifestants syndicalement inorganisés. Tout est donc pour le mieux dans le meilleur des systèmes-monde !

Maintenant gardons espoir, Bloomberg, Agence des agences de surveillance financière, nous informe que le montant total des dettes à ce jour s'élèverait à quelque 230 000 milliards de dollars. Un montant trois fois supérieur à la production industrielle globale, laquelle ne dépasserait pas les 80 000 milliards de dollars l'an… Ce qui représente un endettement d'environ 30 000 euros par bipède habitant de la planète Terre ! Soyons de sorte confiant en l'avenir, comme le méga krach ne saurait être évité *ad vitam æternam*, avec un peu de chance, une bonne conflagration pourrait venir agrémenter la chose… dans le Meilleur de mondes possibles, aurait pu dire Jacques Attali à la manière de Pangloss, le *metaphysico-théologo-cosmolo-nigologue,* précepteur du Candide de Voltaire.

9 décembre 2019

La fin du sujet et l'avènement de l'homme-machine
Digitocratie & Transhumanisme

13 décembre 2019

Il n'y avait rien presque rien sauf peut-être quelques traces annonciatrices à peine visibles… et puis le barrage s'est rompu et *c'est arrivé* partout presque en même temps : multiculturalisme, lgbtisme, gendérisation, fluidité, procréation artificielle à la portée de tous les caprices, immigration de masse, légalisation des drogues, diversité, antiracisme, antinationalisme et laïcité fanatiques… Un avenir radieux de paix et de prospérité nous était dès lors promis par la Silicon Valley en cheville avec Manhattan, sur fond de guerre des sexes, de races et de confessions en substitution à la lutte des classes, celle-ci, enlisée dans les sables du temps, ayant affreusement échoué à nous ouvrir les portes de la Jérusalem terrestre.

Les loyers exorbitants, les poubelles qui jonchent le sol, les sordides campements sauvages de migrants, les tentes Quechua et les cartons des SDF, les junkies qui défèquent en pleine rue, les *gangs* de rue et les agressions ai couteau, les zombies aux cheveux verts et les *punks à chien* : il ne s'est évidemment pas agi d'un simple intermède dans l'histoire récente, un mauvais moment vite passé et un mauvais rêve. Non, tout cela s'est inscrit dans la durée pour devenir le quotidien, de l'extraordinaire devenu un amer ordinaire pour les habitants des villes-monde hexagonales... Paris, Perpignan, Toulouse, Marseille, Lille... un crépuscule sans fin ! La termitière fangeuse, ce fatras dystopique, cette conspiration à ciel ouvert contre l'intérêt général, est en effet le modèle de la ville-monde, inclusive, tolérante et progressiste qu'ont incubé depuis plus de dix ans les GAFAM[130], les ONG humanitariennes et autres Organisations internationales. C'est le fruit pourri de ce que Julian Assange nomme avec pertinence la « *dictature de San Francisco* »... À l'abri de ses digicodes, une gauche bourgeoise et sublime – *les beautiful people* – qui a toujours trahi le peuple au profit de leurs *portefeuilles* (le pourquoi du comment de l'élection du sieur Macron) sous couvert d'idéaux grandioses autant qu'inaccessibles – modernisation, progrès, accueil, aide à toutes les soi-disant détresses – autant de fictions délétères ayant pour but de détourner notre attention du réel et de la matérialité des faits dans leur crue vérité.

Les métropoles contre les peuples

La ville inclusive et cosmopolite est conçue comme antinomique à la Nation et à son incarnation politique, le *populisme* (entendre la démocratie authentique si tant est qu'elle puisse exister). Les cercles mondialistes ont ainsi acté le clivage métropoles *vs* périphéries à partir du constat que les premières, les grandes concentrations urbaines, sont les seules à avoir résisté au vote populaire en faveur par

---

[130]Acronyme désignant les super géants de la Toile : Airnb, Alibaba, Amazon, Apple, Google, Facebook, LinkedIn, Microsoft, Netflix, Twitter, Uber, Yahoo...

exemple de Trump ou du Brexit. On voit ici que le réseau déjà existant de villes-monde a déjà fait émerger une esquisse de Babel globale des temps nouveaux… À ce titre, au lendemain de l'élection de Trump, ce sont de trois cents villes américaines – une bagatelle – qui ont défié la politique de filtrage migratoire des États-Unis, notamment en s'érigeant en cités sanctuaires pour migrants illégaux ! De la même façon en Europe, le réseau *Eurocities*, fondé par la Commission Européenne, s'est engagé pour l'intégration de migrants clandestins en passant par-dessus les législations nationales. À l'échelle mondiale, un « *Global Parliament of Mayors* » a été créé avec pour objet explicite de coordonner la gouvernance d'une mondialisation 2.0 en court-circuitant les États et leur gouvernement.

« Europae Requiem » by J. C. Juncker
Allegro immigrati
Largo destroyato

Cependant l'espace urbain qui vient n'est pas, comme le prétendent les libéraux, un espace de liberté *mercurielle* partagée où chacun pourrait se perdre dans l'allégresse de masses anonymes vibrant à l'unisson aux rythmes envoûtants de la *World music*. Plus concrètement, la société réputée *ouverte* est en réalité un espace urbain morcelé, balkanisé, occupé par un sous-prolétariat allogène, truffé de caméras de surveillance et farci de digicodes. C'est un espace de surveillance panoptique dont le développement est en parfaite contradiction avec les intérêts premiers des peuples autochtones, et bien entendu avec leur volonté la plus élémentaire. Inclus dans un tissu urbain en décomposition (longtemps New York fut une cité aux relents de tiers-monde), les « *safe spaces* » (en globish dans le texte) des contemporaines nomenklaturas citadines nous préparent dès à présent à entrer dans le monde d'Elysium[131]. Univers *clivé* dans lequel les masses non élues seront gérées à distance par une intelligence artificielle maniée par les grands sorciers de l'algorithme… Parce que la nouvelle *gouvernance* n'est et ne sera qu'un produit de la science algorithmique. Nous tombons aux mains de robots, par définition sans (états d') âme, sans cœur ni cervelle. Sans jugement ni discernement !

Google aux manettes de la « smart city »

Nous y venons… L'agence gouvernementale canadienne « Waterfront Toronto » vient de donner mandat à « Sidewalk Labs », filiale de Google, en vue de construire une première « *smart city* » sur les rives de la capitale de l'Ontario. De prime abord, cela paraît tout à fait innocent, presque sorti du monde de Disney, mais il appert que la planification urbaine au Canada est en fait, désormais, sous-

---

[131] Film de Neill Blomkamp (2013). Argument : "En 2154, il existe sur Terre deux catégories d'humains… Les grands nantis vivant sur la méga station spatiale nommée Elysium et les autres, vivant sur la Terre devenue le dépotoir de l'humanité et où les populations tentent d'échapper aux crimes et à la pauvreté qui sont le lot commun des non élus.

traitée par une firme ultra branchée *New Age*, émanation de la caste sacerdotale professant et propageant la nouvelle religion transhumaniste… Même si cela ne transparaît pas à première vue. La ville sera entre autres joyeusetés administrée via les données – y compris médicales – que la firme de Mountain View collecte sans demander l'avis de leurs légitimes propriétaires et détenteurs naturels. Dans l'univers de surveillance panoptique qui est maintenant le nôtre, la vie privée tout comme la propriété qui n'est plus privée depuis longtemps (mais un moyen de tondre ceux qui croient encore à son existence), n'appartiendra bientôt plus qu'à des entités gestionnaires (de notre santé, de nos avoirs, de nos parcours existentiels et professionnels)… Bref, tout ce qui en principe ressort de la *privacy* la plus stricte (secrets et données personnels les plus intimes) sera administré, optimisé par « Google » devenue maîtresse de nos destinées car nous sommes entrés dans l'ère du capitalisme de la surveillance, la gestion de la Ressource humaine par la Machine et le management newlook de la démocratie. Dans cette dystopie orwellienne, Google collecte à *l'insu de notre plein gré* d'énormes flux de données nous concernant (son moteur de recherche est en puissance le guichet unique par lequel transitera l'information universelle), ceci au service d'un projet exclusif de société ouverte. Et ceux qui la refusent en seront exclus. Pas de liberté pour les ennemis de la libre Matrice.

La blockchain, carburant de la « smart city »

La *blockchain* [132], dans cette configuration, fera

---

[132] La *blockchain* (chaîne de blocs) est une technique permettant de rassembler/conserver et transmettre des informations de manière transparente, sécurisée sans organe central de contrôle. Elle est assimilable à une base de données faisant l'historique des échanges

communiquer et échanger ensemble des hommes entre eux, des hommes et des machines, des machines avec des machines. Toutes les transactions figureront dans des registres *peer-to-peer* (de *pair-à-pair* : type d'échange où chaque acteur est simultanément *usager-client* et *serveur*), à la fois publics et décentralisés hors de tout contrôle étatique. Tel est le visage sans visage du Meilleur des Mondes en cours d'installation. Véritable Internet des valeurs, la *blockchain*, dont les crypto-monnaies sont un cas particulier, servira en principe à la sécurisation des transactions. Un procédé technique qui permet de se passer des banques, des patrons, des notaires, voire même des États ! Le monde s'horizontalise, la Terre devient véritablement plate. C'est le Skynet du film « Terminator » : la *blockchain* pourra créer une *gouvernance* des machines associée à une dictature de la transparence *éthiquement* imposée. Mais si la *blockchain* supprime l'autorité, mais elle ne supprime pas la règle, et le Code (informatique) s'impose dès lors comme la nouvelle loi d'airain.

La compagnie des Indes Orientales du 21ème siècle

C'est de cette façon que se concocte la post-humanité et qu'elle transite par les canules de Google vers un Occident en voie d'être définitivement domestiqué par les machines. Google, à l'instar d'autres GAFAM, ne se contente pas d'asseoir son modèle économique sur le viol de notre intimité et de nos consciences : il prétend en outre faire de

---

entre ses utilisateurs depuis sa création. La *blockchain* est actuellement utilisé dans trois domaines : les transferts d'actifs (monnaie, titres, actions...) ; la traçabilité d'actifs et produits ; enfin pour l'exécution automatique de certains contrats.

la politique et dire le vrai et le Bien... Google, c'est un peu l'École de Francfort (freudo-marxiste, déconstructiviste et multiculturaliste) armée de supers outils cybernétiques (étude des moyens de contrôle et de communication interactive chez l'homme, l'animal et dans les machines) dopée à la NBIC (nanotechnologies, biotechnologies, informatique et sciences cognitives).

La compagnie des Indes Orientales du 21ème siècle, l'engeance ou l'entité qui s'attelle à la gouvernance du cheptel humain, c'est en vérité Google. Une idéologie libérale-libertaire en mouvement perpétuel qui collabore activement avec l'État profond américain (Pentagone, NSA, CIA, Complexe militaro-industriel, géants du pétrole et du génie génétique). Google coordonne étroitement son action avec le Département d'État américain, pour imposer aux pays récalcitrants l'ouverture de leurs sociétés aux valeurs de l'universalisme *moral*. Cette entreprise ouverte et compassionnelle, se tient selon le lucide Julian Assange aujourd'hui détenu au Royaume-Uni et en danger de mort... « *au point où les tendances libérales et impérialistes convergent dans la vie politique américaine* »[133].

Surtout, Google écrit la grammaire de notre accès au savoir et uniformise (*standardise*) le comportement humain : c'est en effet par la quantification poussée à l'extrême, la mécanisation, l'automation, le triage et le répertoriage algorithmique que les firmes gouverneront les hommes. Au reste les derniers hommes, tous les hommes,

---

[133] Jacques Cheminade « Ils veulent tuer Assange » https://www.facebook.com/watch/?v=2491999057748168

accepteront-ils la *digitalisation* illimitée de leurs vies.

Transhumanisme et destruction du sujet

Du point de vue mondialiste, comment gérer un cheptel de 7,5 milliards d'humains têtus (et parfois *réfractaires* comme les Gaulois en Gilets Jaunes) groupés en communautés barricadées dans leurs droits, arc-boutées à leurs spécificités, voire murées dans la singularité de leur ethos ? Le transhumanisme apporte la solution en dissolvant les différences, en artificialisant la reproduction humaine – qui deviendra *in vitro* – et surtout en réduisant l'être humain à un ensemble de données chiffrées susceptibles d'une formalisation binaire ou bientôt, *quantique*[134]. De ce point de vue Google est – littéralement

---

[134] Les ordinateurs quantiques, aux capacités potentiellement illimitées, utilisent les propriétés quantiques de la matière, telles que la superposition et l'intrication. À la différence d'un ordinateur classique travaillant à parti de valeurs binaires (codées 0 ou 1), le calculateur quantique travaille sur des *qubits* (unités quantiques) pouvant posséder

– l'un des plus formidables agents pathogènes vecteur de la Grande transformation postmoderne ouvrant la voie à toutes les mutations tératogènes transhumanistes.

Pour nous résumer... Le projet est de créer l'intelligence artificielle qui dirigera le monde au prix d'une réduction du genre humain à un magma constitué de particules élémentaires (les monades leibniziennes) aptes à être coulé dans le moule de la matrice cybernétique... lieu de gestation d'un universalisme éthique déraciné et déshumanisé. Nul ne dit par ailleurs qu'elles seront les sources de cette « morale » qui aura définitivement tourné le dos à toute transcendance ? Au demeurant, l'abolition de la citoyenneté, l'abolition des frontières politiques et intimes feront advenir ces sociétés *liquides* [135], ouvertes à la reprogrammation permanente que le président Macron et la plupart de ses homologues appellent ardemment de leurs vœux. Ce pourquoi Google, en actant une certaine fin de l'histoire humaine, poursuit son grand œuvre : la destruction finale du « sujet » par la promotion forcenée de l'*adulescent*. Celle d'une infantilisation perpétuelle dans et par une surconsommation boulimique, soit la perversité polymorphe du consommateur compulsif... celle d'un adolescent d'autant plus hyper consumériste que sa morale consisterait – ou se limiterait – *à vivre sans temps mort et jouir sans entraves*.

---

une infinité de valeurs.

[135] Théorisées par le polonais Zygmunt Bauman (1925/2017), ancien Commissaire politique dans le Corps de la Sécurité intérieure (KBW) et précurseur ou annonciateur du transhumaniste Ray Kurzweil (v. *infra*), son coreligionnaire idéologique.

Google se donne finalement, peu à peu, les moyens de prendre le contrôle de nos vies : Premier acquéreur mondial de *startups* d'Intelligence Artificielle, Google vise à la maîtrise de tout le spectre des technologies NBIC (voir *supra*). C'est de la convergence de ces diverses disciplines qu'est attendu le saut qualitatif vers le transhumain... Dans ce but en 2014, Google acquérait *Deep Mind*, une société privée d'intelligence artificielle. Son objectif : fabriquer des robots auto-apprenants qui, connectés à la Toile (*Internet*), exploiteraient extensivement le *big data* (méga bases de données uniquement exploitables par des superordinateurs) pour affûter toujours plus les performances de Google et accroître ses capacités de pénétration commerciales... mais pas uniquement !

La constellation des Dr Folamour du contrôle algorithmique

Alphabet[136] contrôle nombre d'autres firmes dont *Calico* (génomique personnalisée), *Google X* (reconnaissance faciale et vocale), *Google Ventures* (à l'origine de la création d'Uber), *Sidewalk Labs* (planification urbaine et prototype de ville intelligente façon Google comme à Toronto – voir *supra*), *Jigsaw* (lutte contre l'extrémisme et la contre-ingérence technologique et informationnelle) sont parmi les plus emblématiques. De leur intégration au sein d'un même groupement opérationnel émerge un projet

---

[136] Créée en 2015 en Californie, il s'agit d'un conglomérat de sociétés ayant appartenu à Google. Le nom – *Alphabet* – représenterait le *Langage* (l'une des mutations bio-morphologiques les plus importantes de l'humanité) définissant l'outil de recherche Google. Pour Larry Page ce nom serait également un jeu de mots avec alpha et *bet*, qui signifie « pari » en anglais.

cybernétique totalisant (aussi ambitieux que délirant) : les milliards de milliards d'informations partagées par les « objets » connectés seraient appelés à *engendrer* rien moins qu'une *conscience universelle...* Or à une information mondiale devrait correspondre une opinion mondiale !

Nous savons tous ou nous pressentons qu'à l'aide d'algorithmes tenus secrets, Google collecte, mémorise et recoupe la totalité nos traces numériques complétant le travail d'écoute planétaire de la NSA (*National Security Agency*). Son « *page rank* » (hiérarchisation et tri sélectif de l'information suivant un indice de popularité), établit le *vrai*, choisit l'information qui sort en premier, déréférence les contenus indésirables, renvoie les opinions dissidentes dans les limbes d'Internet. Là le réel *ne compte plus que pour du beurre* puisque, *in fine*, ce sont les manieurs de logiciels qui le construisent eux-mêmes. Vu sous cet angle le psychodrame récurrent des fake news nous donne un avant-goût du goulag mental en cours de construction. Or si Google censure et détruit tout espoir de vie privée, c'est pour mieux servir son projet démiurgique : l'avènement d'une post-humanité promise au déracinement par la digitalisation illimitée du vivant.

Ray Kurzweil, membre de l'*US Army Science Advisory Board*, est le prophète et le pape du monde désincarné que les *virtualistes* néo-prométhéens nous préparent activement. Directeur de l'ingénierie chez Google depuis 2013, il dispose de ressources illimitées, c'est dire que les pires fictions hollywoodiennes relatives aux odieuses conspirations de savants fous, déviants et plus ou moins Illuminati, se situent très en deçà de la réalité. Son projet est celui d'une hybridation de l'intelligence biologique et du digital. Transférer les données contenues dans le cerveau humain dans des cybercalculateurs surpuissants[137]. Les scientifiques chinois, beaucoup moins audacieux (ou plus primaires), n'en sont qu'au stade du métissage génétique entre singes et porcs. En ce domaine, ils viennent de réussir une première mondiale en parvenant à conserver en vie pendant quelques jours une portée de porcelets génétiquement modifiés[138]. La course semble donc engagée entre cyborgs transhumains conçus dans les laboratoires californiens et les *chimères* (terme usité pour ce type de manipulations génomiques) pékinoises.

En un mot, dès 2029, les fonctions cognitives humaines seront – dit-on – externalisées sur des interfaces numériques (cerveaux transférés sur disque dur). Absorbant le cerveau humain, l'intelligence artificielle de l'Internet sera elle ordonnée par le *page rank* global. Kurzweil a fixé la date de péremption de l'humain à 2045, quand la « singularité technologique » de l'IA (Intelligence artificielle) aura dépassé celle de l'Homme. Dans le monde de la Singularité, tout ce qui ne sera pas programmé ou reprogrammable sera condamné à disparaître. Au fond, la mémoire, l'écriture, la connaissance deviennent inutiles puisque les prothèses numériques s'y substitueront beaucoup plus efficacement !

---

[137] C'est le thème du film « Chappie » (2015) du sud-africain Neill Blomkamp, réalisateur en 2013 d' « Elysium » déjà mentionné (v. *supra*).

[138] Début décembre, le professeur Tang Hai et son équipe de l'Institut de zoologie de l'académie chinoise des sciences annonçaient qu'après avoir implanté 4000 embryons contenant des cellules de macaques crabiers dans l'utérus de truies, dix chimères porc-singe avaient finalement vues le jour, aucune cependant n'ayant survécu plus d'une semaine.

Non ?

Kurzweil... Marx, Lénine, Trotski, Freud, Marcuse, Zuckerberg, Bloomberg & Cie tout en un

L'homme : objet connecté ou animal machine ?

L'homme digitalisé est un homme apprivoisé, l'homme domestiqué par excellence : programmable et reprogrammable, il est plus inoffensif encore que l'imbécile réputé heureux. Devenu cyborg, sa vie sera en fin de compte réduite à sa contribution au "*big data*" avant d'être jeté au rebut en fin de parcours... c'est-à-dire quand il sera devenu non productif ne jouant plus aucun rôle dans le cycle production/consommation/destruction. Les uns atteindront le nirvana virtuel de la posthistoire, les autres englués dans l'archéomonde réel, détenteurs de bases de données déficientes, seront plus que jamais voués à toutes les formes modernes du servage ou à l'assistanat chichement consenti, et pour un temps donné, aux chômeurs structurels.

La société sera enfermée dans l'avenir déterministe

défini par les maîtres (occultes) de l'algorithme assidus à mettre des rêves de consommation perpétuelle dans le crâne des derniers hommes. Connectivité généralisée, transparence illimitée et gouvernance compassionnelle seront les barreaux de notre cage mentale, du goulag doré que nous promettent ces gourous du Nouvel âge cybernétique... un rôle tenu en France par l'inusable Attali, commissaire idéologique et prêcheur inlassable en faveur de l'avènement de ce *Meilleur des Mondes* et conseiller omniprésent sous cinq présidents successifs (Mitterrand/Chirac/Sarkozy/Hollande et Macron dont Hollande fut l'introducteur privilégié en politique). Ce qui donne une petite idée de l'ampleur de la diffusion des idéovirus au sein de notre classe dirigeante. Attali prêche et Google de son côté met en place le paradis concentrationnaire d'un monde intégralement fluide et androgyne, ou plutôt hermaphrodite. Si l'on y réfléchit bien, ce rêve de psychopathe, n'est en grande partie que le fruit vénéneux d'une impuissance ontologique, celle d'un cosmos vide, sans autre dieu que celui d'un matérialisme athéistique et messianique...

Fusion de l'homme et de la machine et indifférenciation sexuelle deviennent dans cette perspective l'horizon indépassable de l'Occident. Ce qui doit être construit : le mutant volontaire (le transsexuel comme parangon) qui a bradé sa virilité et son ethnicité contre une promesse de consumérisme festif... ce qui l'arrivée pour transformer l'homme automate grimaçant ou en pourceaux obèses comme les compagnons d'Ulysse dans la grotte de Circé la magicienne. Encore faut-il pouvoir présenter cette abjecte faillite morale comme un vertueux triomphe du progrès, de la modernité dans la Paix universelle, la tolérance et l'inclusivité compassionnelle. D'où le matraquage médiatique permanent de propagande homosexuelle et victimaire, utile à forger et entretenir un conformisme écrasant dans les sociétés occidentales destinées à épouser l'acceptation en un avenir calqué sur le Meilleur des mondes orwellien. Ce *tittytainment*[139] est une stratégie mise en œuvre à chaque instant pour faire des ultimes *hommes libres*, des semi zombies esclaves de leurs passions, de leurs vils instincts, de leurs plaisirs à la sauvette (autrement dit sans lendemain, non durables, sans continuité), dans la communion des saints démocratiques et dans l'idolâtrie de la Machine.

À la mémoire du père Jean Boboc 1943 † 4 avril 2019

---

[139] Le terme faussement folklorique de *tittytainment* est apparu en 1995 dans le discours du géopolitologue néoconservateur Zbigniew Brzezinski, descendant d'une famille d'*origine* frankiste immigrée aux États-Unis au XIXe siècle. Il désigne une rhétorique plus ou moins mensongère et toujours manipulatrice ayant pour but la diffusion des principes ultra-libéraux anomistes ou antinomistes en leur principe. Celle-ci peut évidemment prendre la forme d'une censure agressive.

Du « permis à points » à la « retraite à points »

La société panoptique du bonus/malus pour tous !

19 décembre 2019

La Chine populaire, géant hyper-libéralo-marxiste-léniniste fort d'un milliard et demi d'âmes, met en œuvre depuis le 1er mai 2018, grâce à la Révolution numérique, le *carnet à point* individuel pour classer, trier, écarter ou récompenser ses bons et ses mauvais sujets. Un système de contrôle panoptique[140] d'une redoutable efficacité déjà imaginé en 1947, mais sous une forme plus rudimentaire, par George Orwell quand il

---

[140] L'idée de surveillance *panoptique* (totale) est née au XVIIIe siècle du concept architectural carcéral imaginée par le penseur utilitariste Jeremy Bentham. Des établissements pénitentiaires *panoptiques* devaient permettre à un seul gardien d'observer depuis une tour centrale tous les prisonniers enfermés dans les cellules d'un bâtiment circulaire. De nos jours, les caméras *boule* de surveillance sont dites également panoptiques et la salle de contrôle des écrans de télésurveillance a remplacé le gardien niché dans sa tour d'observation.

rédigea sa formidable et sinistre dystopie « 1984 »[141]… De quoi s'agit-il ? Chaque individu sera en Chine soumis dès janvier 2020 (d'abord dans les zones urbaines et dans l'espace public par le biais de systèmes de télésurveillance généralisée et des logiciels de reconnaissance faciale) à un contrôle comportemental extensif servant à alimenter un carnet de suivi personnel nanti d'un capital initial de mille points, autrement appelé « *crédit social* ». Dispositif adossé à la collecte systématique de « *données personnelles et professionnelles* », le but affiché étant de punir les mauvais comportements et d'encourager les bonnes attitudes. Une institution d'encadrement des populations initialisée en 2014 et désormais opérationnelle, qui n'est pas sans rappeler la série télévisée britannique à succès « Black Mirror » (2011/2016), dans laquelle ses auteurs explorent le passage de nos sociétés à un monde de virtualité *addictive*, envahissante, intrusive et dévorante, surtout lorsqu'elle se trouve entre de mauvaises mains.

En Chine, chaque manquement repéré sera minutieusement comptabilisé : griller un feu rouge, arriver en retard à son travail, tenir des propos désobligeants à l'égard du Parti ou de ses dirigeants (notamment sur les réseaux sociaux où les recherches suspectes seront automatiquement repérées dans et par le *Big Data* et par voie de conséquence, pénalisées – voir article précédent relatif à la *Digitocratie*), négliger sa famille, avoir des relations suivies avec des personnes aux notes faiblardes… pire consulter des sites ou intervenir sur des forums peu ou prou dissidents (chez nous, le traitement du non-

---

[141] On peut voir ici en VOST une adaptation cinématographique du roman réalisée en 1953 par Paul Nickell : https://youtu.be/Wp7FxIawjvc

conformisme intellectuel – a priori – délictueux se traite de façon rustique directement dans les tribunaux) !

La liste est là-bas sans limites des actes réprouvés par la morale du nouvel Empire du Milieu, entre stalinisme, néoconfucianisme et ultralibéralisme... Au risque de se voir gratifier à tout moment d'un malus avec pour conséquence une perte substantielle de points (selon un barème strictement établi : rétribution *à l'acte* comme en droit romain mais assortie d'un catalogue de prescriptions presque talmudique) et par suite, le défaillant ou l'inattentif (pensons à notre *permis* de conduire *à points*) peut rapidement entamer une descente aux enfers de la citoyenneté : interdiction d'exercice des fonctions de Service public (administration, armée, police, enseignement...) jusqu'à dégringoler au bas de l'échelle... ce qui de facto transforme le malheureux en un individu de tiers ou de quart zone, un sans droit (comme chez nous, il y a des *sans-dents*), autrement dit un paria. Pourtant, avant de nous indigner et de condamner, commençons par balayer devant notre propre porte car la France a aussi connu des années fort sombres du point de vue des libertés publiques, en particulier dans l'après-guerre quand le statut d'*indignité nationale* (ordonnance du 25 août 1944) se distribuait à la pelle. Cette marque d'infamie aurait officiellement frappé quelque cent mille personnes ! Celles-ci devinrent – jusqu'à la loi d'amnistie du 5 janvier 1951 – des bannis intérieurs, sans passeports, privés de tous les droits civiques, des condamnations infligées (ne parlons pas des exécutions capitales et du bagne, ni des massacres extra-judiciaires) sur des critères autrement arbitraires et le plus souvent à la complète discrétion de cours de justice où l'on était à la fois juges et parties.

La Chine populaire grand précurseur de la surveillance panoptique globale

La Chine qui compte bien nous importer la 5G (nouvelle norme de la téléphonie mobile) mise au point par sa transnationale *Huawei*, un domaine où elle a pris une avance considérable… Or c'est en combinant les formidables capacités de plusieurs outils informatiques déjà existant (au rang desquels les algorithmes surpuissants développés par les géants de la Toile *Alibaba*, *Tencent* et *Baidu*), que la Chine entend étendre et rendre consistant son système de veille citoyenne panoptique. Ces trois firmes sont d'ores et déjà engagées dans la mise en place du « crédit social » généralisé par le truchement de leurs logiciels spécifiques permettant – après *évaluation du client* – de donner accès à certains services. Sachant qu'actuellement en Chine ce sont 700 millions d'internautes qui utilisent ces réseaux, le SCS, le *Social Credit System*, fonctionnera précisément à partir de leurs données nominales, c'est-à-dire correspondant à des personnes physiques et à des *profils* singuliers… Celles des consommateurs utilisant par exemple Alipay, le système de facturation d'*Alibaba*, ou bien des applications de *rencontres* tel *Baihe* ainsi que les registres des administrations judiciaires, des tribunaux, celles aussi, et bien sûr, des banques, du fisc et des employeurs. Prenons-en de la graine parce que tout ceci préfigure ce qui, petit à petit, silencieusement et insidieusement, se déploie chez nous, ici en Hexagonie orwelloïde.

En combinant les différents résultats, le pouvoir démocratique chinois pourra au final établir une note globale similaire à « *l'indice de désirabilité* » attribué par l'application de rencontres américaine *Tinder*. De cette notation obtenue par le croisement des données dépendra l'accès des Chinois aux transports publics (depuis mai 2018 *les* socialement mal notés se voient refuser l'achat de billets de train ou d'avion pour une durée d'un an), aux services tels les logements sociaux ou les prêts bancaires. D'après la spécialiste allemande Katika Kühnreich[142], l'accès des plus méritants à certains types d'emplois publics ou semi-publics, tout comme des limitations d'accès à la Toile sont également prévus. Cette évaluation de la performance sociale a bien entendu vocation à devenir permanente. Aux États-Unis le « *credit score* » évalue, de façon assez semblable, la capacité des emprunteurs à honorer leurs engagements financiers… reste que le système chinois est sans comparaison possible au regard du prodigieux volume d'informations recueillies, concentrées, par leur intégration et leur synthèse finale sous forme de fiche de police sociale, idéologique et politique.

La Chine a en outre installé dans ses villes près de 170 millions de caméras augmentées d'*intelligence artificielle* (systèmes de reconnaissance faciale et comportementale). Ce chiffre devrait passer à 600 millions en 2020. Un secteur en pleine expansion qui dope la croissance intérieure, ce marché ayant dépassé le milliard de yuans (128 millions d'euros) en 2016 et qui devrait se trouver multiplié par cinq d'ici à 2021. Or *Human Rights Watch* (spécialiste à bon et souvent à mauvais escient, de la défense des minorités) vient d'accuser Pékin d'un enregistrement massif – au prétexte de programme sanitaire – des données biométriques de l'ensemble des populations du Xinjiang, principalement les Ouïghours, aujourd'hui dans le collimateur du pouvoir central pour leur irrédentisme

---

[142] Katika Kühnreich « Social impact of digitalization - Gesellschaftliche Auswirkungen der Digitalisierung » Hambour 3 décembre 2019 - https://katika-kuehnreich.com

ethnique et leur islamisme récurrent.

Au demeurant le monde occidental n'est pas vraiment en retard d'un train car aux termes des « Patriot Act » I et II, adoptés par la libre Amérique dans la foulée des attentats du 9 septembre 2001, ce ne sont plus seulement les individus et les groupes réputés délinquants ou dangereux qui font l'objet d'une surveillance, mais la totalité de la population des États-Unis désormais fichée et placée sous l'étroite surveillance du Bureau fédéral d'enquête (FBI)... Et cela va assez loin : il ne s'agit plus uniquement de mauvaises fréquentations sur la Toile (encore que le « Darknet », cyberespace d'échanges cryptés demeure en grande partie *terra incognita* pour des autorités relativement complaisantes ; réseau sur lequel tout se vend et tout s'achète : armes, drogues, bétail humain, œuvres d'art pillées dans les pays en guerre ou dérobées dans nos églises, et cætera), mais de telle ou telle consultation d'ouvrages dans les bibliothèques publiques, ce qui peut vous conduire à voir un beau matin débarquer le FBI à votre domicile. On entraperçoit à cette occasion la convergence totalitaire entre Manhattan, La Cité et Pékin. Convergence des pratiques et des procédés de contention et de coercition à l'encontre des peuples que l'on retrouve presque à l'identique d'un système l'autre, de la Démocratie populaire à la démocratie néolibérale[143]. Après tout, les Démocrates majoritaires à la Chambre des représentants, avec pour tête de file Mme Nancy Pelosi, ne sont-ils pas en train d'essayer de perpétrer un coup de force institutionnel digne des Bolcheviks de la belle époque, en lançant une procédure de destitution (*impeachment*) à l'encontre du

---

[143] Cf. « Le temps des catastrophes » *in* « Europe chronique d'une mort annoncée ». JM Vernochet - L'infini 2009.

président en titre, Donald Trump ?

Autre lieu, autres méthodes

Autre lieu, autres méthodes, mais le but poursuivis et le résultat restent les mêmes : brider, censurer, tenir en lisière la Libre parole au nom – comme de bien entendu – des droits de l'homme qui en principe garantissent *mordicus* la libre expression de la libre pensée. Dans la France macronienne, il est encore d'usage de sauver les apparences et de faire avancer la dictature idéologique en Marche à petits pas, sans heurts ni cahots. Cela a commencé avec les lois Pleven (1er juillet 1972) et Fabius-Gayssot (13 juillet 1990), cette dernière montrant bien la continuité – et partant, la collusion – existant entre le communisme ouvertement totalitaire et la social-démocratie plus discrète. Lois qui fondaient la post-vérité… encore que la matérialité des faits ayant perdue toute valeur (*inutile de s'interroger sur la réalité d'événements dont il est de notoriété publique qu'ils ont eu lieu !*), elles nous ont fait aussi entrer de plein pied dans la postmodernité : rapporter la preuve sur le fond ayant été définitivement proscrit dans les jugements de cours…

C'est ainsi que – dans la continuité de cette évolution du droit et des mœurs juridiques –depuis la nuit du 17 au 18 décembre 2019 les annonceurs – et l'on sait que la publicité est le carburant faisant tourner le moteur médiatique – deviennent pénalement responsables (à hauteur de 30 000 €) pour chaque manquement à la loi quant *au choix du support* où leurs encarts sont diffusés. Les sénateurs de La République en Marche et du Centre – dont les multiples affaires de concussion n'ont pas diminué le pouvoir de nuisance – ont en effet présenté un amendement disposant que « Les annonceurs publient en ligne et tiennent à jour au minimum mensuellement les informations relatives aux emplacements de diffusion de leurs annonces qui leur sont communiquées par les vendeurs d'espace publicitaire sur Internet en application de l'article 23 de la loi n° 93-122 du 29 janvier 1993 relative à la prévention de la corruption et à la transparence de la vie économique et des procédures publiques. Le fait de ne pas respecter l'obligation définie au premier alinéa du présent article est puni de la peine prévue au 1° de l'article 25 de la loi n° 93-122 du 29 janvier 1993 précitée et dans les conditions prévues au même article 25 ».

La *prévention de la corruption et la transparence de la vie économique* a bon dos. Il faut voir ce qui se cache derrière le paravent des mots… toujours ronflants, pétris de grandes valeurs, de nobles et louables intentions. On voit ce qu'il en est depuis que les « *omissions* » de M. Delevoye – et surtout pas des « *oublis* » a-t-il précisé – ont été rendues publiques. Tous ces gens, à commencer par la Garde des Sceaux Mme Belloubet, se contrefichent bien de la transparence et *omettent* à tour de bras, qui un appartement, qui une résidence secondaire, qui un bénévolat grassement rémunéré… Ayons une pensée émue pour Nicole Balkany, première adjointe au maire de Levallois-Perret, son mari, déclarant de manière cyniquement faussement ingénue, qu'*elle n'avait jamais rempli une déclaration d'impôt* ! Oui da, c'est un comptable qui s'en chargeait ! Essayez d'en faire autant et d'omettre de déclarer ne serait-ce que deux cents misérables euros, aussitôt le lourd bras séculier du fisc s'abattra… et vous le sentirez passer !

En France hexagonique la censure s'installe et les libertés vraies se réduisent comme peau de chagrin : avant de dire ou d'écrire quoique ce soit mieux vaut tourner sept fois sa langue dans sa bouche, sinon gare ! Pour mieux comprendre de quoi il retourne, considérons les propos de notre nouveau secrétaire d'État au Numérique (il a succédé à Mounir Mahjoubi – un demi-maroquin apparemment réservé aux minorités visibles), Cédric O, qui a déclaré après le vote de ce texte et dans un langue parfaitement limpide : « Ce que l'amendement 47 organise, c'est de dire : aujourd'hui il y a moyen via les régies, pour ces grands annonceurs, de savoir sur quels sites leurs publicités sont diffusées, et donc ils doivent diffuser la liste, ce qui les oblige en fait à s'intéresser à la chose. Ou si eux ne s'intéressent pas à la chose, je suis certain que *certaines organisations* se pencheront sur le sujet et les alerteront, ce qui en fait assèche une partie du financement des sites extrêmes ou que nous souhaitons ici voir disparaître » [sic].

Cela a le mérite d'être clair, la police de la pensée sur la Toile est imposée aux publicitaires. Un moyen indirect mais efficace ayant l'avantage de masquer l'acte de censure en le déléguant au diffuseur de réclames… et à des groupes de pression chargés de le ramener dans le droit chemin s'il prenait licence de s'égare. Une action déjà rondement menée par le groupe militant dit des « *Sleeping Giants* ». Des gens agissant à l'abri d'un prudent anonymat pour exercer des sortes de chantages sur les annonceurs dont les publicités sont présentes dans les médias dont les écarts idéologiques leur déplaisent. On l'a vu pour la chaîne d'infos en continu CNews menacée de boycott pour avoir offert une tribune au national-sioniste Éric Zemmour [Voir.MarcAynaud/bvoltaire.fr 19déc19].

De la même façon les GAFAM (les Titans de l'industrie numérique), afin de préserver leurs prodigieux bénéfices, négocient directement avec le gouvernement des prélèvements fiscaux sur mesure en contrepartie de la prise en charge d'un contrôle social et informationnel soi-disant relatif aux « *fake news* ». C'est encore dans ce contexte qu'il importe de regarder le projet de loi Avia rédigé au motif de « *Lutte contre la haine sur l'Internent* »… *elle aurait pour objet d'interdire ou de retirer systématiquement les contenus haineux des réseaux sociaux, des plateformes collaboratives et des moteurs de recherches »...* Et comme la définition des dits contenus haineux est et restera flou par vocation et que ce qui devient inaccessible ou introuvable n'existera plus par définition, on voit bien quel extraordinaire instrument de désinformation, de manipulation et de *viol des foules,* ce texte mettra à disposition de la tyrannie du *politiquement correct*, de toutes les langues de bois et de la pensée absolument unique ! Orwell, les voilà avec leurs gros sabots ! Maintenant que l'on nous dise exactement de quel côté se trouve la haine, à commencer par la haine de la vérité ?

19 décembre 2019

Au bord du gouffre...
de Sarajevo à Bagdad

3 janvier 2020

L'histoire se répète, de drames en tragédies, dans une spirale affolante. Le 28 juin 1914 l'archiduc François-Ferdinand d'Autriche-Este, prince de Hongrie et de Bohême, héritier désigné depuis 1896 du trône de l'empire austro-hongrois, est assassiné à Sarajevo – capitale de la Bosnie-Herzégovine – par le *nationaliste* serbe Gavrilo Princip, membre de l'organisation secrète de la "Main noire"... et des socio-démocrates[144] révolutionnaires de "Jeune Bosnie". Autant dire que ledit terroriste appartenait à la même mouvance que les francs-maçons « Jeunes Turcs » perpétrateurs partir de 1914 des grands massacres génocidaires des populations arméniennes et syriaques... Un mois après la mort de

---

[144] Rappelons que la social-démocratie naît en Allemagne des œuvres d'une resplendissante brochette messianique dont les figures dominantes sont : Ferdinand Lassalle, Friedrich Engels, Karl Liebknecht, August Bebel, Eduard Bernstein, Rosa Luxembourg... Rappelons encore que Lénine est au départ le pilier de la social-démocratie russe en tant que chef de sa faction majoritaire (bolchévique) que Trotski ralliera avec un bel opportunisme en octobre 1917.

François-Ferdinand, l'Autriche-Hongrie déclare la guerre à la Serbie. Suivant un effet domino, par le jeu des alliances, en quelques jours, toute l'Europe va s'embraser. De ce conflit qui met fin aux Empire centraux – Allemagne/Autriche-Hongrie/Turquie – naîtra en 1919 et en Palestine un « Foyer National Juif » précurseur de l'actuel État hébreu qui lui verra le jour sur les cendres et le prodigieux monceau de cadavres de la Seconde guerre mondiale.

Toute raison gardée, nous ne pouvons-nous empêcher de constater que l'Affaire Dreyfus, celle du fichage [145] des officiers supérieurs français catholiques, le démantèlement du renseignement militaire par un pouvoir tombé aux mains de la franc-maçonnerie sectaire, intervint au moment précis où les forces *progressistes* et *messianiques* manœuvraient sur tout le Vieux continent (pensons aux révolutions de 1905 à Constantinople et en Russie sous la conduite du couple Alphand/Trotski) pour renverser ce qui subsistait de l'ordre ancien… La guerre leur fut une aubaine puis que dès fin 1918 la Révolution triomphait en Allemagne, deux jours avant la cessation des hostilités, le 9 novembre 1918, avec la proclamation de la République à Weimar. Dix-huit millions d'humains auront ainsi péri pour qu'à l'issue de l'hécatombe naisse l'embryon du kyste étatique désormais bien incrusté au Levant, le ventre toujours fécond d'où pourrait sortir un nouveau conflit tout aussi dévastateur

---

[145] Le 4 novembre 1904, le général André, ministre de la Guerre dans le gouvernement d'Émile Combes, demande au Grand Orient de France d'établir des fiches sur les options religieuses des cadres de l'Armée. On estime alors à 30 000 le nombre de francs-maçons actifs dans les instances politiques de la IIIe République, dont 250 députés et 200 sénateurs.

pour la Région et pour un monde plus que jamais divisé entre les thalassocraties de l'Ouest et l'espace continental eurasiatique à l'Est... Parce qu'aujourd'hui la sécurité de l'ex *Foyer national* devenu l'Israël n'a pas de prix, pas moins que son expansion dans ses frontières vétérotestamentaires, du Nil à l'Euphrate, du tombeau de Nahoum au centre géométrique d'Al-Koch, dernier village catholique du nord de l'Irak et l'un des foyers primitifs du christianisme oriental, et au-delà jusqu'au pétrole de Kirkouk dans cette prometteuse néo-colonie du Kurdistan irakien. D'ailleurs à partir de cette tête de pont, pourquoi ne pas imaginer que d'un saut de puce, les impériaux israélo-américains n'auraient pas la velléité de faire main-basse sur les méga gisements du Khouzistan[146] iranien (l'*Arabistan* des Anglais) ?

La valse à trois temps des guerres universelles

Aujourd'hui – même si les circonstances et les enjeux ne sont pas identiques tout en présentant de nombreuses analogies, notamment quant aux suites et conséquences possibles – nous pourrions devoir faire face à nouvelle Guerre mondiale déjà bien amorcée en Syrie avec en toile de fond les sempiternelles exigences de l'État hébreu... Une valse à trois temps en quelque sorte ! Et il se pourrait que le compte à rebours ait commencé avec l'assassinat, le

---

[146] Le Khouzistan est l'une des trente-et-une provinces d'Iran, située au sud-ouest du pays, aux confins de l'Irak et du Golfe Persique. L'Iran est au quatrième rang mondial pour les réserves pétrolières et au deuxième pour le gaz (Agence américaine d'information sur l'énergie). En janvier 2018, ses réserves avérées de pétrole brut représentaient quelque 157 mds de barils. Le 10 novembre 2019, un nouveau gisement estimé à 22 Mds de barils aurait été découvert au Khouzistan.

vendredi 3 janvier 2020 à Bagdad, par le truchement de drones tueurs, du généralissime iranien, Kassem Soleimani, âgé de soixante-deux ans et chef de la force al-Qods [Jérusalem], le fer de lance des Gardiens de la Révolution, responsable des opérations extérieures depuis 1998 ? À Paris la grande presse édulcore ou atténue le sens de l'événement, préférant parler de « *mort au cours d'un raid* » comme si Soleimani n'avait pas été visé précisément, personnellement, que tout cela n'ait été qu'un malheureux accident, une bavure ! Ajoutons que les drones ont fait coup double, Abou Mehdi al-Mouhandis, numéro deux de la coalition paramilitaire Hachd al-Chaabi l'a accompagné dans le trépas. Cette *malheureuse* initiative américaine (au regard des conséquences immédiatement prévisibles) intervient après que le 27 décembre 2019, 36 roquettes eurent été tirées contre une base américaine du centre de l'Irak, tuant un *sous-traitant*. Le 29, les États-Unis ripostaient en frappant cinq positions tenues par les Kataeb Hezbollah, une milice chiite, trois à l'ouest de l'Irak et deux dans l'est de la Syrie, causant la mort de 25 combattants et faisant 51 blessés. Le 31 ces mêmes Kataeb assaillent bruyamment l'ambassade des États-Unis à Bagdad… mais sans aucun mort et sans pénétrer dans les locaux diplomatiques extraterritoriaux. Le président Trump accède aux demandes de ses conseillers et donnent le feu vert pour l'élimination d'un homme, parfait inconnu en Amérique (tant des masses que des médias), mais qui de toute évidence était tout sauf l'homme à abattre tant son prestige dans le monde chiite était immense… Cela concerne l'Iran bien sûr, la Syrie alaouite, l'Irak majoritairement chiite (à 60%), le Liban, Bahreïn, le Yémen, l'Azerbaïdjan et partiellement l'Arabie, la Turquie et le Pakistan.

Une authentique déclaration d'hostilités

Or, avec cette véritable *déclaration de guerre* – parce

que c'en est une – un seuil décisif dans l'escalade de la tension entre les États-Unis et la République islamique d'Iran, a été franchi... que l'acte pour aussi calculé ait-il été – et apparemment tout aussi insuffisamment réfléchi de la part du président Trump... celui-ci a-t-il été à cette occasion trompé/désinformé quant à la portée symbolique et géopolitique de cette provocation ou bien les décideurs qui l'entourent ont-ils été les premières victimes de leur propre chutzpah, de leur hybris, de leurs ignorances et/ou de leur arrogance ? Non, l'Iran multiséculaire n'est pas un « tigre de papier » – ouvre une potentielle infernale Boîte de Pandore. Que la confrontation, d'une façon ou d'une autre, directe, ou plus vraisemblablement pour l'heure, indirecte, va créer l'irréversible en dépit des efforts de la Russie, de la Chine et Bruxelles pour éteindre l'incendie... autant dire que l'extension du feu à la Région paraît à présent inéluctable. Pas de doute l'Année 2020 commence bien, sur les chapeaux de roue : des roquettes ont recommencé à tomber sur la Zone verte à Bagdad, forteresse ultra protégée abritant les centres névralgiques de la capitale ainsi que les représentations diplomatiques... et sur des camps américains lesquels comptent encore environ 5200 personnels militaires – outre deux à trois mille contractuels... *contractors*, entre supplétifs et mercenaires. Sans parler des renforts de plusieurs milliers d'hommes (terme générique) qui arrivent à l'heure actuelle dans les bases américaines du Golfe persique.

Bref, envisageons que cet acte létal, cette opération *homo* (en langage technique), une véritable *frappe de décapitation*, pour aussi provocatrice qu'elle soit, procède d'un savant calcul destiné à amener la Mollahcratie, tête basse, à la table des négociations en position de faiblesse ?

James Burnham [147], ancien trotskyste et précurseur du néoconservatisme, grand penseur politique de l'immédiat après-guerre, n'avait-il pas dentifié les nouvelles élites américaines destinées à œuvrer pour la *« domination mondiale »* à des *« machiavéliens »* ? Nous gardons également en mémoire que, dans la *« Fureur de vivre »*[148] James Dean relève un défi insane, à savoir une course mortelle vers le bord d'une falaise à l'arrivée de laquelle le vainqueur est celui qui se jettera le dernier hors de son véhicule juste avant que celui-ci ne bascule dans le vide... Une illustration cinématographique de la théorie mathématique des jeux[149] qui va trouver son application géopolitique ultime dans la doctrine atlantiste de dissuasion nucléaire dite "Mad" ou *Destruction mutuelle assurée...* "Mad" signifiant en anglais *"fou"* ! Un modèle praxéologique en réalité établie par l'Allemand Friedrich Hegel dans et par sa *"dialectique du maître et de l'esclave"*[150] ! Resterait à savoir si l'Amérique est encore en

---

[147] « Vers la Domination Mondiale » Paris 1947 et « Les Machiavéliens, défenseurs de la liberté » 1943.

[148] *« Rebel sans cause »* film américain de Nicolas Ray (1955) emblématique de la crise intergénérationnelle qui s'amorce avec le tournant de la postmodernité.

[149] La théorie des jeux analyse les interactions stratégiques entre acteurs afin, en principe, d'optimiser l'action de tel ou tel au regard de l'anticipation probabiliste des décisions prises par d'autres acteurs et tierces parties. Les bases mathématiques de la théorie sont jetées en 1921 par le Français Émile Borel *in* « La théorie du jeu et les équations intégrales à noyau symétrique » avant d'être reprises en 1944 par le duo Morgenstern/Von Neumann dans « Théorie des jeux et comportement économique ».

[150] *In* « Phénoménologie de l'esprit » 1807... Le maître met sa vie dans

position de jouer au « maître » intransigeant partout et toujours ? Or il s'agit de pousser les enchères à l'extrême et que l'actuelle relance de la course aux armements – notamment en ce qui concerne les missiles hypervéloces et les lasers de puissance – entre les ÉUA, la Fédération de Russie et la Chine populaire, n'a pas mis un terme, bien au contraire, à la course à l'abîme... Fermons cette parenthèse !

Bellicistes Démocrates et État profond

Se faire plaisir (humilier l'ennemi et l'amener à passer sous les Fourches Caudines) est une chose, surtout en s'adossant à un écrasant différentiel de forces conventionnelles, autre chose est de gérer un *conflit asymétrique*, une autre encore est de faire face à une *guerre dissymétrique*, surtout sur la durée... l'Amérique n'est pas encore sortie du bourbier afghan, pas plus qu'elle n'a su et pu conclure en Irak. Nous avons dans ces deux cas la revanche du facteur humain sur la domination de la Machine. La technique et la mécanique ne peuvent pas tout si la dure volonté reste absente. Maintenant il semblerait que l'État profond américain (Département d'État, CIA, Complexe militaro-industriel, les Sept Sœurs, Aipac, Adl...) veulent en finir avec l'Iran rebelle au Nouvel Ordre Mondial et savent que, quel que soit le peu d'appétence de D. Trump pour les conflits outre-mer (n'a-t-il pas promis le *désengagement* des champs de bataille exotiques ?), celui, embarrassé par une pénible procédure de destitution (*empeachment*) enclenché par le Parti Démocrate, a besoin des forces vives de Wall Street pour assurer les relais

---

la balance, l'esclave s'y refuse et se soumet.

financiers de sa campagne de réélection... *l'argent* n'est-il pas le *nerf de la guerre* ? À commencer par la guerre politique et idéologique qui fait rage entre Républicains et Démocrates... Au demeurant les bons démocrates pourraient trouver dans la décision autocratique (sans consultation du Congrès) de la part du président Trump de liquidation du général Soleimani, un autre et consistant motif de destitution.

À noter pour la beauté de la chose que ces mêmes Démocrates poussaient à la roue, lors de la campagne de 2016, afin de durcir à outrance les sanctions à l'égard de l'Iran (ce qu'effectivement a fait D. Trump en sortant de l'accord international de 2015 relatif au contrôle du programme nucléaire iranien, tout en maintenant cependant une voie ouverte pour le dialogue et la négociation directe comme avec Pyongyang[151]), et dans la perspective d'une impitoyable réplique au cas où le 51ᵉ État (Israël) se trouverait menacé... Dans cette occurrence, lors de la campagne de 2008, la candidate à la présidence des États-Unis, la Démocrate Hillary Clinton, axait sa politique extérieure sur la destruction[152] de l'Iran – *"l'oblitérer"* – si en effet celui-ci s'aventurait à franchir certaines lignes rouges relatives au protégé israélien ? « *Je veux que les Iraniens le sachent, si je suis la présidente, nous*

---

[151] Les 23 et 24 septembre, le président Macron avait tenté d'établir un échange téléphonique entre le président américain et son homologue iranien à l'occasion de l'Assemblée générale des Nations unies à New York. L'échec de cette tentative de *liaison directe* est sans doute imputable aux Iraniens, Hassan Rohani « *n'ayant pas reçu le feu vert de Téhéran* » [lemonde.fr 4oct19].

[152] Cf. « Iran, la destruction nécessaire » JM Vernochet. Xenia 2012.

attaquerons l'Iran. Et je veux leur faire comprendre que cela signifie qu'ils doivent examiner de très près la question, parce que quel que soit le stade d'avancement où pourrait se trouver leur programme d'armement nucléaire au cours des dix prochaines années, au cours desquelles ils pourraient envisager de lancer stupidement une attaque contre Israël, nous serions en mesure de les effacer totalement »[153].

C'est sans équivoque, hors de toute rhétorique électorale on ne saurait ainsi mieux dire. Un aveu qui fournit l'une des explications déterminantes (motrices) du comportement de la classe politique américaine judéo-protestante, comme soubassement au mille-feuille des mobiles géostratégiques ou géoénergétiques présidant à la politique anti-iranienne des États-Unis. Certes autant de raisons explicatives pertinentes et valables mais non suffisantes ou satisfaisantes si l'on en exclut *in fine* de la dimension eschatologique, légitimation et fondement des ambitions hébreues et des adeptes de la *Destinée manifeste* américaine en vertu de laquelle le Nouveau monde a pour mission divine la diffusion de la Civilisation… Autrement dit de la Démocratie universelle selon l'éthique calviniste si bien

---

[153] Pour qui pourrait douter de la consistance et de la permanence de ce point vue chez la grande sorcière Démocrate : le 7 juillet 2015, de nouveau postulante à la Maison-Blanche, Mme Clinton martelait en leitmotiv que l'Iran est « *une menace existentielle pour Israël…* » usant des termes identiques à ceux employés par Yuli-Yoel Edelstein président de la Knesset à Paris en mai 2017 : « » *L'Iran est la seule menace existentielle pour l'État d'Israël… Depuis 70 ans, Israël fait face à la guerre, l'agression, le terrorisme. En même temps, nous n'avons pas sombré dans l'hystérie* [sic]. *Nous n'avons jamais quitté la route de la démocratie* » ! [publicsenat.fr17mai18]

explorée par l'Allemand Max Weber[154].

Kassem Soleimani le 16 septembre 2015 à Téhéran en compagnie du Guide suprême de la République islamique Ali Khamenei

Kassem Soleimani... Héros du monde chiite

Si l'on veut apprécier l'impact de l'assassinat ciblé de Kassem Soleimani, voyons à grands traits ce qu'il représentait aux yeux non seulement des Iraniens mais des chiites en général. Adulé des foules, il incarnait l'esprit de résistance au deux grands ennemis du monde musulman : l'Amérique judéo-chrétienne et le wahhabisme père de tous les takfirismes. Et lorsqu'on connaît la place qu'occupe dans la culture chiite en général et particulièrement en Iran, le statut de martyr (l'essence du chiisme fondé sur le sacrifice – au sens religieux – de l'Imam Hossein, petit-fils

---

[154] « L'Éthique protestante et l'Esprit du capitalisme » 1904/1905

du Prophète[155]), on aura une idée plus exacte de l'aura du défunt au nom par lequel les foules le désignait : « *le Martyr vivant* »... en un mot, on voyait en lui une sorte de saint ! Soleimani, officieusement numéro trois du régime iranien, avait forgé sa réputation en s'imposant comme l'architecte de l'axe chiite est-ouest : Irak, Syrie, Liban. Encore a-t-il pu jouer un certain rôle dans la victoire du Hezbollah libanais lorsque ce dernier parvint en août 2006 à repousser l'offensive israélienne sur le Sud Liban[156].

Mais l'homme de guerre, le stratège, proche voire intime du Guide suprême, l'ayatollah Ali Khamenei, était aussi selon toute apparence un diplomate avisé... en juillet 2015 – quelques semaines avant que la Fédération de Russie n'entrât dans la danse en Syrie – il se rendait à Moscou afin de participer à la construction de l'intervention russe en appui à l'Armée (loyaliste) arabe syrienne. Selon la chaîne Fox News, Soleimani aurait rencontré Vladimir Poutine en personne – ce qui au fond n'aurait rien d'extraordinaire au vu des circonstances – ainsi que le ministre de la Défense,

---

[155] Cf. « La guerre eschatologique d'août 2019 » et la dimension métapolitique d'une confrontation ÉUA vs Iran. Rivarol n°3388 – 31 juillet 2019. Voir encadré...

[156] Kassem Soleimani avait récemment révélé avoir séjourné au Liban en juillet 2006 au tout début de la « Guerre des trente-trois jours », en compagnie d'Imad Moughnieh, commandant du Hezbollah. Celui-ci trouvera la mort à Damas le 12 février 2008, dans un attentat à la bombe. Les deux hommes auraient procédé à l'évacuation du Secrétaire Général du Hezbollah, Sayyed Hassan Nasrallah, piégé dans son quartier général de la Banlieue Sud de Beyrouth alors soumise à d'intenses bombardements israéliens. Il sera présent au Liban pendant toute la durée du conflit à l'exception d'un bref passage à Téhéran pour y informer l'Ayatollah Ali Khamenei de la situation sur le front libanais [libanews.com2oct19].

Sergueï Choïgou. Sa mission aurait marqué une étape déterminante dans la montée en puissance de l'engagement russe dans la lutte contre l'État islamique et les groupes djihadistes soutenus (sous couvert de dissidence et de lutte contre le régime baasiste) par la coalition occidentale.

Elle aurait été en outre l'occasion de resserrer le partenariat stratégique informel russo-iranien esquissé au cours d'une rencontre entre le ministre des Affaires étrangères russe, Sergueï Lavrov et Ali Khamenei, Guide suprême de la République islamique... ceci au travers de leur soutien conjoint à la République arabe syrienne [lemonde.fr 7oct15]. Cartes sur table – au sens littéral – Soleimani a su en effet convaincre ses interlocuteurs que la situation se détériorant rapidement au détriment de Damas, il était néanmoins encore possible de renverser la situation et de sauvegarder les fragiles intérêts russes en Méditerranée orientale... en l'occurrence la base navale de Tartous – seule et unique facilité portuaire pour la marine russe en deçà des Dardanelles – autrement menacée par une victoire des rebelles sunnites et de leurs alliés arabes et anglo-franco-américains... Israël restant en embuscade dans les airs (par de multiples et vicieuses frappes aériennes) et dans le Golan en appui aux troupes d'Al-Qaïda. Aujourd'hui, à Tel-Aviv et à Jérusalem l'on jubile après la disparition de Soleimani, leur bête noire, tout en affectant la retenue, et en renforçant la disponibilité des forces de défense (Tsahal), pour mieux rehausser la figure dévaluée du Premier ministre par intérim et délinquant notoire de droit commun, Netanyahou.

Des milliers d'Américains périront dans une confrontation avec l'Iran... Mais c'est un sacrifice qu'Israël est prêt à consentir

Suite et conséquences probables ou inéluctables

Pour l'Iran, le coup est sévère. L'artisan du reflux occidental dans la Région n'est plus et contrairement à ce que disent et pensent les imbéciles, les grands hommes sont éminemment irremplaçables… même si le successeur de Soleimani a été aussitôt adoubé en la personne du général Ismail Qaani, son assistant de longue date. La vengeance donc semble inéluctable, d'autant qu'en Orient il n'est pas de pire offense que de perdre la face. L'acte de guerre voulu par le président Trump (car indéniablement c'en est un) en appellera immanquablement d'autres en retour, même si cela doit prendre un certain temps. L'arrêt de l'escalade n'est par conséquent pas pour demain. Déjà des roquettes ont été tirées sur la Zone verte et sur des bases de l'*US Army*, mais ce ne sont certainement, pour le moment que des pétards du Quatorze juillet. Attendons-nous à bien pire.

M. Trump inquiet des répercussions d'une action – dont la portée a dû en grande partie lui échapper – menace maintenant de frapper 52 cibles (autant qu'il y eut d'otages après la mise à sac le 4 novembre 1979 de l'ambassade américaine), politiques, militaires mais aussi culturelles… Qu'est-ce à dire ? Veut-il bombarder le cénotaphe de l'imam Khomeiny ? Plus sûrement, espérons-le, il s'agit pour le moment, à Washington, d'escalade verbale. Car le président Trump l'a de nouveau redit le samedi 4 janvier devant un parterre de chrétiens évangélistes : "Il ne veut pas la guerre"… Et l'élimination à laquelle il a donné son aval n'est destinée qu'à la prévenir, non à l'initier ! Reste à savoir dans quelle mesure D. Trump parviendra à maîtriser la tempête qu'il vient inconsidérément de déchaîner ? Parviendra-t-il à contenir l'inéluctable montée aux extrêmes qui vient de se mettre en route ? Quelle est sa marge de manœuvre ? Quelles forces agissent en sous-main pour le pousser à la faute ? Quel rôle néfaste ont joué les "lobbies" dans cette opération au regard de sa réélection ? Autant de questions cruciales…

En attendant l'Iran qui clame vouloir s'affranchir de toute « limite sur le nombre de ses centrifugeuses » destinées à l'enrichissement de l'uranium utile à la confection de têtes nucléaires, se tait quant au taux d'enrichissement, 3% actuellement bien loin du seuil critique des 20%… et par un communiqué, publié dimanche 4, Téhéran confirme que « *la coopération de l'Iran avec l'AIEA, l'Agence internationale de l'énergie atomique, sera poursuivie comme auparavant* ». Autrement dit les ponts ne sont pas coupés, les Iraniens évitant de se mettre tous les occidentaux à dos – acceptons de dire que M. Macron s'emploie, merci à lui, certes avec peu de succès, à désamorcer la crise… le pauvre il aura fort à faire ! – et tablant sur la division du camp occidental : Union européenne versus Amérique.

Ce dimanche 5 janvier 2020, le Parlement irakien, réuni en séance extraordinaire a voté une résolution devant aboutir au départ de tous les personnels militaires américains… C'est une grande *première* depuis que l'invasion et l'occupation de l'Irak en 2003 : les deux grandes formations du Parlement irakien Al-Fath et

Saeroun se sont accordées sur un projet de loi débouchant à terme sur l'expulsion des forces américaines d'Irak. Dans un premier temps, seulement 170 parlementaires irakiens l'avaient signé, au final Kurdes et sunnites ont fini par se rallier au texte voté à l'unanimité. Simultanément le gouvernement irakien acéphale (le Premier ministre ayant démissionné : pour mémoire, l'élimination de Soleimani a pour décor un quasi soulèvement de la population – depuis plusieurs mois, assorti de centaines de morts – contre la corruption du pouvoir associé à un puissant rejet de l'influence iranienne) vient de porter plainte au Conseil de Sécurité des Nations Unies... contre Washington. De l'inouï et de l'inédit de la part d'un peuple occupé par ses *libérateurs !*

À ce titre, un grand merci à M. Trump qui avait promis *urbi et orbi* pendant sa campagne de 2016, le retrait des troupes américaines des théâtres d'opération extérieurs... *America first.* En Irak, nous y sommes presque, ironie de l'histoire, et cela même si c'est au risque aggravé d'un nouvel engagement au milieu d'une poudrière en feu au bord de l'explosion ! Et puis la mort de Soleimani, vénéré dans le *croissant chiite*, pourrait avoir accompli l'impossible en faisant l'union entre l'Iran perse et de l'Irak arabe. Une gageure. Finalement, comme le dit si bien Antoine de Lacoste [bdvoltaire.fr4 janv20] : « *Depuis des décennies, la stratégie américaine* [en accomplissement les vœux mortifères des dirigeants israéliens] *au Proche-Orient est celle du chaos : en Irak, en renversant Saddam Hussein, en Syrie, en travaillant pour le renversement de Bachar el-Assad. Au bout du compte l'élimination de Soleimani procède toujours et encore de la même logique,* ordo ab chao »...

5 janvier 2020

« La guerre eschatologique »

31 juillet 2019

Extraits :

Le soutien matériel de l'Union soviétique et de la Chine ont sans doute fait beaucoup pour aider les Vietnamiens du Nord à renvoyer les GI's dans leurs foyers, mais cela n'aurait certainement pas suffi sans la cohésion ethnique et psychique des Tonkinois, leur discipline de fourmis légionnaires et leur impressionnant acharnement dans l'offensive. De même *"la force de l'Iran ne découle pas seulement de son arsenal de missiles balistiques et d'une flottille de vedettes de guerre difficiles à détecter, mais de sa volonté de résister, et de sa capacité à exercer des représailles contre toute agression"* [AbdelBariAtwan 21 juil 19]. C'est en effet ignorer que le sévère régime de sanctions auquel se trouve soumise la nation iranienne, loin de la dissocier, la ressoude dans et par une réaction *patriotique*. Erreur d'appréciation plus lourde encore de la part des anglo-américano-sionistes, pataugeant dans le matérialisme le plus opaque (borné), qui estiment négligeable la dimension métaphysique et même eschatologique de la culture iranienne. Le chiisme est en effet une religion basée sur la *passion* (au sens christique) de l'Imam Hussein mort en martyr lors de la bataille de Kerbela, le 10 octobre 680. Cela reste et demeure un fait central de la psyché collective iranienne… même si les jeunes générations urbanisées et occidentalisées se détournent aujourd'hui ostensiblement de la religion. Les modes passent et les invariants culturels subsistent… sauf bien entendu, grand remplacement et brassage génétique irréversible des populations.

Dimension métapolitique de la guerre

Toujours est-il qu'une possible guerre contre l'Occident, revêt une très réelle dimension métapolitique dans le monde chiite, la mort au combat y étant regardée comme une authentique assomption spirituelle. Assurément les États-Unis, à coup de larges tapis de bombes devraient parvenir *in fine* à réduire ce peuple d'impénitents mystiques, reste que la chose n'est pas gagnée d'avance face à des vagues d'assaut de candidats au martyr... Cela même avec l'effet de sidération – le choc psychologique – que pourrait susciter le recours à l'arme atomique miniaturisée pour la destruction des sites de production d'uranium enrichi, des laboratoires, des arsenaux et des centres de commandement des Gardiens de la Révolution [le 4 janvier 2020, D. Trump vient d'annoncer que cinquante-deux cibles stratégiques étaient d'ores et déjà ciblées... dont des objectifs « *culturels* »!?]. Ajoutons que la confrontation ultime avec les forces de l'empire du mal – Armageddon pour ne pas le nommer – n'est pas en Iran forcément une hantise ou une crainte, mais une certaine forme d'espoir. En clair une partie de la population et des élites iraniennes vit encore aujourd'hui dans l'attente de la fin des temps, du Messie (en l'occurrence le Christ) précurseur et annonciateur de l'envoyé, le Mahdî. Comprenons qu'il n'est pas ici, concernant une guerre en progestation, question de *crainte*, mais d'une *attente* et d'une éventualité à laquelle tout bon croyant ne saurait se dérober.

En dépit de et à travers le brouillard poisseux des fantasmagories hollywoodiennes et du *rêve américain* (si souvent cauchemardesque), se discernent toujours les linéaments d'un monde archaïque aux profondes et fortes racines spirituelles. Nous ne devrions pas l'oublier à l'heure où les guerres d'unification du Marché planétaire font rage, se déployant sur terre, les mers, les airs et les espaces réels ou dématérialisés... et pire encore, au cœur même de nos sociétés avec les révolutions anthropologiques, post et transhumanistes qui nous accablent et qui sont l'autre face hideuse de la guerre totale que les puissances messianiques livrent au genre humain.

21 juillet 2019

Iran vs États-Unis
Nœud gordien et guerre rampante !

13 janvier 2020

L a crise aiguë et endémique que traverse la Libye depuis 2011 et l'intervention de l'Otan (France/R-U/Italie) au motif d'ingérence soi-disant humanitaire afin d'éviter un bain de sang, l'internationalisation du conflit avec à présent de l'intervention turque au côté de Tripoli et russe en appui au général Haftar à Benghazi (chef-lieu de la Cyrénaïque), ne doit ni masquer ni estomper la guerre rampante semi-ouverte qui oppose désormais, après le 3 janvier 2020 et l'assassinat terroriste du général Soleimani, la Perse ancestrale et le très Nouveau Monde aux appétits dévorants.

Dorénavant, en Iran chaque jour qui passe apporte son lot de rebondissements les uns tragiques, les autres cocasses tel cet idiot d'ambassadeur du Royaume-Uni – ou de plus en plus *désuni* maintenant que l'Écosse s'engage à son tour sur la voie du divorce – brièvement arrêté par la police alors qu'il s'était mêlé à des manifestants conspuant le régime ! Cela pourrait se nommer diplomatie *pedibus cum jambis*, non ? Avant-dernier épisode autrement tragique dans cette dégradation allant crescendo (!) des relations occidentalo-iraniennes ainsi que, corrélativement, de la situation régionale dans son ensemble (Levant/Péninsule arabique/Syrie/Golfe persique/Mésopotamie), celui d'un appareil civil ukrainien abattu le 8 janvier par la défense antiaérienne iranienne et *par erreur* alors qu'il venait de décoller de l'aéroport internationale de Téhéran... cela au moment même où une salve de missiles iraniens de moyenne portée [157] venait de percuter – avec une impressionnante précision – des infrastructures de la base aérienne d'Aïn al-Assad, laquelle abritait entre autres quelques centaines d'officiers américains, britanniques, canadiens, norvégiens et hollandais. Cent soixante-seize victimes qui n'ont pas fini de faire couler beaucoup de larmes et d'encre. Un drame atroce qui n'est pas sans rappeler cet autre *accident* qui vit la mort dans des circonstances relativement comparables, le 17 juillet 2014, au nord-est de l'Ukraine, des 298 passagers du vol 17 de *"Malaysia Airlines"* !

Et puis ce sont à nouveau, dans la nuit du 12 au 13 janvier, des tirs de Katiouchas – les anciennes orgues de Staline – dirigés contre une base américaine, mais cette fois sans *dégât collatéral* au contraire des trente roquettes qui avaient touché le 28 décembre un camp de la coalition à Kirkouk au Kurdistan et causé le décès d'un contractuel américain (*contractor*)... un inexpiable crime de lèse puissance impériale qui sera l'un des prétextes – mais pas le seul –ayant servi à légitimer l'élimination du major général Kassem Soleimani, chef des opérations extérieures

---

[157] L'attaque due aux Gardiens de la Révolution aurait totalement détruit le système radar de la base d'Aïn al-Assad [Al-MayadeenTV10janv20]. 13 missiles Kiam-1 (dérivés du Shahab-2) d'une portée de 750 km (avec une marge de précision de 500 m,) auraient touchés leur but sans qu'aucun n'ait été intercepté par les défenses anti-missiles de la coalition.

à la tête de la Force Al-Qods… et surtout *missi dominici* du Guide suprême de la République islamique d'Iran alors qu'il s'apprêtait à négocier une trêve entre Riyad et Téhéran… dont l'antagonisme ethnique et religieux[158] est jusqu'à présent le terreau fertile d'éventuelles futures guerres fratricides. S'y sera ajouté le siège, le 30 et 31 décembre 2019, de l'ambassade américaine à Bagdad dans la Zone verte – au demeurant puissamment fortifiée – en réponse aux précédents bombardements américains, lesquels avaient tué vingt-cinq miliciens du Kataeb Hezbollah pro-Iran lors d'attaques aériennes le 29 décembre lancées en guise de rétorsion pour la mort du personnel civil américain, déjà cité, à Kirkouk. Ce siège qui avait d'ailleurs pris fin au coup de sifflet, avait été traité à coup de gaz lacrymogènes afin de disperser ceux des manifestants qui avaient passé la nuit devant les portes principales de l'ambassade. En vérité pas vraiment de quoi fouetter un chat dans le contexte général d'émeute – les morts se comptant par centaines – prévalant en ce moment dans la capitale irakienne.

---

[158] La Perse est indo-européenne, l'Arabie est sémitique. L'une est chiite, l'autre wahhabite, une hérésie schismatique de l'islam. Lire « Les Égarés » JM Vernochet – Sigest 2013.

Soldats de l'armée américaine de la 1ère Brigade, 25e Division d'infanterie, *Task Force-Iraq* Base d'opérations avancée "Union III" à Bagdad

Une manifestation donc sans intrusion, plus symbolique qu'autre chose aux abords de l'espace extraterritorial des États-Unis, mais il n'en fallu pas plus pour que l'Administration américaine parvînt à décider le président Trump – certainement en lui faisant miroiter une bonne affaire sur le plan *publicitaire* – de faire éliminer Soleimani… lequel, par ses fonctions, ses missions et ses liens personnels avec le *Valiye faqih* (Gardien de la jurisprudence), l'ayatollah Ali Khamenei, était de facto le numéro trois du régime iranien, juste après le très occidentaliste président Hassan Rohani. En un mot un acte de guerre terroriste, ceci sans la moindre équivoque, et une superbe peau de banane glissée sous les pieds de D. Trump… qui de toute évidence ignorait les possibles conséquences de son acte ! Reste que l'assassinat du général Soleimani était prévu et préparé de longue date[159] –

---

[159] Le 3 octobre 2019, trois agents *terroristes* avaient été arrêtés alors qu'ils préparaient un attentat contre le général Kassem Soleimani à

un projet toujours reporté mais toujours d'actualité – et qui n'a pu s'accomplir qu'avec le concours diligent d'Israël... quoique ses dirigeants en disent et affectent toujours de jouer aux saints innocents.

Un assassinat savamment prémédité

À ce sujet, la chaîne américaine CNBC [160] nous renseigne sur ce que jamais aucun organe de presse français ne nous dira. Promouvoir et diffuser tous les blasphèmes imaginables soit[161], mais pas le pire d'entre eux, la *vérité vraie*, objective non sortie du chapeau mité de la postvérité. Ainsi nous apprenons que Soleimani était attendu à Bagdad par trois drones tueurs chacun armé de quatre missiles Hellfire... du lourd ! Rappelons que l'espace aérien irakien est entièrement sous le contrôle de l'*US Army*. Avertie par leurs agents et informateurs opérant à Damas, la CIA savait précisément l'heure du décollage à Beyrouth de l'Airbus A320 de *Cham Wings Airlines* où se trouvait Kassem Soleimani, un voyage qui en fait n'avait rien de clandestin.

Kerman, à l'occasion des cérémonies de l'Achoura quelques semaines auparavant. Ils avaient creusé une sape sous le cénotaphe du père du général et l'avaient minée à l'aide de « 350 à 500 kg d'explosifs » [sepahnews.ir 3 oct 19].

[160] CNBC (anciennement *Consumer News and Business Channel*) est une chaîne de télévision américaine diffusant des nouvelles financières 24 heures sur 24 et 7 jours sur 7 dont le siège est à Englewood Cliffs dans le New Jersey.

[161] Sur France Inter l'humoriste de fosse septique, Frédéric Fromet, salarié du secteur public, pousse la chansonnette avec un titre évocateur bien dans l'air du temps : « *Jésus est pédé* » https://www.bvoltaire.fr/sur-france-inter-on-chante-jesus-est-pede/

Israël grand expert dans ce genre d'élimination depuis les airs [162], a participé en amont au montage technique de l'opération, et est encore intervenu à ce stade en valide l'information, qui sera en outre affinée une nouvelle fois lors de l'atterrissage à Bagdad par les militaires américains et leurs agents locaux actifs au sein de l'aéroport... À Washington, à Langley siège de la CIA, au Pentagone, des images infrarouges en noir et blanc, fantomatiques, défilent sur de larges écrans plats, on identifie sans trop de mal le chef irakien d'une milice chiite alors qu'il monte l'escalier de débarquement pour saluer le chef de la Force al-Qods. Il est une heure du matin. Le président Trump, peu ou pas concerné, se trouve en Floride ! A-t-il été réellement informé de la portée et de la signification de cette élimination ? Rien n'est moins sûr. Toujours est-il que cette nuit *fatale* – parce que les pires conséquences sont certainement à venir, nous en reparlerons – il n'est pas aussi assidu que son prédécesseur Barak Obama assistant, concentré et studieux, le 2 mai 2011 en compagnie de son équipe rapprochée, à l'élimination physique d'Oussama Ben Laden, au Pakistan à Abbottābād, à l'issue de l'opération Trident de Neptune (*Neptune's Spear*)[163]. La

---

[162] Ainsi en septembre 2003, après avoir passé dix ans dans les prisons israéliennes, le fondateur et le chef spirituel aveugle du Hamas, cheikh Ahmed Yassine, « *vénéré par les siens, respecté par ses adversaires politiques* » survit à une première frappe ciblée de Tsahal. La seconde tentative sera la bonne et le 22 mars 2004 cheikh Yassine meurt foudroyé par un missile dans sa chaise de paralytique. Innombrables sont ceux qui périrent selon cet imparable et implacable *modus operandi*.

[163] Beaucoup pensent, et avec de solides arguments, que l'opération fut une habile mise-en-scène, le fondateur d'Al-Qaïda étant mort depuis des années en raison de son insuffisance rénale. Mais l'Amérique n'excelle-t-elle pas dans les montages grandioses depuis les premiers

liquidation d'Abou Bakr al-Baghdadi le 27 octobre 2019 n'aura quant à elle, pas donné lieu à une telle débauche de communication à grand spectacle.

Barak Obama et son équipe suivant le déroulé de l'opération *Trident de Neptune* et la liquidation supposée d'Oussama Ben Laden

Deux personnages montent alors dans une berline suivie par une fourgonnette où se trouvent accompagnateurs et gardes du corps. Les drones postés à distance respectables et non repérables, suivent les déplacements des véhicules et identifient leurs occupants en captant les appels des occupants sur leurs téléphones portables. Les informations sont transmises en temps réel (évidemment) au Quartier général avancé du Commandement central américain situé au Qatar, à quelques encablures des côtes iraniennes, d'où

---

pas de l'homme sur la Lune au Tour jumelles tombées à la vitesse de la chute libre par l'évidente opération du Saint Esprit ? Lire Rivarol N°30808 février 2013 pp. 6 et 7 – « *Zero dark thirty* » film de Kathryn Bigelow.

l'opération est conduite et où l'on voit la boule de feu vaporiser les deux véhicules. Seuls quatre missiles ont été tirés. Dans les cercles dirigeants israélo-américains on exulte et l'on se congratule – ils sont bien les seuls - en répétant en boucle, argument repris dès le lendemain par le président Trump, que le général Soleimani, ce tueur né, s'apprêtait à faire périr des milliers d'Américains ! Un peu plus tard, D. Trump par une pirouette petitement convaincante nous dira en substance qu'il *"n'a pas voulu commencer une guerre, mais en éviter une"*. Aimable et intéressante sophistique, sauf pour ceux qui croient encore à l'angélisme inné de la Grand sœur Amérique, à sa volonté de sauver le monde et à sa véracité proverbiale… Il faudra/il faudrait néanmoins finir par ouvrir les yeux et découvrir que les GI's n'ont pas en 1944 libéré la France pour les beaux yeux d'icelle, mais qu'ils l'ont *envahie* et *occupée* sans la moindre vergogne. Pour l'heure les mythes de la Deuxième guerre mondiale font de la résistance et ils auront, hélas, la vie dure tant les hommes adoreront – au sens littéral – ceux qui par leurs mensonges les réduisent au servage… On le voit dans la persistance de la mythologie socialiste reconvertie de nos jours en *progressisme* macronien et dans le goulag mou de la tolérance et de l'*amour* obligés pour tout ce qui est contre-nature, nous est étranger voire hostile.

Hybris, chutzpah, cécité et arrogance

Il est ici intéressant de s'arrêter un instant sur les leçons que tire l'Amérique, en l'occurrence ses élites s'exprimant à travers la narration de l'événement par NBC et des leçons que le journaliste américain en tire… Bref, *c'est acquis* Outre-Atlantique, Soleimani est un homme "qui a *aidé* à tuer des Américains pendant plus d'une décennie". Assertion en forme d'*a priori* non démontré, le stratège iranien ayant surtout contribué à l'élimination en Syrie des armées de l'État islamique et des combattants d'al-Nosra (c'est-à-dire des reconvertis d'Al-Qaïda, ceux qui se trouvent aujourd'hui concentré dans la poche d'Idlib au grand dam de notre presse si compassionnelle à l'égard du fanatisme islamique), supplétifs de l'armée américaine et de la Turquie. En cela, en quoi Soleimani a-t-il participé, directement ou indirectement, à la mort de citoyens américains, la chose est loin d'être claire et encore moins d'être établie puisque l'adversaire – les djihadistes et autres takfiristes – était censément le même dans les deux camps, syro-russo-iranien et euro-arabo-américain ?

Maintenant il faut retenir de cette affaire que l'Amérique se gargarise de son excellente technique dans l'abattage robotisé de ses ennemis, parlant à ce propos de "sorcellerie technique" devenue "routinière", autrement dit banalisée, passée dans les mœurs pour ainsi dire... Écoutons la voix de l'Amérique : « *En moins d'une génération les États-Unis sont devenus capables de chasser et de tuer ses ennemis, en particulier dans les régions en crise du Proche-Orient, de l'Asie du Sud et de l'Afrique. Nous sommes passés de quelque chose qui était anormal, presque de la science-fiction, à une nouvelle normalité* [164] » [nbcnews.com10janv20]. Pour Anthony Cordesman du *Center for Strategic and International Studies* de Washington, les assassinats ciblés par le biais de robots tueurs représente un tournant dans l'art de la guerre, "un changement radical" que seuls les États-Unis se trouvent en mesure d'accomplir en raison de l'extraordinaire système de surveillance globale, d'écoutes et de collectes des données – dans les méga super mémoires électroniques, et bientôt quantiques, du *Big Data* – que conduit la *National*

---

[164] Peter Singer, "expert" en guerre future à la *New America Foundation*.

Security Agency[165] (NSA) par l'entremise de ses satellites et du *primitif* réseau de grandes oreilles *Echelon*. Toutes les données recueillies étant en fin de parcours concentrées et traitées au quartier général de la dite NSA, à Fort George G. Meade dans le Maryland… Big Brother et/ou Big Sister (matriarcat oblige) grandissent à vue d'œil !

Nos experts nous avertissent que cet effort (grâce auquel a été atteinte cette grande victoire qu'a été/aurait été l'élimination le Général Soleimani) « de renseignement, de surveillance et de reconnaissance – vraiment immense – ne peut être fondamentalement égalé par aucun autre pays »… Une autosatisfaction qui en dit long sur l'aveuglement des classes dirigeantes et de l'intellocratie américaines, celles-ci ayant le plus grand mal à comprendre que le monde ne se limite pas à la maîtrise et au développement de systèmes d'armes toujours plus létaux et extensivement dévastateurs à très grande échelle. L'humanité avance et la cartographie géopolitique du monde évolue. Aussi nous devrons nous pencher sur la multipolarité qui se dessine avec la montée formidable en puissance de la Chine populaire (communiste) et sur le retour sur la scène internationale de la fédération de Russie, renaissance amorcée en août 2008 à l'occasion de son intervention armée en Géorgie au secours de ce micro État de facto qu'est l'Ossétie du sud. Une Russie qui a repris pied en Méditerranée orientale et avec laquelle il faudra compter.

13 janvier 2020

---

[165] Organe d'espionnage électronique global relevant du Département de la Défense des États-Unis, responsable du renseignement stratégique et de la sécurité des systèmes d'information.

D. Trump a-t-il déjà gagné la nouvelle guerre du Golfe ?

Autopsie d'une crise dégénérative

19 janvier 2020

L e 8 janvier, immédiatement après les frappes missilières iraniennes sur la base aérienne d' Aïn al-Assad, dans la province d'Anbar, à l'ouest de l'Irak, le président D. Trump a cru bon de se féliciter du fait qu'» *aucun Américain n'ait été blessé* » au cours de l'attaque… « *le système d'alerte rapide ayant averti les personnels à temps, limitant des dégâts qui sont restés minimes* ». L'Amérique est (qui en douterait ?) la plus forte, la plus *performante* et ses contre-mesures techniques sont les meilleures, n'est-ce pas ? Toutefois Téhéran aurait averti Bagdad suffisamment à l'avance du lancement d'une attaque contre la base aérienne de la coalition occidentaliste afin que le gouvernement irakien puisse prendre toutes les « *précautions nécessaires* »… Autrement dit prévenir les tuteurs américains en temps voulu ! C'est ce qu'a en effet révélé le Premier ministre irakien, Adil Abdul Mahdi, information confirmée par la suite *mezzo voce* à Washington par une huile du ministère de la Défense. Toutefois les figures de proue du Pentagone ont jugé bon de persévérer dans le déni en déclarant qu'ils n'avaient reçu aucun avertissement de la part des Irakiens, et que les États-

Unis avaient pu détecter seuls l'attaque assez tôt pour alerter les forces américaines sur le terrain… omettant de dire que ces deux canaux d'alertes n'étaient au fond pas exclusifs l'un de l'autre !

En outre le président *matamore* (littéralement tueur de maures [166]) sous-entend sans ambiguïté que la réplique iranienne aurait été peu probante, une sorte de simulacre montrant ou démontrant le peu d'appétence de la mollahcratie pour une confrontation directe avec le super poids lourd américain… Quoiqu'il en soit, la théocratie parlementaire iranienne se trouvait sans faux-fuyant possible, dans l'obligation morale et politique, après l'assassinat du major général Soleimani, de *sauver la face* vis-à-vis à la fois de son opinion publique, mais également du monde chiite et du monde islamique en général. Ce *coup d'esbroufe* de la part des Iraniens n'aurait donc été en fin de compte – selon la Maison-Blanche – qu'un coup d'épée dans l'eau auquel la Grande et Sage Amérique ne s'est

---

[166] L'ignorance et les clichés ayant la peau très dure, beaucoup assimilent les persans aux arabes, les mettant dans le même sac de l'arriération culturelle et sociétale. Écoutons à ce propos la mise au point de Kristina Bochtchekh, née dans l'Extrême-Orient russe et mariée à un Iranien, elle habite depuis deux ans dans la République islamique : « *Pour la plupart des gens, l'Iran est un pays arabe habité par des Arabes qui parlent l'arabe. C'est absolument faux, l'Iran n'a jamais été un pays arabe… Les Iraniens sont des Perses et parlent le farsi* »… » *Il faut d'ailleurs du temps aux gens pour comprendre que les Iraniens ont une vie normale dans un pays moderne, qu'ils ne vivent pas dans de petites maisons d'argile et ne se déplacent pas à dos de chameau* »… « *Les femmes en Iran sont protégées par la loi, en particulier, en cas de divorce. De plus, les femmes peuvent travailler, faire des études à l'université, conduire une voiture. La seule restriction tient en ce qu'une femme, par exemple, ne peut pas travailler comme pompier ou comme juge* » [sputniknews.com17janv20].

ensuite pas crue devoir répondre afin de ne pas courir le risque d'une inutile et dangereuse escalade... car si l'on sait à peu près comment les choses commencent, l'on ignore toujours où et quand elles finiront !

Où l'on mesure prudemment les coups

Au reste, si l'écrasante majeure partie des populations iraniennes – une nation multiethnique, rassemblant des Persans indo-européens, des Arabes sémites, des Kurdes, des Azéris, des Baloutches, des Arméniens, elle est aussi multiconfessionnelle faisant cohabiter le chiisme, avec le sunnisme, le mazdéisme [167] (dont l'empreinte est encore culturellement grande), le christianisme et le judaïsme[168] – s'est levée massivement pour manifester son indignation après la liquidation terroriste de Soleimani, la grand presse occidentaliste a préféré mettre l'accent sur les quelques centaines (ou milliers) de contestataires ayant conspué le Guide suprême et le gouvernement pour les blâmer

---

[167] Fait peu connu, les zoroastriens ayant un livre sacré, l'Avesta, l'islam les considère comme « *Gens du Livre* » au même titre que les chrétiens et les judéens.

[168] La communauté judéenne iranienne forte de dix mille âmes est représentée au Majlis, c'est-à-dire au Parlement, par Samiak Moreh Sedgh qui en 2013, seul député de confession juive représentant sa communauté forte encore aujourd'hui quelque dix mille âmes. En septembre 2013, il accompagnera à New York le président Hassan Rohani pour l'Assemblée générale des Nations Unies. Sachant que l'Iran refuse de reconnaître l'État hébreu, unique entité étatique au monde à n'avoir pas de frontières tracées et reconnues, Moreh Sedgh s'est distingué en mai 2019, pendant la journée anti-israélienne Al-Qods, en appelant la diaspora juive à dénoncer le sionisme, assurant que Jérusalem et les territoires occupés seront prochainement libérés [timesofisrael.com31mai19].

durement après la destruction de l'avion ukrainien...

Lisons à ce sujet le témoignage personnel du colonel Jacques Hogard (cadre de réserve) mis en ligne 17 janvier : « *Rentrant tout juste d'une petite semaine à Téhéran où j'ai rencontré pas mal d'Iraniens de différents milieux et ayant beaucoup circulé dans la capitale, je ne partage pas du tout l'avis* [suivant lequel l'opinion iranienne dénoncerait avec violence "la honte et le déshonneur" qu'induirait la tragique "bavure" d'une défense aérienne en alerte maximum prête à contrer toute attaque coalisée contre la capitale] *à l'évidence partisan exprimé dans cet article*[169]. *Je puis témoigner de l'immense popularité du général Soleimani devenu désormais un héros national... Et en même temps de la faiblesse extrême de ces manifestations qu'on nous présente* [ici] *comme "monstres" à propos de cette tragique affaire du Boeing ukrainien : quelques centaines d'étudiants (parmi lesquels l'irresponsable ambassadeur britannique, certes!). Ce sont là des faits, qui déplaisent beaucoup aux "occidentaux" féaux des américains mais c'est la réalité. Cette désinformation permanente dès lors qu'il s'agit de l'Iran finit par être insupportable. Le régime a certainement des défauts bien sûr, mais pour un pays assiégé par ses ennemis régionaux et mondiaux, soumis tel qu'il est à des sanctions excessivement dures, la vie qu'il réserve à sa population me semble toutefois nettement meilleure que celle qui est le lot quotidien d'autres pays de la région, notamment chez notre "allié" saoudien !* ». Un point de vue première main qui plus est, venant d'un

---

[169] Jean Dominique Merchet entretien avec Vincent Eiffling, chercheur associé à l'Université de Louvain, *spécialiste* de l'Iran, censé décrire « *l'état d'esprit d'une population sous le choc* » [lopinion.fr13janv20].

homme parfaitement estimable

Où l'on commence à savoir ce qui s'est exactement passé

Le vice-président Mike Pence déclarait aussitôt après que seize missiles eurent touché la base d'Aïn al-Assad que ceux-ci « *visaient à tuer des Américains* », le président américain claironnant de son côté que l'attaque iranienne n'avait causé aucune victime et seulement « *des dégâts infrastructuraux minimes* », ajoutant que le système d'alerte précoce s'était révélé pleinement efficace. Cependant le 9 janvier, le chef de la Force aérospatiale du Corps des Gardiens de la Révolution, le général Amir Ali Hajizadeh, apportait un bémol à ces auto-congratulations en précisant que le but de l'opération était de détruire le centre de commandement de la base et que cet objectif avait été atteint. Des images satellitaires rendues publiques très vite par la société "Planet" montraient effectivement que cinq structures de la base avaient été "durement touchées" soulignant de ce fait la précision extrême des vecteurs iraniens.

Il fallut alors en rabattre sur les circonstances ainsi que le bilan réel, matériel et humain… Dans un entretien accordé *in situ* à l'AFP c'est-à-dire sur la base elle-même, le lieutenant-colonel Tim Garland avouait que sa hiérarchie l'avait informé « *plusieurs heures à l'avance de l'attaque à venir* »… C'est à 23h, heure locale (20h GMT) que les personnels américains et ceux de la coalition, déjà réfugiés dans des bunkers depuis plusieurs heures, commencèrent à subir « *une attaque sans précédent* » dans l'histoire récente des ÉUA (pourtant riche en guerres d'agression, induites autant par un besoin dévorant de nouveaux espaces commerciaux que par un prosélytisme débridé en faveur de la démocratie de marché)… les murs tremblant sous le terrible impact des missiles tirés à intervalles réguliers [tvanouvelles.ca14 janv20].

Or çà, le président Trump a décidément parlé trop vite, car maintenant ce sont onze soldats américains qui ont été officiellement blessés dans l'attaque comme a fini par l'admettre le 16 janvier le Commandement central de l'armée yankee. Nous sommes néanmoins loin du bilan officieux (et sans aucun fondement tangible pour le moment) qui circulait au lendemain de l'attaque et faisait état de deux cents blessés et quatre-vingts morts… Bref, à entendre l'état- major général américain… « *Bien qu'aucun membre des forces armées américaines n'ait été tué lors de l'attaque iranienne du 8 janvier sur la base aérienne d'Aïn al-Assad, plusieurs d'entre eux ont été traités pour des symptômes de commotion dus à l'explosion et sont toujours en cours d'évaluation* ».

Ainsi, contrairement à ce qu'avait annoncé le président Donald Trump, 11 soldats américains ont en fait été blessés dans l'attaque de la base d'Aïn al-Assad. Comme l'a finalement reconnu le 16 janvier, le Commandement central de l'armée américaine… « *Par précaution, les personnels ont été transportés de la base aérienne d'Al-Assad, en Irak, au centre médical régional de Landstuhl en Allemagne pour un dépistage de suivi. Lorsqu'ils seront jugés aptes à reprendre leurs tâches, les militaires retourneront en Irak, après leurs examens de contrôle* »[170]. Même si l'affaire n'a pas été tout à fait anodine (voire anecdotique, sans conséquence et sans incidence comme le sous-entendait D. Trump) nous sommes toutefois très loin des chiffres circulant au lendemain des frappes établissant à deux cents blessés et quatre-vingts le nombre de militaires américains et coalisés ayant trouvé la mort[171].

---

[170] Selon le porte-parole de l'*US Central Command*, Bill Urban : « *Bien qu'aucun membre des forces armées américaines n'ait été tué lors de l'attaque iranienne du 8 janvier sur la base aérienne d'Aïn al-Assad, plusieurs d'entre eux ont été traités pour des symptômes de commotion dus à l'explosion et sont toujours en cours d'évaluation* ».

[171] Voir urmedium.com 9 janv 20 – Sous toute réserve : « Un porte-parole de l'armée irakienne, joint par PressTV, affirme que l'évacuation des morts et des blessés américains continue toujours depuis la base américaine où les forces US ont lancé un appel de détresse aux hôpitaux

La rumeur, tel le vif argent, poursuit sa carrière, ainsi que le rapporte CNN relatant que le jour fatidique de la chute de missiles, le nombre de soldats américains morts dans des « circonstances saugrenues » se multiplient tels ces deux militaires retrouvés sans vie le 13 janvier en Allemagne dans le Land de Rhénanie-Palatinat ; ou encore cet autre décédé le 14 janvier à l'occasion d'un entraînement parachutiste dans l'Arizona... Ou encore ce père éploré qui ne parvient plus à joindre son fils cantonné justement sur la base d'Aïn el-Assad. Ces morts et disparitions ne sont certainement que coïncidence et la tension psychologique des parents de ceux qui sont exposés sur les champs de bataille de l'Orient proche dans un environnement régional et international complexe voire tourmenté, est suffisante pour expliquer la propagation de ce type de *bruits*. Au demeurant, de façon récurrente les forces armées des ÉUA sont suspectées de taire une partie substantielle de leurs pertes humaines dans les zones de guerre où elles se trouvent déployées à travers le monde. Un secret adopté pragmatiquement après qu'une trop grande transparence relative aux statistiques de mortalité durant la guerre du Vietnam dont la divulgation inconsidérée aurait été déterminante dans le développement des mouvements d'opposition à la guerre [cnn.com16janv20].

---

irakiens. Les militaires américains, selon un porte-parole de l'US Army [!], « sont évacués à Bagdad » l'attaque ayant été » très intense ». Selon le Service de Renseignement du Corps des Gardiens de la Révolution islamique, deux vagues de missiles tirés contre la plus importante base aérienne américaine à l'ouest d'al-Anbar se sont soldées par la mort d'au moins 80 soldats américains. Le bilan exact reste à déterminer, au regard de la forte censure exercée par le Pentagone sur les médias ».

Quelles leçons immédiates

Au contraire du vice-président Mike Pence pour qui les frappes iraniennes étaient avant tout destinées à « *tuer des Américains* », le chef de l'état-major interarmées américain, le général Mark Milley, se déclarait convaincu que l'attaque « *visait* [d'abord] *à causer des dommages structurels, à détruire des véhicules, du matériel et des aéronefs et* [accessoirement] *à occire des personnels* ». Or, peu à peu, l'idée que les missiles iraniens avaient été programmés dans l'intention d'éviter précisément les baraquements d'habitation, a fini par s'imposer pour les analystes du Pentagone... Jusqu'à conclure que les Iraniens avaient vraisemblablement choisi « d'envoyer un message » plutôt que de piétiner la queue du dragon. En un mot, se montrer raisonnable afin d'éviter une montée aux extrêmes où nul n'aurait rien trouvé à gagner si ce n'est ruines et deuil. Il s'agissait donc pour la partie iranienne, tout en montrant les crocs (et sa détermination), de rester sous le seuil d'une inéluctable ou automatique riposte massive de la part des ÉUA.

Et apparemment le message est bien passé puisque nul n'a plus bronché, même après la chute de l'appareil ukrainien et de ses 167 victimes, le Pentagone ayant interprété les frappes iraniennes *non létales* comme l'expression d'une volonté explicite de non escalade. Pour être tout à fait clair – allant à rebours des déclarations de la Maison-Blanche – Majid Takht Ravanchi, représentant de Téhéran près les Nations Unies, confessait à la chaîne CNN dans l'émission « New Day », que les bases américaines en Irak avaient été choisies *a priori* pour montrer (faire la preuve de) la *haute précision*[172] des vecteurs balistiques iraniens et non pour tuer des humains. Un fait décisif qui donne matière à réflexion aux états-majors occidentaux et invite à la circonspection… « *Nous avons déclaré que nous choisirions le moment et le lieu* [de notre réponse armée], *et nous avons choisi l'endroit précis d'où l'attaque contre le général Soleimani est partie* » [cnn.com12janv20]. Un fait sans doute authentiquement inédit depuis le 25 février 1991, au début de la première Guerre du Golfe, quand un *Scud* irakien tomba sur le camp de Dhahran en Arabie saoudite, tuant vingt-huit hommes du centre de commandement du 14e Détachement de l'armée des États-Unis. Mais l'on sait comment l'affaire se termina pour le raïs Saddam Hussein.

Avant cela, sans doute faudrait-il remonter à la guerre du Vietnam et à l'offensive du Têt (janvier/mai/août 1968), pour voir des bases militaires américaines directement visées et subissant d'importants dommages dans leurs infrastructures. Ajoutons qu'il ne s'est pas agi d'une simple démonstration (de force ou d'aptitude), mais une d'une cinglante réplique. Pour la première fois, un État du Tiers-monde avait osé viser et atteindre une base de la super puissance – un atroce crime de lèse-majesté ! – et le revendiquait sans barguigner. Un défi mesuré, mais un défi quand même. M. Trump avait annoncé une « *réponse*

---

[172] A contrario, lorsque le 7 avril 2017, sur les 59 missiles Tomahawk (à 780.000 € l'unité) que D. Trump fait tirer sur la base d'Al-Chaayrate dans le gouvernorat d'Homs en Syrie depuis des bâtiments de guerre croisant en Méditerranée orientale – en rétorsion pour la supposée attaque chimique contre des civils à Khan Cheikhoun – 36 ne parviendront pas à leur but. Une humiliation technologique qu'évidemment la presse n'ébruitera pas.

disproportionnée » en tel cas, mais rien ne s'est passé ! Les iraniens ont certes pris un risque certain, reste que cette audace a payé, égratignant au passage quelque peu le prestige des EUA... Parce que les systèmes de défense anti-aérienne américains ont apparemment été pris en défaut, et même totalement failli. De quoi rassurer tous ceux qui s'en sont portés acquéreur croyant pouvoir vivre à l'abri d'un parapluie d'infaillibles missiles *Patriot*[173].

Autre constat collatéral, la précision des frappes iraniennes a convaincu militaires et politiques à Tel-Aviv et Jérusalem que désormais Israël est devenu parfaitement accessible, qu'il n'est plus hors de portée des vecteurs balistiques du pays dont elle réclame à cor et à cri la vitrification... *Persia delenda est !* Le 10 janvier la nomenklatura israélienne s'exprimait en ces termes : « La frappe de haute précision iranienne a bien prouvé les énormes progrès qu'a réalisé l'Iran afin d'améliorer les performances de ses missiles balistiques ceci depuis la frappe au missile de croisière du 14 septembre 2019 contre les sites d'Aramco en Arabie saoudite, tandis que les États-Unis n'ont rien fait pour remettre à la hauteur leur DCA et puisque leur technologie est aussi la nôtre dans la

---

[173] En avril 1992, Theodore Postol, du Massachusetts Institue of Technology et Reuven Pedatzur, de l'Université de Tel-Aviv rendirent public des conclusions relatives aux performances du système anti-missiles Patriot : un verdict sans appel, moins de 10% de coups au but. En complément, le sous-comité des Opérations de la Chambre sur la Législation et la Sécurité nationale précisa que : « Le système de missile de Patriot ne possédait pas, lors de la guerre du Golfe, les capacités spectaculaire présentées à l'opinion publique et au Congrès américains trompés qu'ils ont été par des déclarations mensongères [du complexe militaro industriel, relayées par le président George Bush senior] ».

conception des batteries de missiles antimissiles, et bien Israël doit avoir peur » [DEBKAfile10janv20]. Cela coule de source ! Car si l'armée américaine est incapable de se défendre face aux missiles iraniens, *quid* du malheureux peuple hébreu, dont les systèmes d'alerte rapide et les systèmes antimissiles sont copiés (ou leur ont été vendus) sur les modèles américains ? Un amer constat déjà effectué par les Séoudiens après les frappes dirigées contre leurs installations pétrolières, immédiatement mises au compte des Iraniens et non pas des Houtis yéménites en dépit de leurs revendications. L'on comprend que ces pétromonarchies et les alliés régionaux de Washington – comme tous ceux qui se sont reposés jusqu'ici sur la suprématie technique et militaire américaine – se sentent aujourd'hui désappointés, frustrés voire même abandonnés. Car du train où vont les choses, ils ont du mouron à se faire et l'on comprend mieux que la Turquie de l'AKP ait commencé à se désengager des systèmes anti-missiles *Made in America* pour se rabattre sur les S-400 Triumph sortis des manufactures d'armement russes.

Signes avant-coureurs des tempêtes à venir

Notons que des signes annonciateurs de la capacité iranienne à se rebiffer se sont multipliés au cours du dernier semestre 2019 : le 20 juin, un drone américain dernier cri *Global Hawk* produit par la firme Northrop Grumman, était abattu au-dessus des eaux territoriales iraniennes à proximité de la province d'Hormozgan par la "Force aérospatiale" des Gardiens de la Révolution, les Pasdaran... Washington niant l'évidence à contre-sens des repérages satellitaires ; puis intervint l'attaque des raffineries séoudiennes d'Abkaïk et de Khourais le 15 septembre 2019[174], revendiquées par la dissidence yéménite houtie, et *last but not least* – cela avant la récente escalade – les grandes manœuvres navales conjointes de la Russie, de la Chine et de l'Iran qui se déroulèrent à compter du 27 décembre 2019 dans l'Océan indien et le golfe d'Oman... inaugurant un *"nouveau triangle de pouvoir maritime"* au débouché du Golfe persique, cette artère géoénergétique vitale pour la planète. Autant dire que cet événement aura marqué un tournant dans la donne géopolitique globale. Nous y reviendrons...

19 janvier 2020

---

[174] À la suite dommages causés aux raffineries séoudiennes, les prix du pétrole brut ont bondi de 10% en moyenne. L'incident a fait baisser l'approvisionnement international d'environ 5,7 millions de barils/jour, soit 5% de l'offre mondiale. Le pire accident de parcours depuis 1979 et les pertes de production de brut liées à la Révolution islamique d'Iran.

Le décor étant planté sur fond de tensions géopolitiques notamment au Proche-Orient et en mer de Chine, avec en arrière-plan de sinistres craquements annonçant une éventuelle débâcle des marchés mondiaux...

À partir de là, le SRAS-CoV-2 et la crise pandémique pouvaient faire leur entrée en scène !

Le Retour aux Sources éditeur

ÉDITIONS LE RETOUR AUX SOURCES
Gauche vs Droite
LA GUERRE CIVILE FROIDE
LA THÉOGONIE RÉPUBLICAINE DE ROBESPIERRE À MACRON

Jean-Michel VERNOCHET

La guerre idéologique du XXIème siècle, après avoir opposé capitalisme et collectivisme, fait aujourd'hui se confronter le globalisme, soit la République universelle, aux Nations et aux traditions...

ÉDITIONS LE RETOUR AUX SOURCES
COVID-19
CHRONIQUES D'UNE PANDÉMIE
LE GOUVERNEMENT DE LA PEUR
préface d'Anne Brassié

Jean-Michel VERNOCHET

Jean Michel Vernochet, le très informé, met en lumière tous les complots

ÉDITIONS LE RETOUR AUX SOURCES
GILETS JAUNES
LES RACINES DE LA COLÈRE
Vers l'insurrection civile

Jean-Michel VERNOCHET

Le Pays réel habillé de jaune, est en guerre contre un système qui le tue...

DOMINIQUE LORMIER

ÉDITION LE RETOUR AUX SOURCES

Albert Roche, premier soldat de FRANCE

L'incroyable histoire de l'engagé volontaire qui captura à lui seul 1180 prisonniers !

Jean-Luc Lormier

L'imposture du sauveur AMÉRICAIN 1917-1918 / 1941-1945

ÉDITIONS LE RETOUR AUX SOURCES

L'imposture du sauveur AMÉRICAIN 1917-1918 / 1941-1945

Un ouvrage passionnant qui balaye de nombreux clichés et rétablit des vérités historiques méconnues

DOMINIQUE LORMIER

HISTOIRE DE L'ARMÉE FRANÇAISE des origines à nos jours

ÉDITIONS LE RETOUR AUX SOURCES

HISTOIRE DE L'ARMÉE FRANÇAISE des origines à nos jours

L'armée française a souvent occupé la première place en Occident

Certains de ses chefs militaires ont marqué le monde par leur génie tactique et stratégique

ÉDITIONS
LE RETOUR AUX SOURCES

Histoires extraordinaires

de la

FRANCE MYSTÉRIEUSE

À travers ces histoires extraordinaires, c'est toute l'histoire d'un pays de tradition de liberté et de coutumes que cet ouvrage nous invite à révisiter

ÉDITIONS
LE RETOUR AUX SOURCES

Histoires extraordinaires et mystérieuses

de

L'HUMANITÉ

Ces histoires ahurissantes et fantastiques, retracent les origines des grands mythes

ÉDITIONS
LE RETOUR AUX SOURCES

LES GRANDES AFFAIRES D'ESPIONNAGE

en

FRANCE

de 1958 à nos jours

- La fin du conflit algérien
- L'enlèvement de Ben Barka
- Jacques Foccart et l'Afrique
- Le mercenaire Bob Denard
- La bombe atomique française
- La guerre froide
- Le terroriste Carlos
- Le Liban
- Le Rainbow Warrior
- La Libye
- L'éclatement de la Yougoslavie
- Le terrorisme islamiste
- Le retour des espions russes
- de Poutine

De nombreuses révélations incroyables, venant de personnes de tout premier plan, sont présentées dans cette enquête très documentée

ÉDITIONS LE RETOUR AUX SOURCES

LES GRANDES BATAILLES
de la
PREMIÈRE GUERRE MONDIALE

Une vision globale, tactique et stratégique des douze grandes batailles qui marquèrent un tournant dans l'histoire militaire

ÉDITIONS LE RETOUR AUX SOURCES

LES GRANDES BATAILLES DE L'HISTOIRE DE FRANCE
d'Hastings à la Libération
1066-1945

« La France fut faite à coups d'épée »

Cette citation de Charles de Gaulle dit bien ce que la France doit aux grandes batailles qu'elle a dû livrer pour construire ses frontières...

ÉDITIONS LE RETOUR AUX SOURCES

LES VICTOIRES FRANÇAISES
de 1914 à nos jours

L'auteur démontre clairement que l'armée française a souvent joué un rôle prépondérant

ÉDITIONS
LE RETOUR AUX SOURCES
MICHEL DRAC
PENSER LE RÉEL POUR SORTIR DU SYSTÈME
TAPIS DE BOMBES
VOIR MACRON
TRIANGULATION
ESSAIS

ÉDITIONS
LE RETOUR AUX SOURCES
LES MÉTHODES INFAILLIBLES DE CHARLES SANNAT
INVESTIR DANS L'IMMOBILIER
Le patrimoine immobilier tient une place toute particulière dans le cœur des Français

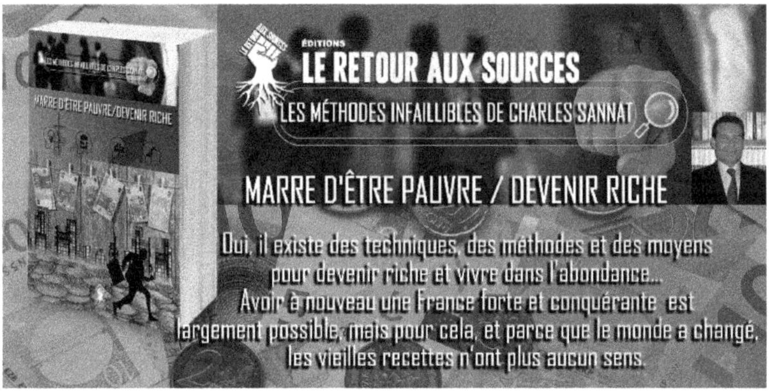
ÉDITIONS
LE RETOUR AUX SOURCES
LES MÉTHODES INFAILLIBLES DE CHARLES SANNAT
MARRE D'ÊTRE PAUVRE / DEVENIR RICHE
Oui, il existe des techniques, des méthodes et des moyens
pour devenir riche et vivre dans l'abondance...
Avoir à nouveau une France forte et conquérante est
largement possible, mais pour cela, et parce que le monde a changé,
les vieilles recettes n'ont plus aucun sens.

ÉDITIONS
LE RETOUR AUX SOURCES
LES MÉTHODES INFAILLIBLES DE CHARLES SANNAT
TROUVER UN TRAVAIL OU EN CHANGER
Imaginez qu'en tournant les pages de ce livre,
vous découvriez un monde totalement inattendu...

ÉDITIONS
LE RETOUR AUX SOURCES
PAUL DAUTRANS
LA DIXIÈME PORTE
SI VOUS TRAVAILLEZ EN ENTREPRISE, MÉFIEZ-VOUS DE CE LIVRE...

ÉDITIONS
LE RETOUR AUX SOURCES
MAURICE GENDRE & JEF CARNAC
LES NOUVELLES
SCANDALEUSES
LE MONDE DANS LEQUEL VOUS VIVEZ N'EST PAS LE MONDE QUE VOUS PERCEVEZ...

www.ingramcontent.com/pod-product-compliance
Lightning Source LLC
Chambersburg PA
CBHW070754270326
41927CB00010B/2132